子どもと家庭の福祉を学ぶ
［第3版］

松本園子／堀口美智子／森　和子

ななみ書房

子どもと家庭の福祉を学ぶ

[第3版]

まえがき

　本書は，『児童福祉を学ぶ ― 子どもと家庭に対する支援 ―』（2009，松本・堀口・森）の改訂版として，書名を『子どもと家庭の福祉を学ぶ』に改めて出版するものです。以下に，書名変更と改訂の内容について述べさせていただきます。

1. 　2011（平成23）年度より，保育士養成課程の大幅な改定が実施されました。様々な科目の新設，統合，科目名の変更が行われ，従来の「児童福祉」は「児童家庭福祉」へと名称変更されました。科目名変更の理由は，「児童の福祉の増進とともに，児童の家庭を含めて支援する体制や施策が必要となる中で，『児童家庭福祉』が浸透し一般的になっている状況を踏まえ」（平成22年2月，保育士養成課程検討会資料）と説明されています。「児童福祉」は，理念的にも実体的にも，もともと家庭への支援を含む概念ですが，近年 "家庭への支援" の必要性がより強く意識されるようになり，このような名称変更となったと理解します。本書は保育士養成課程のテキストとして，科目名変更に対応した書名変更が必要と考えた次第です。

　次に，「児童」ではなく「子ども」とした理由ですが，前著『児童福祉を学ぶ』においても，本文では，原則として法制度上の用語は「児童」を，それ以外は「子ども」を使っています。「子ども」は，児童福祉法の「児童」（0～18歳未満）とほぼ同じ意味であり，子どもを示す最も一般的な用語であるからです。今回は，書名に「子ども」を冠することとしました。

　なお，「児童家庭福祉」の「児童」を「子ども」とすれば「子ども家庭福祉」なのですが，このことばの使用は避けました。というのは，「子ども家庭福祉」は1990年代から一部の論者により独自の意味づけがなされ，「児童福祉」にかわる概念として提唱されたものであるからです。従来の「児童福祉」を，救貧的，恩恵的な，旧い，否定すべきものとし，それにかわる新しい理念を示すものとして「子ども家庭福祉」が提起されました。しかし，児童福祉は，必ずしもそのように捉えられるべきではないと考えます。

　第二次世界大戦後に成立した児童福祉法とその下での児童福祉の理念は，戦前期の救貧的・恩恵的な児童保護とは，明確な違いがあります（本書1，3，4章ではこの点を強調しています）。そのことの重要性を否定してはなりません。ただし，実際に運用・展開された児童福祉にあっては，なお戦前的なものを残していたことも事実です。

　それらをなくし，児童福祉の理念を定着させるためには，コトバだけではなく，人々の意識やその基盤にある生活の実態を変えること，そのための努力が必要で，それには多く

の時間を要します。児童福祉法の成立から60余年を経た今日，児童福祉の理念はようやく実現可能なものになったと考えます。

　すべての子どもが健やかに育つ権利をもち，すべての子どもの育ちを社会全体で支えていくという児童福祉理念は，これからの新しい時代にむけて，旧時代のものとして忘れ去られるのではなく，もう一度学び直され，検討されなければならないと考えます。

2．　本書は保育・福祉専門職を目指す人が児童福祉を学ぶテキストとして編んだものです。その基本姿勢については，『児童福祉を学ぶ』の「まえがき」に記しましたが，以下の点を，繰り返しておきます。

　第一に論理性です。"難しい"ことを避け，あいまいに平易なことばで説明しても，そのことの理解には到達しません。本書は初学者が学ぶツールとして，難しいことも丁寧に読めば理解できるよう，用語の概念を明確にしつつ論理的に記述することを心がけました。

　第二に具体性です。論理的記述の理解を助けるために，調査や統計の図表，写真，事例などを豊富に取り入れ，興味を持って学習できるように配慮しました。

　第三に児童福祉についての思いです。私どもは子どもたちが幸せに生きる社会の実現を願っており，そのために働く人材を育てたいと願っています。そのことに少しでも役立つことを目指して作成しました。

3．　改訂の主な内容は以下の通りです。

　第一に，以下の制度改正に即した加筆修正をいたしました。

　2011年6月，児童福祉施設最低基準の改正による，児童養護施設など入所型施設の職員配置基準や設備基準の改善。

　2012年4月，児童福祉法改正による，障害児福祉関係の制度改正，児童福祉施設最低基準の制度改正と，「児童福祉施設の設備と運営の基準」への名称変更。

　第二に，2012年8月に「子ども・子育て支援法」が成立，関連して児童福祉法改正，認定こども園法改正が成立し，三法は2015年に施行されます。この新制度についての記述を，必要に応じて盛込みました。

　第三に，統計数値を新しいものに更新しました。

　本書の構成は以下の通りです。

　　第1章「児童福祉とは何か」……児童福祉を学ぶ前提として，まず「児童福祉」の概念の共通理解を図る。

　　第2章「児童福祉の課題」……現代社会における子どもたちの生活の諸問題をとりあげ，児童福祉の課題を把握する。

　　第3章「児童福祉の理念」……子どもの権利とそれを保障する大人の責任の明文化の歴史をたどり，子どもの権利条約の意義と内容について述べる。

　　第4章「児童福祉の歴史」……今日の児童福祉成立の背景として，児童福祉の歴史を学ぶ。

　　第5章「児童福祉および関連施策の体系」，第6章「児童福祉の法制度」……現行の児童福祉および関連施策の法制度について解説する。

　　第7章「保育」，第8章「児童養護問題」，第9章「非行問題」，第10章「障害児福祉」，および第11章「子どもの遊びの保障」……それぞれの現状と問題の実態，支援の状況について述べる。

　　第12章「児童福祉の専門職」……児童福祉の現場を担う専門職の制度と実際について取り上げる。

　　第13章「世界の子どもたち」……世界という視点から子どもの福祉を考える。

　　巻末に，資料として「子どもの権利条約」全文を掲載しました。権利条約を，もっと身近なものとして活用してほしいからです。

＊　＊　＊

　前著『児童福祉を学ぶ』の刊行は2009年5月でした。その後の4年間に，めまぐるしい変化がありました。ひとつは，本書に直接かかわる保育士養成課程の改正や，保育・児童福祉の制度改正の動きです。また，2回の政権交代があり，民主党政権下で議論され，法制化された"子ども・子育て新システム"が，自公政権の下で実施されようとしています。そして，2011年3月11日の東日本大震災と原発事故は，被災地の子どもと家庭に大きな問題をもたらしたのみならず，子どもと家庭の福祉とは何かについて根本的な問い直しを迫るものでした。

　本書には，この問題を十分に反映させることはできませんでした。今後，よりよいものに改善していきたいと思います。皆様からのご意見，ご批判をいただけましたら幸いです。

　　2013年3月　　　　　　　　　　　　　　　松本園子（著者を代表して）

改訂版刊行にあたって

　『子どもと家庭の福祉』を 2013 年に出版以来 4 年が経過しました。幸い多くの方のご賛同と励ましをいただき今日にいたっております。このたび，大幅な修正を行い，『改訂版』として刊行します。

　本書の成り立ちと，基本的な考え方は前著と同様で「まえがき」（再掲）に記したとおりです。以下に今回の改訂の趣旨を述べさせていただきます。

　第一に，この間の制度改正に即した修正をいたしました。

　まず，2012 年 8 月に「子ども・子育て支援法」および児童福祉法改正，認定こども園法改正などが成立し，2015 年 4 月より "子ども・子育て新制度" がスタートしました。前著でも，2015 年度より実施予定として新制度の概要にふれておりますが，本書では実施後の状況を含めてより詳細に記述します。

　次に，2016 年 6 月，児童福祉法の改正が行われました。総則の児童福祉の理念および主として社会的養護にかかわる幅広い改正が行われ，理念については公布と同時に，その他については 2016 年 10 月，一部は 2017 年 4 月に実施されます。したがって，本書には今回の法改正を全面的に反映させました。

　その他，「子どもの貧困対策の推進に関する法律」（2013 年 6 月），「少年院法」の全面改正（2014 年 6 月）もあり，本書の関係部分でふれました。

　第二に，統計数値を更新しました。2015 年の国勢調査の結果を反映させ，毎年発表の行政統計および様々な調査についてもできるだけ新しいものをとりあげるよう努めました。

　第三に，子どもと家庭をめぐる状況についても，できる限り今日の実態と問題点を意識して書くことに努めました。特に，第 2 章は大幅な修正を行いました。限られた紙数と，基本的なテキストという性格から，踏み込んだことは述べておりませんが，本書を今日の子どもと家庭の問題，今後のあるべき方向についてより深く考える手がかりとしていただければさいわいです。

　　　　2017 年 1 月　　　　　　　　　　　　　　　　　　　　　著者一同

第3版刊行にあたって

　2017年に刊行した『子どもと家庭の福祉を学ぶ』〈改訂版〉を，再改訂し〈第三版〉をお届けします。本書の基本的な考え方はこれまでと変わりませんので，「まえがき」と「改訂版刊行にあたって」をご一読ください。

　今回の改訂の内容は以下のとおりです。

　第一に，2017年以降の制度改正に即した修正を致しました。

　大きなものとしては，2019年6月に成立し，10月に施行された「子ども・子育て支援法」の改正があります。基本理念に「保護者の経済的負担の軽減」（改正法第2条）が加えられ，改正施行令により満3歳以上児についての保護者負担の全面的無償化が図られました。本書第6章および第7章でこの点にふれています。様々な課題を含む改正であり，今後の動向を注視していく必要があります。

　次に2022年6月「子ども家庭庁設置法」が成立し，2023年4月に施行されます。同時に成立した「こども家庭庁設置法の施行に伴う関係法律の整備に関する法律」は，児童福祉法一部改正の部分が多くを占め，児童福祉法における「厚生労働大臣」は「内閣総理大臣」，「厚生労働省令」は「内閣府令」に改める等の改正を示しています。児童福祉法の所轄は厚生労働省から子ども家庭庁（内閣府の外局）に移り，児童福祉行政が大きく変化することが予想されますが，本書ではこの点に言及できませんでした。

　第二に，統計数値を更新しました。2020年の国勢調査の結果を反映させ，毎年発表の行政統計および様々な調査についても，新しいものを取り上げるように努めました。

　子どもと家庭をめぐる状況についてはこの間大きな変化が生じています。2020年初頭から世界を襲った新型コロナは，2023年の現在もなお私たちの生活と健康の脅威であり続けています。感染者，死者は増え続け，感染防止のための行動制限は子どもにも及び，自由に友だちと交流できない，遊べない，マスク越しの会話しかできない時期が長期化したなかで，子どもの育ちの問題が危惧されます。2022年後半から噴出した宗教2世の苦しみは，児童虐待の問題として深刻です。その他さまざまな子どもと家庭の福祉の問題が生じていますが，進行中ということもあり，本書では取りあげませんでした。

　本書刊行にあたっては，ななみ書房長渡晃氏に多大のご尽力を頂きました。まず，統計数値の更新を全面的に担って頂きました。また電子版の出版および本書をベースとしたハイフレックス型授業のための「資料集」の作成にも取り組んで頂きました。変化する状況に応じた新しい試みに挑戦する出版社の姿勢に感謝しています。

　　2023年1月　　　　　　　　　　　　　　　　　　　　　　　著者一同

も く じ

┌─────────────┐
│　執　筆　分　担　│
└─────────────┘

松本園子　　［第 1 章］［第 3 章］［第 4 章］［第 5 章］［第 6 章］［第 12 章］
堀口美智子　［第 2 章］［第 10 章］［第 11 章］
森　和子　　［第 7 章］［第 8 章］［第 9 章］［第 13 章］

第 1 章

児童福祉とは何か

児童福祉を学ぶにあたり，まず「児童」とは何か，「福祉」とは何か，そして「児童福祉」とは何かについて，共通理解を形成しておきたい。

1 児童とは何か

❶ 児　童（子ども）

「児童」は法律や学術の場で使われる堅い言葉であるが，要するに「子ども」のことである。人間も，他の動物も誕生後いきなり大人になるのではなく，一定の「子ども」期を経て，大人から保護と教育を受けながら成熟した「大人」になる。

「大人になる」とは，動物の場合は大人の身体になり，自分で餌を獲得し，生殖する力を備えることであるが，人間の場合はそれのみでは決められない様々な社会的要因や個別性がある。大人とは何か，何歳までを子どもと考えるかは，時代により，社会により，差異があり，現代社会では，子ども期が次第に引き延ばされる傾向がある。

❷ 子どもを表わす用語と年齢範囲

現代社会では，法律などで年齢によって「大人」と「子ども」を区別し，

表1−1
児童福祉関係法における子どもとその範囲

法律名	用語	年齢範囲（該当条文）
児童福祉法	児童	満18歳に満たない者（4条）
児童手当法	児童	18歳に達する日以後最初の3月31日までの者（3条）
児童扶養手当法	児童	18歳に達する日以後最初の3月31日までの者。または20歳未満で政令で定める程度の障害の状態にある者。（3条）
母子及び父子並びに寡婦福祉法	児童	20歳に満たない者（6条）
児童虐待の防止等に関する法律	児童	18歳に満たない者（2条）
児童買春，児童ポルノに係る行為等の処罰及び児童の保護等に関する法律	児童	18歳に満たない者（2条）
少年法	少年	20歳に満たない者（2条）
子ども・子育て支援法	子ども	18歳に達する日以後の最初の3月31日までの間にある者（6条）
こども家庭庁設置法	こども	心身の発達の過程にある者（第3条）
こども基本法	こども	心身の発達の過程にある者（第2条）

表1−2
その他の法律における子どもとその範囲

法律名	用語	年齢範囲（該当条文）	保護・制限などの内容
学校教育法	学齢児童	満6歳に達した日以後の最初の学年の初め（4月）から12歳に達した日以後の学年の終わり（3月）まで（17,18条）	義務教育期間　小学校，特別支援学校小学部就学
	学齢生徒	小学校，小学部修了後最初の4月から満15歳に達した日以後の3月まで（17,18条）	中学校，特別支援学校中学部就学
民法	未成年者	年齢18歳をもって成年とする（4条）	法律行為に法定代理人の同意が必要（5条），父母の親権に服する（818条），等
労働基準法	年少者	満18歳に満たない者（6章）	（最低年齢）満15歳に達した日以後の最初の3月31日が終了するまで使用してはならない（56条）
			深夜業，危険有害業務，坑内労働について禁止・制限（61,62,63条）等
公職選挙法		年齢満18年未満	選挙権を有しない（9条）
		年齢満25年未満	衆議院議員，都道府県・市町村議会議員，市町村長の被選挙権を有しない（10条）
		年齢満30年未満	参議院議員，都道府県知事の被選挙権を有しない（10条）
二十歳未満の者の喫煙禁止法	二十歳未満の者	二十歳未満の者	煙草喫煙禁止，親権者，販売者の処罰
二十歳未満の者の飲酒禁止法	二十歳未満の者	二十歳未満の者	飲酒の禁止，親権者，営業者の義務

年齢18歳：
2018年6月，民法の成年年齢を20歳から18歳に引き下げる改正が成立し，2022年4月から施行された。

年齢満18年未満：
2015年6月，公職選挙法改正により，選挙権は従来の20歳から18歳に引き下げられた。

制度として子どもを保護する，あるいは行為を制限することなどがなされている。ただ，その年齢は法律により20歳であったり，18歳であったりと様々である。子ども（大人ではない）を表わす用語も，表1－1，1－2に見られるように「児童」以外に，少年，年少者，未成年者などがあり，それぞれの意味にも法律により違いがある。

　児童福祉法では，18歳未満の子どもを「児童」として，児童福祉法の対象としている。しかし，「児童」の範囲は，法律によりやや幅がある。また学校教育法の「学齢児童」という用語から，児童を6歳から12歳の小学生年齢と狭くとらえる場合もある。

　本書では，「児童」を児童福祉法における児童（18歳未満）として使用する。また，一般的な親しみやすいことばとして「子ども」も多く用いるが，「児童」とほぼ同じ意味である。

❸　子どもとはどんな人間か

　これまでみたように法的にも，一般通念としても，人間の誕生後何年かを（今日では一般に20年前後）「子ども」として，大人から区別している。では，子どもは人間としてどのような存在なのだろうか。

　第一に，子どもは大人と同等の人権をもつ人間である。未熟で弱いこと，保護を必要とすることをもって，子どもの人権を軽視してはならない。

　第二に，子どもは未熟な弱い人間である。したがって，大人から保護され，教育されなければ大人になれない。保護を受けること，教育を受けることは子どもの人権の重要な内容である。

　第三に，子どもは発達途上の人間であり，未来を担う人間である。子どもは大人から保護され，教育されながら育ち，やがて大人になり，次の時代を担う。そして，子どもは，保護し，教育してくれた大人たちを乗り越え，新しい価値・文化を創造していく存在でもある。

　子どもがこのような存在であることを念頭におき，児童福祉の意義とあり方を考えていきたい。

2　児童福祉とは何か

❶　福祉，社会福祉，児童福祉

　「福祉」とは，幸福，幸せのことである（広辞苑他）。そして，だれもが幸福に生きられるよう，すべての人の福祉実現のために，法律などにより定められた社会的制度として行われる営み，あるいはその制度を「社会福祉」という。ただし，単に「福祉」といって「社会福祉」を意味する場合も多い。

では,「児童福祉」は何を意味するのであろうか。"子どもの幸せ"という一般的概念は適当ではない。ここでの福祉は「社会福祉」であり,児童福祉は"児童を対象とする社会福祉"を意味する。すべての子どもの幸せを実現するために,社会的制度として行われる営みが児童福祉である。

2 児童福祉の目的

児童福祉は子どもの幸せを実現するための社会的営みである,ということまで確認することができた。では,子どもの幸せとは何であろう。

先に見たように,子どもは保護され,教育されながら育ち,やがて大人となる発達途上の人間である。子どもの幸せとは,それぞれが幸福感をもって毎日を生きつつ,育ちを実現し,大人になっていくことである。

子どもの育ちは,次の三つの要素がかかわり合いながら実現される。

第一に,子どもの身体の成育・成熟である。

第二に,子ども自身の経験である。成育・成熟を土台に,こころと身体を動かし,外界とかかわり合うことであり,それによって子どものこころと身体はさらに育っていく。

第三に,大人による子育てが必要である。成育・成熟は自然の道筋に沿って行われるが,子どもが自分だけで成しうることではない。大人の適切な援助があってこそ,子どもは自然の道筋に沿った成育・成熟を実現することができる。子ども自身の経験も,大人がその条件を保障し,励まし,見通しを示すことによってより豊かなものとなる。

児童福祉の目的は,すべての子どもにこのような育ちを保障することである。しかし,それは児童福祉単独で実現されることではない。育ちを援助する諸活動とかかわりを持ち,それらを側面的に援助するのが児童福祉の活動である。

子どもの育ちを援助する大人による活動として,まず家庭における親の育児とその後の養育がある。授乳,排泄の世話,睡眠の世話,話しかけ,遊んでやり,言葉を教え,生活の作法を教える,危険から護り,暑さ寒さから護ってやる等々。育児,養育は様々な要素を含む総合的なものであり,子どもの育ちに不可欠のものである。

また,親による子育てだけでは,育ちは保障されない。保健・医療,教育・文化など様々な専門機関,専門職による援助が,子どもの育ちには必要である。例えば,病気の治療には,医療機関と医師などの力が必要である。社会の一員として生きていくために必要な知識の獲得のために,十分な知識と教える技術をもった教師による教育が必要であり,学校というシステムが有効である。

児童福祉の目的は,子どもの育ちを保障するために,親や専門職の援助活

動がすべての子どもに有効に届くように，子どもとその置かれた環境に即した側面援助をすることだといってよい。育児について言えば，児童福祉の仕事として親の育児を支援する諸活動があり，親がいない，あるいは通常の育児ができない場合に親にかわって子育てを行う社会的養護がある。

　専門的活動については，教育を例にしてみよう。教育専門機関である学校で学ぶことを援助するために，経済的困難をもつ子どもについての就学援助制度がある。また，スクールカウンセラー，スクールソーシャルワーカーによる相談援助の活動がある。これらは，教育を保障する児童福祉の活動である。一方，児童福祉施設においては，子どもの状況に即した福祉的配慮と一体となった教育的活動が行われている。障害をもつ子どもを対象とする障害児施設における諸活動，保育所における保育などがそれである。

　子どもたちが今，どのような状況におかれているか，第 2 章ではその具体的内容を詳しく知ることにより，今日の児童福祉の課題を考えていきたい。

●コラム 1 − 1

● 「障害」の意味と用字をめぐって

　「障害」は妨げ，さしさわり，という意味である。本来は「障碍」という字であるが，戦後の漢字制限で「碍」（妨げ）という漢字が使えなくなり，「害」という意味の異なる文字が当てられた。

　障害児，障害者とはその人にとって，生活していく上で妨げになる心身の状態がある，という意味であり，その人の存在が妨げになるという意味ではない。しかし，「害」という文字の著しいマイナスイメージが問題とされ，最近では「障がい」と表記する場合が多くなってきた。しかし，ひらがな表記は言葉の本来の意味と問題の所在を曖昧にさせてしまうように思う。

　本書では，本来の意味を尊重して「障碍」という表記を用いることも検討したが，この用字は一般にはなじみが無くわかりにくい。また法律名などは「障害」であり二つの用字の併用は学習のためのテキストとしては混乱を招く。したがって本書では，最も一般的な用字として「障害」を用いる。

（松本）

第2章

児童福祉の課題
―現代社会と子どもの生活―

1 子どもの生活環境の変化

1 急速な社会の変化

1 都市化と工業化

戦後，日本の社会は大きく変貌を遂げた。経済活動が活発化し，産業構造は第1次産業から第2次，第3次産業へと重点を移した。

図2-1は産業別就業人口の推移である。1950年代から1970年代にかけての高度経済成長期以降，第1次産業に従事する人口は急速に減少し，第2次・第3次産業の就業人口が増加した。特に第3次産業の就業人口は戦後から現在まで上昇を続け，1990年以降に6割を超え，2020年時点では7割を超える。自営業者や家族従業者が減り，賃金労働者，いわゆるサラリーマンが増加していったのである。産業構造の変化は，全国的に人口を都市へ移動

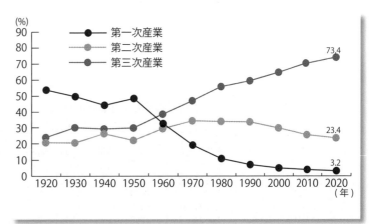

図2-1
産業別就業者数の推移

（総務省「労働力調査」2020〈令2〉）

させ，人々の暮らしを大きく変えていった。

　経済を優先する社会の流れのなかで，都市化や工業化，地域の開発化は急速に進んだ。公害など人々の環境の悪化や都市問題が引き起こされるようになった。大都市では車社会が形成され，交通事故も増えた。特に 1970 年代以降，自動車保有台数が増加するのに伴い，交通事故による死亡は増えた。急速な経済の発展は，自然を破壊し，大気汚染や交通・食物の安全など生活全般の安全を脅かす事態を引き起こすなど，負の功績ももたらした。

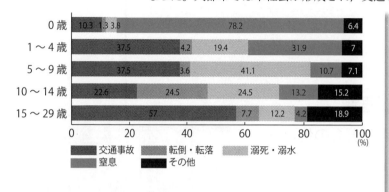

図2−2
2019 年度で 0 − 29 歳の死因となった「不慮の事故」の内容（%）

（厚生労働省「人口動態統計」2019〈令1〉）

　こうした社会の変化や発展は，子どもの生活習慣やライフスタイルに大きな影響を及ぼし，特に，子どもの安全面を脅かすようになった。1 歳以上の子どもの死因のトップは「不慮の事故」であるが，そのうち，「交通事故死」は第一位である。図 2 − 2 にみるように，不慮の事故で亡くなった 1 − 4 歳と 5 − 9 歳児の 4 割近くが交通事故によって死亡している。子どもが自宅の回りを歩くことさえ危険が伴うといった状況は，子どもの「生存権」が脅かされていると言わざるをえない。（安全の問題は，第 11 章でもふれている。p.181 の図表・写真を参照されたい。）

❷　家族形態の変化

　経済活動の活発化により，都市は農村の労働力を吸収していった。一方で，農山村の過疎化は進んだ。農業などを中心とする社会は多くの労働力を必要とするため，一世帯あたりの家族人員は多かったが，若年人口が就業機会の多い都市部へと移動し，都市で核家族を形成するようになると，家族人員は減少した。こうして全国的に多かった三世代家族は減少し，核家族化が進ん

表2−1
家族類型別世帯数の変化

（総務省「国勢調査」）

		1960		1980		2000		2010		2020	
		千世帯	%	千世帯	%	千世帯	%	千世帯	%	千世帯	%
一般世帯		22,231	100.0	35,824	100.0	46,782	100.0	51,842	100.0	55,704	100.0
	単独世帯	3,579	16.1	7,105	19.8	12,911	27.6	16,785	32.4	21,151	38.1
	核家族世帯	11,788	53.0	21,594	60.3	27,273	58.3	29,207	56.4	30,110	54.2
	夫婦のみ	1,630	7.3	4,460	12.4	8,835	18.9	10,244	19.8	11,159	20.1
	夫婦と子ども	8,489	38.2	15,081	42.1	14,919	31.9	14,440	27.9	13,949	25.1
	ひとり親と子ども	1,669	7.5	2,053	5.7	3,546	7.6	4,523	8.7	5,002	9.0
	その他の世帯	6,864	30.9	7,125	19.9	6,598	14.1	5,765	11.1	4,283	7.7

注：①国勢調査における家族類型の定義は変化してきている。ここでは平成 22（2010）年以降の定義にしたがっている。
　②昭和 60（1985）年以降は世帯を「一般世帯」と「施設等の世帯」に区分しており，それ以前は「普通世帯」と「準世帯」の区分であった。以前の「準世帯」のうち，間借りや下宿，独身寮の単身者を含めて「一般世帯」に区分された。
　③その他の世帯は核家族以外の親族世帯（三世代世帯など）と非親族を含む世帯
　④平成 12（2000）年以降の数値は総務省統計局「平成 27 年国勢調査人口等基本集計結果結果の概要」2016 年 10 月による。
　⑤上記において平成 12 年の数値は，22 年以降の家族類型の定義にあわせて組み替えて集計されている。
　⑥昭和 35（1960）年，昭和 55（1980）年の数値については筆者が普通世帯を一般世帯に読み替えるなどして記した。

だ。サラリーマンになった人々は，都市部やその近郊に住んで職場まで通勤するようになり，職場と住居は分離した。

表２−１と図２−３は，総務省の「国勢調査」をもとに，1960 年から 2020 年までの家族類型別世帯数の変化を表したものである。三世代家族など「その他の親族世帯」の割合は，1960 年代の３割から 2020 年の 8％へと減少している。「核家族世帯」は 1960 年代から世帯全体の５〜６割とほぼ横ばいが続いており，割合自体は増えていないが，その

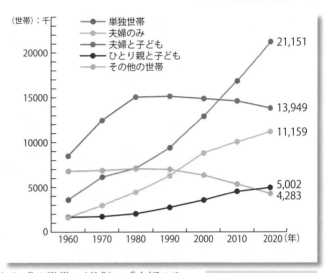

図２−３
家族類型別世帯数の変化
（総務省「国勢調査」）

中身が変化してきている。「夫婦と子どもから成る世帯」が減り，「夫婦のみの世帯」と「ひとり親と子どもからなる世帯」が増加している。また，高齢者のひとり暮らしや未婚者の「単独世帯」が増加している。

図２−４は，普通世帯における世帯人数の構成比の推移を示したものである。1960 年以降，６人以上の多人数世帯は急速に減少し，代わって少人数世帯が増加した。世帯の規模が縮小しているのである。また，データには表れないが，地域住民が相互に助け合う共同体も，同時に衰退していくこととなった。

高度経済成長期，人々は国の経済発展や自分たちの生活水準の上昇を願い，懸命に働いた。経済発展を遂げるなかで，

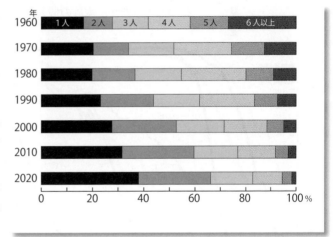

図２−４
世帯人員別世帯数の推移
（総務省「国勢調査」）

女性たちは学校を卒業すると職業に就くようになったが，多くは結婚や出産を機に退職した。男性たちには，企業戦士として長時間労働もいとわず仕事に専念する「稼ぎ手役割」が期待され，女性たちには家庭を守る「主婦役割」が期待されたからである。こうして，「夫は仕事，妻は家庭」といった性別役割分業が一般化していった。一方で，高度経済成長は多大な労働力を必要としており，女性たちは子育てが一段落するとパートタイム労働者として再び職場に進出していった。

この性別役割分業は，家族に新たな問題をもたらした。就労形態の多様化や長時間労働，長時間通勤は，父親たちを「家庭」という生活の場から遠ざけていった。子どもの寝顔しか見られない父親や，単身赴任の父親も増え，父親不在と母子密着が引き起こすさまざまな家族問題が顕在化していった。

3 消費社会・情報社会へ

　高度経済成長期，雇用されて賃金で生活するサラリーマン家庭が急速に増加し，家庭は「モノを生産する場」から「モノを消費する場」へと転換していった。国民の所得は向上し，耐久消費財の普及が進んだ。図2－5は，内閣府の「消費動向調査」をもとに本川（2008）が作成した「主要耐久消費財の世帯普及率の推移」である。これによると，高度経済成長期以降，普及が一気に進んだことがわかる。まず1950年代に電気洗濯機，電気冷蔵庫，電気掃除機の「三種の神器」が登場したが，それらは1970年代にほとんど一般に普及してしまった。少し遅れてカラーテレビが普及し，1960年代からは乗用車やルームエアコン，電子レンジ，ＶＴＲが普及した。2000年代に入ると，パソコンやデジカメ，携帯電話，ＤＶＤプレーヤー・レコーダーなどが普及している。

　家庭用電化製品が大量に普及し，家庭で教育費やレジャー費が家計の多くを占めるようになり，社会は本格的な消費社会となった。家電製品の開発や普及は家事労働にかける時間を短縮させ，女性の社会進出を後押しすることにつながったが，家族の個人化も押し進めた。家族全員で見ていたテレビが個室に備え付けられるなど，家族に一台（家電）ではなく一人一台（個電）という状況さえもたらした。

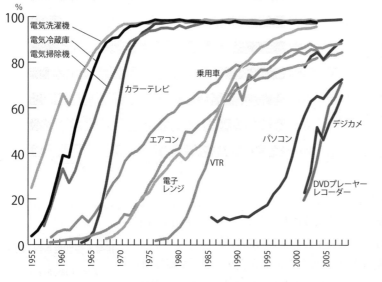

　経済力をもたない子どもたちまで，一人前に消費する消費者として市場のターゲットとなった。都市化や開発化が進み，子どもたちが遊び空間や遊び仲間を失っていった状況に合わせるかのように，企業は子どもたちの興味を引くモノを次から次へと開発し，生産した。そして，子どもたちは，テレビゲームやパソコン，DVDなど一人で楽しめるモノを相手に遊ぶようになった。携帯が普及すると，友達と一緒に過ごさず，メールでコミュニケーションを取る子どもも増えた。現代の子どもたちは一人で過ごす時間が増え，同じ家に暮らす家族ともバラバラで過ごすようになっている。

図2－5
主要耐久消費財の世帯普及率の推移

（内閣府「消費動向調査」）

❷　少子化の進展

❶　少子化の現状と背景

　わが国では，１年間に生まれる子どもの数が減少している。図２－６は，出生数及び合計特殊出生率の推移を示したものである。1949 年の第一次ベビーブームに約 270 万人であった年間出生数は，2019 年には 87 万人に減少している。合計特殊出生率でみると，1974 年に**人口置換水準** を下回ってから低下が続き，2019 年には 1.36 になっている。日本の人口は減少し，少子高齢化が進行している。

　少子化の問題がクローズアップされるようになったのは，合計特殊出生率が 1966 年の**丙午（ひのえうま）**の出生率を下回った 1989 年の「**1.57 ショック**」以降である。これをきっかけとし，1994 年にエンゼルプランが策定された。子育てを「夫婦や家族の問題」ととらえるのではなく，国や地方自治体，職場や地域社会など，社会全体が子育てを支援する必要があると認識されたからである。しかし，その後も合計特殊出生率は低下を続けている。

　少子化がもたらす影響としては，年金や医療費の負担など社会保障に与える影響や労働力人口の減少など，主に経済活力に与える影響が懸念されているが，子どもの成長や発達に及ぼす影響も大きい。きょうだいがおらず，地域に子どもが少なくなると，子ども同士が群れて遊んだり，集団のなかで互いに切磋琢磨したりする機会は減ってしまう。異年齢の子ども同士が触れ合う機会は減少し，子どもは大人に囲まれた生活を送るようになっている。

　出生数の減少は，親となる世代の人口規模の縮小と，その世代の子どもの生み方の変化が関わっているといわれる。親となる世代の子どもの生み方が変わった要因として，**未婚化**（未婚率の上昇）や晩婚化（初婚年齢の上昇）

人口置換水準：合計特殊出生率がこの水準以下になると人口が減少することになる水準を人口置換水準という。日本では 2.08 前後とされる。

丙午（ひのえうま）：古くから，丙午に生まれた女性は気性が激しく，夫の命を縮めるといった迷信があったため，1966 年の丙午に子どもを産むのを避けた夫婦が多く，出生数は極端に減少した。

1.57 ショック：1989 年の合計特殊出生率が 1.57 となり，過去最低であった丙午の 1.58 を下回ったことで，少子化傾向が「問題」として認識された。

**図２－６
出生数及び合計特殊出生率の年次推移**

（厚生労働省「人口動態統計」2019〈令 1〉）

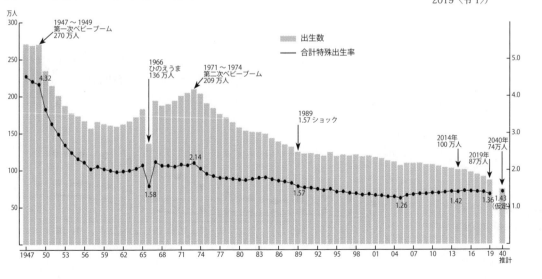

が進むなど，結婚のしかたの変化が大きい。具体的には，女性20歳代での結婚や出産が大幅に減り，かわりに30歳代での結婚や出産が増加している。晩婚化に伴って子どもを生むタイミングも遅くなり，晩産化の現象が起きている。また，夫婦が生涯にもつ子ども数も減少し，少産化の現象が起きている。このように少子化は，結婚する人の割合の変化と結婚した人の子どもの生み方の変化が一緒に起こってきた現象といえる。未婚化，晩婚化（晩産化），少産化の傾向を，次に詳しく見ていくことにしよう。

② 未婚化と晩婚化

　総務省「国勢調査」によれば，男女の未婚率は上昇傾向を示している。図2−7は，5歳年齢階級別にみた男女の未婚率の推移である。これによると，女性20代後半では，1970〜2015年の間に未婚率は18％から61％へと3倍に増えている。20代後半女性の過半数が，未婚者である。また，男性30代前半では，その45年の間に12％から47％へと4倍になっている。つまり現在では，20代後半女性と30代前半男性の2人に1人は独身ということになる。また，近年では，晩婚化が非婚化（生涯結婚しない人の増加）にもつながっていることが指摘されている。

　図2−8は，平均初婚年齢の推移を示したものである。1970年代前半以降，初婚年齢はほぼ一貫して上昇している。平均初婚年齢は，1970年には夫が26.9歳，妻が24.2歳であったのが，2020年では夫が31歳，妻が

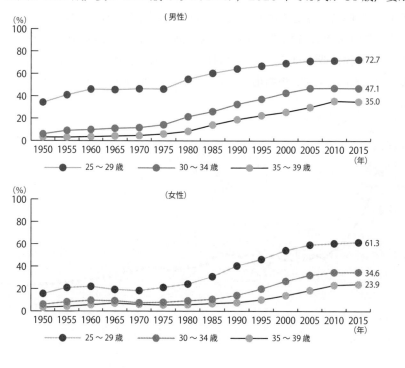

（前頁）未婚化：未婚者（一度も結婚していない人）の割合が増えることである。未婚化は非婚化（生涯結婚しない人の増加）にもつながる。

図2−7
男女の未婚率の推移

（内閣府「子ども・子育て白書」2018〈平30〉）

29.4 歳と高くなっている。この 50 年の間に，夫は 4 歳，妻は 5 歳，初婚年齢が上昇している。このように，男女の初婚年齢が上昇して晩婚化の傾向は顕著であり，特に近年，そのスピードが速くなっているという特徴が見られる。

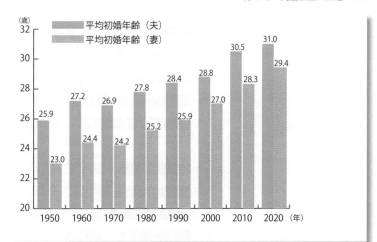

図 2 － 8
平均初婚年齢の推移

（厚生労働省「人口動態統計」2020〈令 2〉）

❸ 少 産 化

近年では，結婚をした夫婦の子どもの生み方も変化してきた。少産化の現象である。図 2 － 9 は，理想の子ども数と実際の子ども数の推移である。1970 年代以降，平均出生児数は 2.2 人前後で一定しているが，妻が考える理想の子ども数と実際に持つ子ども数には差が見られる。例えば，2015 年では，理想子ども数は 2.32 人であるが，実際の平均出生児数は 1.94 人である。調査が始まった 1977 年以降，実際に持つ子ども数は，常に理想の子ども数を下回っていることがわかる。

さて，少子化の背景には，こうした未婚化や晩婚化（晩産化），少産化の問題のほか，子どもを育てるうえでの経済的負担や，心理的・肉体的負担の大きさが指摘されている。経済的負担のなかでは，特に教育費が親にとって重荷となっている。近年は高学歴社会となっており，子どもの教育費の負担は増えることはあっても減ることはないであろう。こうした経済的負担や心理的・肉体的負担など，子育てにおける負担感が出生率に影響を与えているとみられている。

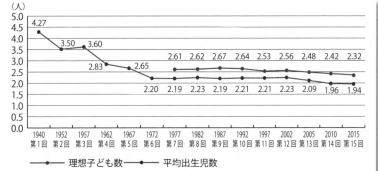

資料：国立社会保障・人口問題研究所「出生動向基本調査（第 10 ～ 14 回）」，「出産力調査（第 1 ～ 9 回）」
注 1：理想子ども数については，50 歳未満の妻に対する調査
　　2：平均出生児数は，結婚持続期間 15 ～ 19 年の妻を対象とした出生児数の平均。（完結出生児数）。

図 2 － 9
理想の子ども数と実際の子ども数の推移

（内閣府「少子化社会対策白書」2021〈令 3〉）

❹ 結婚や家族に関する意識の変化

未婚化や晩婚化が進んだ背景に，結婚や家族に対する意識の変化があると指摘される。図 2 － 10 は，内閣府が全国 20 歳以上の男女 5,000 人を対象に行った世論調査（2009 年度・2019 年度）の結果である。「結婚は個人の自由であるから，結婚してもしなくてもどちらでもよいか」という考え方に「賛成」する人は，「どちらかと言えば賛成」を含めて 70％であった。

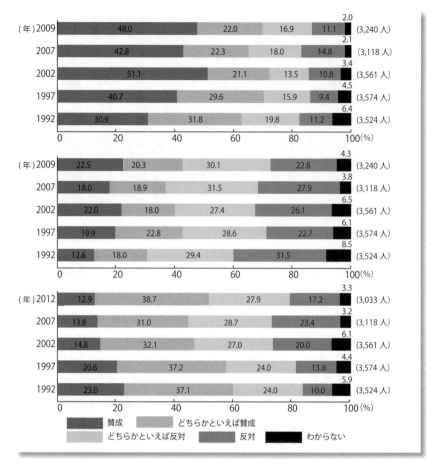

図 2 − 10
⑦結婚は個人の自由であるから，結婚してもしなくてもどちらでもよい

①結婚しても必ずしも子どもをもつ必要はない

⑦夫は外で働き，妻は家庭を守るべきである

（内閣府「男女共同参画社会に関する世論調査」2009〈平21〉・2019〈平31〉）

「必ずしも結婚しなくてよい」と考える人が過半数を占めており，人々のライフコースは多様化し，「結婚」は選択肢の一つになっている。

その背景には，経済的な生活水準が高まり，結婚しなくても不自由のない生活が送れるようになったことや，親と同居していた際の生活水準を結婚によって低下させたくない，あるいは希望に合った人とでなければ結婚しないといった意識がみられるという。個人化が進み，祖父母や親世代の意識も変化し，若者に結婚の魅力を伝えたり結婚を促したりする力も弱まっているようである。

次に，「結婚して必ずしも子どもをもつ必要はない」という考え方に「賛成」する人は，「どちらかと言えば賛成」を含めて 42.8％である。全体的には「反対」する人の方がやや多いものの，「子どもをもつこと」も人々の選択肢の一つになっている。また，「夫は外で働き，妻は家庭を守るべきである」という考え方に「賛成」する人は，「どちらかと言えば賛成」を含めて 51.6％で，「反対」する人よりやや多い。年度別にみると，「反対」の割合は年々増えている。人々の性別役割分業意識は，近年，薄らいでいるといえる。

2　子どもの成長や発達をめぐる問題

■　子どもの生活習慣

■　「孤食」の増加

　厚生労働省の 2005 年度「国民健康・栄養調査」によると，朝食を子ども
だけで食べる割合が，1998 年度から 2005 年度調査の 7 年間に増加してい
るという。2005 年度では，「ふだん，子どもが朝食を誰と一緒に食べるか」
という質問に対し，きょうだいとも一緒でなく，「一人だけで食べる」者の
割合は小学校 1 ～ 3 年生で 13.5 ％，小学校 4 ～ 6 年生で 11.7 ％，中学生で
25.7 ％であった。家族が一緒に住んでいても生活の時間帯がズレたり，好
みの食事が異なっていたりして，朝食をバラバラに食べる家族が増えている。

　日本スポーツ振興センターが 2010 年度に実施した「児童生徒の食生活等
実態調査」では，「夕食を家族そろって食べているか」という質問を保護者
に尋ねている（図 2 - 11）。「夕食を家族がそろって食べている」割合は，小・
中学生の家庭とも 6 割に満たない。夕食を「子どもだけ」か「一人」で食べ
ている小学生は約 2 ％，中学生は約 5 ％である。全体的に見れば，家族の誰
かと食べている割合が多い
ものの，家族全員がそろっ
て食卓を囲むことは難しく
なっている。親は長時間労
働で帰宅が遅いうえ，子ど
もたちも塾や習い事で忙し
いのかもしれない。

図 2 - 11
夕食の共食状況

（日本スポーツ振興センター
「児童生徒の食生活等実態調
査」2010〈平 22〉）

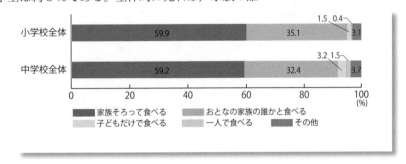

■　朝食を食べない子ども

　朝食は，午前中の活動のエネルギー補給として必須であり，特に育ち盛り
の子どもには欠かせない。しかし，「朝食を食べない子ども」が少なくなく，
健康状態や成長に悪影響があることが心配されてきた。

　表 2 - 2 は，1995 年度から 2010 年度までの「小中学生の朝食の欠食状
況」である。「朝食を食べない子ども」は 1995 年度から増加傾向であったが，
最近は減少している。2010 年度で「ほとんど朝食を食べない」子どもは小・
中学生全体の 1 ～ 3 ％，「食べないことがある」子どもは 1 ～ 2 割となった。
欠食状況が改善されてきているのは，学校関係者の努力に加え，**食育基本法**
の制定（2005）や国をあげてのキャンペーンなどで，朝食をとることの重
要性がより認識されてきたためであろう。

食育基本法：食育につ
いて基本理念や方向性を示
し，国，地方公共団体及
び国民の食育の推進に関
する取組を総合的，計画
的に推進するため 2005
年に制定された。

▼「朝食を食べないことがある」小中学生の割合		（%）
	小学生（5年生）	中学生（2年生）
1995年度	13.30	18.90
2000年度	15.60	19.90
2005年度	14.70	19.50
2010年度	8.00	10.60
▼「ほとんど食べない」小中学生の割合		
1995年度	2.70	4.50
2000年度	4.10	5.20
2005年度	3.50	5.20
2010年度	1.50	2.80

表2-2
小中学生の朝食の欠食状況

（日本スポーツ振興センター「児童生徒の食生活等実態調査」2010〈平22〉）

子どもが「朝食を食べない」理由は，主に「食欲がないから」「食べる時間がないから」が多い。家族や子どもの就寝時刻が遅いと，朝は食欲や時間がなくなってしまうため，家族ぐるみの取り組みが引き続き求められる。

❸　生活習慣の乱れ

　図2-12は，東京都福祉保健局が2006年に東京都内の幼稚園全園の園長や教諭を対象として「幼児期からの健康習慣調査」を実施した結果である。「園児の生活習慣で気になっていることがありますか」と尋ねた結果，「就寝時間が遅い」と回答したものが最も多く，次いで「生活リズムが不規則」との回答が多かった。

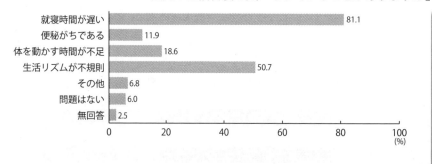

図2-12
園児の生活習慣で，気になっていること（複数回答，N＝763）

（東京都福祉保健局「幼児期からの健康習慣調査報告書」2006〈平18〉）

　特に都市部では，労働時間が長かったり，諸活動で忙しかったりする親が多く，子どもたちは親の生活スタイルに合わせて就寝時刻が遅くなり，生活リズムが不規則になっているのであろう。毎日子どもに接している先生たちは，生活習慣の乱れを心配している。

　同調査では，東京都内の幼稚園・保育園に通う子どもの保護者にも尋ねている。図2-13は，4～6歳児の就寝時刻である。「午後10時以降」に就寝する子どもの割合は，2006年で保育園児が54.0％，幼稚園児が16.6％であり，1994年の保育園児42.1％，幼稚園児10.9％と比べると増えている。保護者の回答からも，子どもたちが夜更かしになっていることがわかる。

　事例2-1は，同調査が教諭や保育士を対象に聞き取り調査を行った結果の一部である。この5歳男児に見られるような生活リズムの乱れは，生活習慣病を引き起こす可能性があるほか，友達との遊びにも楽しく加われないなど，心身の発育に影響を及ぼすことが懸念される。

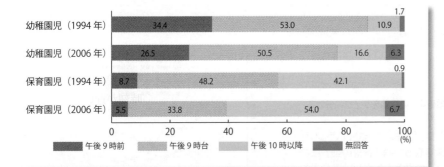

図 2 − 13
幼児（4 − 6 歳）の就寝
時刻

（東京都福祉保健局「幼児期
からの健康習慣調査報告書」
2006〈平 18〉）

> ● **事例 2 − 1**
>
> ● 睡眠不足から日常生活に影響を及ぼしていると思われる 5 歳男児
>
> 　A 君の就寝は，午後 11 時 40 分頃。朝 8 時に起き，8 時半に家を出発し，8 時 45 分には登園する。時間がなく，食欲がないので朝食は食べられない日が多い（牛乳程度）。
> 　午前中はボーッとしていて，走り回って遊ぶことは少ない。また，他の子どもたちが遊んでいる集団に入り込む意欲も体力もないので，一人でいることも多い。
> 　朝食をあまり食べない分，昼の給食はよくおかわりをして食べる。標準体重を 20％超える肥満である。この園では，都心に勤務する両親が多く，帰宅が遅くなり，食事も遅くなる傾向にある。大人の生活リズムで子どもも生活してしまい，どうしても夜更かしをする傾向にあるという。
> 　　　　　　（東京都青少年・治安対策本部 2007「幼児の家庭生活実態調査報告書」）

2　子どものからだと心の変化

　近年，子どものからだと心が変化してきたといわれる。子どものからだと心・連絡会議は，1978 年からほぼ 5 年毎に全国の保育所，幼稚園，小・中・高校の教員を対象として，「最近増えてきている子どものからだのおかしさ」の実感調査を行っている。表 2 − 3 は，1979 年と 2015 年の調査結果である。2015 年度のワースト 5 の上位にくるのは，「アレルギー」や「皮膚がかさかさ」，「すぐ“疲れた”という」といったものである。中学生では「不登校」が加わり，高校生では「首や肩の凝り」「うつ的傾向」など，心や体の不調を訴える子どもが多い。同会議は，「病気と健康のはざまにいる“病気じゃ無いけれど健康でもない”子どもたちが増えてきている」と指摘する。

　高度経済成長期以降，地域の開発が進み，自動車の交通量が増え，子どもたちは遊び場や居場所を失って，室内へと追いやられた。それに合わせるかのように，室内で遊べるファミコンやテレビゲームが出現し，外遊びはますます減少した。「子どもの遊び」の問題については第 11 章で詳しく述べるが，コラム 2 − 1 で正木健雄氏が報告しているように，子どもの外遊びや集団遊びが減少し，子どものからだと心の発達は阻害されている可能性がある。

●コラム2-1

● 正木健雄さんが語る「どうなっている？子どもの
からだ」

▶大脳活動の特徴から「前頭葉」の活動をタイプに分ける
（前略）

　前出の調査方法で，「興奮」「抑制」の強さ，バランス，切りかえの特徴から対象者を5つの「神経の型」にわけます。アクセルもブレーキもともに弱い「そわそわ型」，アクセルが強い「興奮型」，ブレーキが強い「抑制型」，両方強いが切りかえが緩慢な「おっとり型」，そして，両者の切りかえがすばやい「活発型」です。私たちの調査でまずわかったことは，このうち「集中力が弱く，落ち着きもない」という「そわそわ型」が，最近，小学校に入っても減らないままになっているということです。それが図のグラフです。

　刺激に対してあまり興奮もしないが抑制もできないというそわそわ型は，幼児は4割程度と多いのですが，小学校に入るとぐっと減っていくというのがこれまでの傾向でした。ところが90年代中ごろになると，小学校に入学したあとも場合によっては5割をこえる高い水準になっています。そればかりか，むしろ高学年になるにつれてふえていく傾向もみられるようになってきました。このような子どもたちは，先生の話を聞き続けられるのはせいぜい1分間ぐらいです。それがクラスの3分の1，2分の1もいるのでは，授業はとてもやりにくいでしょう。小学校で授業を成り立たせなくし，低学年で問題になっている「学級崩壊」の実体はこれだと考えられます。

▶興奮と抑制を遊びの中で

　前出の5つの型のなかで，おとなで多いタイプは「活発型」です。何かあれば十分に興奮できるし，必要なときには抑制もできるというタイプです。本来，人は成長するにしたがってこの活発型の要素を身につけ，発達していくものです。これまで平均的な割合では，幼稚園年長児で15%前後，おとなで70%以上というのが活発型の出現率です。

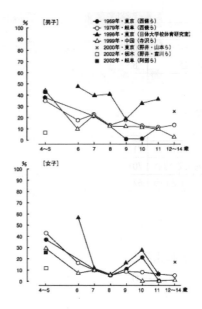

　ところが宇都宮市にあるさつき幼児園には，「活発型」の子どもたちが55%もいます。その秘密は，この幼稚園で25年にわたって実践している「じゃれつき遊び」です。子どもたちの「目がキラリと光り」，いきいきと園生活を送れる遊びはないかと模索した末，みんなでじゃれつきあい，転げまわる遊びを見つけました。この園では毎朝登園した子どもたちに，30分間これをさせています。日体大の学生たちが相手をすると1時間やっても「疲れた」とはいいません。子どもたちが「すぐ"疲れた"という」のはからだの疲れではないのですね。

　目が光るというのは，前頭葉が活発に働いているからなのです。からだを触れあい，とっくみあって遊んでいると子どもは強く興奮します。けれど，あまり興奮が強いと友だちが泣いたりするので，グッと自分を抑制する場面も生まれます。こんな遊びを毎日することで，「活発型」の子どもたちが多くなるのだろうと考えています。

　「とっくみあい」「おしくらまんじゅう」など昔から子どもたちがやってきた「接触型」の遊びには，こうした効果があったのではないかと見直されています。こんなことから，子どもたちが安心して自分を発散し成長できる環境が，家庭や地域で求められているように思うのです。

（全日本民医連 2003「いつでも元気　2003.10　No.144」）

▼保育所		▼小学校		▼中学校		▼高等学校	
1979年	(%)	1979年		1979年		1979年	
1. むし歯	24.2	1. 背中ぐにゃ	44.0	1. 朝礼でバタン	43.0	1. 腰痛	40.0
2. 背中ぐにゃ	11.3	2. 朝からあくび	31.0	2. 背中ぐにゃ	37.0	2. 背中ぐにゃ	31.0
3. すぐ「疲れた」という	10.5	3. アレルギー	26.0	3. 朝からあくび	30.0	2. 朝礼でバタン	31.0
4. 朝からあくび	8.1	4. 背筋がおかしい	23.0	3. アレルギー	30.0	4. 肩こり	28.0
5. 指吸い	7.2	5. 朝礼でバタン	22.0	5. 肩こり	27.0	4. 貧血	28.0
2015年	(%)	2015年	(%)	2015年	(%)	2015年	(%)
1. アレルギー	75.4	1. アレルギー	80.3	1. アレルギー	81.2	1. アレルギー	78.7
2. 背中ぐにゃ	72.4	2. 視力が低い	65.6	2.	70.7	2. 夜，眠れない	68.9
3. 皮膚がカサカサ	71.9	3. 授業中じっとしていない	65.4	3. 首，肩のこり	68.0	3. すぐ「疲れた」という	62.8
4. 保育中じっとしていない	70.9	4. 背中ぐにゃ	63.9	4. 夜，眠れない	67.2	3. 首、肩のこり	62.8
5. すぐ「疲れた」という	67.3	5. すぐ「疲れた」という	62.9	5. すぐ「疲れた」という	66.4	5. 平熱36度未満	61.6

　また，住環境や食環境が変化し，環境汚染や食物の安全性の問題も指摘されるようになった。厚生省「アレルギー疾患の疫学に関する研究」（1992〜1996年）によると，アトピー性皮膚炎やぜん息，アレルギー性鼻炎など何らかのアレルギー疾患を持っている人は，乳幼児28.3％，小中学生32.6％，成人30.6％であった。国民の3人に1人がアレルギー疾患を持っていることになる。

表2−3
「最近増えている」という"実感"ワースト5

（子どものからだと心・連絡会議編「子どものからだと心白書」2015〈平27〉）

　図2−14は，「学校保健統計調査（2021）」の1970年〜2021年の「児童等のぜん息の被患率の推移」である。1970年以降，幼稚園，小学校，中学校，高校とすべての年齢で，ぜん息にかかった子どもの割合は増加し続けている。特

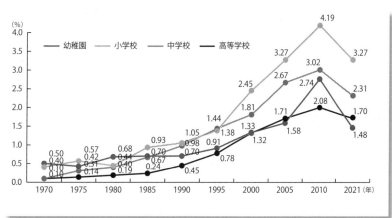

に小学校と中学校で被患率が高い。アトピー性皮膚炎については最近のデータしかないが，これも増加の一途をたどっているという。このように，住環境や食環境との関連で発生する病気が増加しており，子どもの育ちに変化が起きている。

図2−14
児童等のぜん息の被患率の推移

（文部科学省「学校保健統計調査」2021〈令3〉）

❸ 高学歴社会の子どもたち

❶ 大学進学率の上昇

　高等学校や大学への進学率は戦後一貫して上昇し，わが国は高学歴化した。図2－15は，文部科学省「学校基本調査」に基づく1950年から2019年にかけての「学校種類別進学率の推移」である。今や高等学校等への進学率は，男女とも96％で，ほとんどの子どもが高校に進学する。大学（学部）への進学率は，男子56.6％，女子50.7％とやや男女差が見られるものの，短期大学への進学率を含めると大学進学率は男女で変わらない。高校卒業者の半数が大学に進学する時代となっている。

　職業学校に行って「手に職をつける」ことが大切だと考えられていた時代を経て，「良い大学を出て良い会社に入る」ことが目指されるようになった。

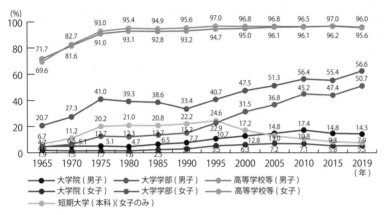

図2－15
学校種類別進学率の推移

（内閣府「男女共同参画白書」2020〈令2〉）

（備考）　1. 文部科学省「学校基本調査」より作成。
　　2. 高等学校等：中学校卒業者及び中等教育学校前期課程修了者のうち，高等学校等の本科・別科，高等専門学校に進学した者の占める比率。ただし，進学者には，高等学校の通信制課程（本科）への進学を含まない。
　　3. 大学（学部），短期大学（本科）：浪人を含む。大学学部又は短期大学本科入学者数（浪人を含む。）を3年前の中学校卒業者及び中等教育学校前期課程修了者数で除した比率。ただし，入学者には，大学又は短期大学の通信制への入学者を含まない。
　　4. 大学院：大学学部卒業者のうち，ただちに大学院に進学した者の比率（医学部，歯学部は博士課程への進学者）。ただし，進学者には，大学院の通信制への進学者を含まない。

❷ 家族と過ごす時間の減少

　現代では，塾や習い事に通う子どもはめずらしくなくなった。厚生労働省の「全国家庭児童調査（2009年度）」によると，放課後，塾などに通っている小学1～3年生の割合は44.0％，小学4～6年生は53.6％，中学生は56.8％，高校生は24.4％であった。小学生と中学生の半数は塾に通っていることになる。親世代も高学歴社会で育ったため，子どもが早くから受験勉強をしたり，勉強優先の生活を送ったりすることに対し，抵抗感が少ないのかも知れない。

　平日の放課後に塾や習い事に通うということは，一日のほとんどを家庭の外で過ごすことになる。表2－4は，文部科学省「地域の教育力に関する実態調査」（2006年）の結果である。全国10自治体内の公立小・中学校の子ども（小学校2年生と5年生，中学2年生）2,174人に，塾や習い事から帰宅する時間を尋ねている。全体の44.4％は平日7時までに帰宅するが，9

表2－4
平日に塾や習い事がある日の子どもの帰宅時間

（文部科学省「地域の教育力に関する実態調査」2006〈平18〉）

	(%)
午後6時より前	21.4
午後6時から7時の間	23.0
午後7時から8時の間	14.3
午後8時から9時の間	11.4
午後9時から10時の間	17.7
午後10時より後	9.9

注：平日に塾や習い事に通う子どもが，塾や習い事から帰宅する時間を示したもの。

時以降に帰宅する子どもも 27.6％いる。塾や習い事をする子どもたちは低年齢化しており，こうした傾向は幼児にまで及んでいる。事例 2 － 2 の園長は，子どもはゆったりとした生活リズムのなかで成長・発達すべきであるが，親にその大切さを理解してもらえないということを訴えている。幼児期に家族が密にふれあったり，仲間遊びを経験したり，異年齢の人々とも幅広く交流する機会がないと，大人になっても人間関係をうまく取り結べない，自分で判断，行動する自己決定の力が育たないなど，発達上の課題が取り残されてしまうことが懸念される。

●**事例 2 － 2**

● 忙しい子どもたち（園長の心配）

　3 歳の B 子ちゃんは，降園後，英語や体操教室などたくさんの習い事に通っており，多いときは 2 箇所はしごをすることもある。B 子ちゃんは疲れがたまっているようで，園でもハツラツとした元気さがない。園での B 子ちゃんの様子を，折に触れて母親に伝えているが，母親は「本人のためだから」と気に留めていないようである。B 子ちゃんのように忙しい子どもは，最近少なくない。保護者会などで，「幼児にはゆったりとした生活リズムが大切ですよ」と話すようにしているが，なかなか伝わらない。

---

❹　心と行動へのケアが必要な子どもたち

❶　保健室の利用

　いじめや友人関係の問題など，心の悩みを訴えて学校の保健室を訪れ，養護教員に相談する子どもが，小中高校とも増加しているという。日本学校保健会は，全国の小中高校計約 1,100 校を対象に，休日を除いた 1 週間の保健室の利用状況を調べている。図 2 － 16 は，2011 年度の「来室理由別，保健室利用者の割合」である。「なんとなく」，「休養したい」，「困ったことがあるので話を聞いてほしい」，「先生との話」など，心の悩みで保健室を訪れる児童生徒は全体の 4 割以上を占めている。同調査によると，保健室を利用した理由が「主に心に関する問題」である割合は，1996 年度と比較すると小中高校で急増している。心の悩みの内容は，いじめや友人関係，家庭環境が上位を占める。保健室を利用する子どもの数や養護教員の対応時間は増加傾向にあり，文部科学省は「社会環

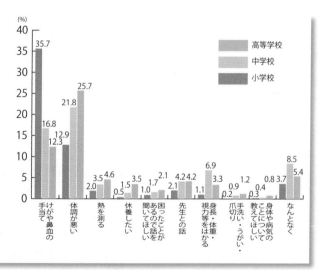

図 2 － 16
来室理由別，保健室利用者の割合

（日本学校保健会「保健室利用状況に関する調査報告書」2016〈平 28〉）

境や生活習慣の変化が大きく影響し，子どもの悩みが以前と比べて多様化している」と指摘する。

❷ い じ め

表2−5は，文部科学省「生徒指導上の諸問題の現状について」の「いじめの発生（認知）件数の推移」である。報告が多かった2015年のいじめの認知件数は，約22万4千件である。同報告書によると，いじめの発見のきっかけは，「アンケート調査など学校による取組」が最も多く（51%），「本人からの訴え」（17%），「学級担任が発見」（12%）となっている。

いじめ：文部科学省の調査では，「いじめ」を①自分より弱い者に対して一方的に，②身体的・心理的な攻撃を継続的に加え，③相手が深刻な苦痛を感じているものと定義し，起こった場所は学校の内外を問わないものとして件数を把握している。

表2−5
いじめの発生認知件数の推移
（文部科学省「児童生徒の問題行動等生徒指導上の諸問題の現状に関する調査」2020〈令2〉）

特殊教育諸学校：2006年の学校教育法の改正により，特殊学校は特別支援学校となった。

	総　数	小学校	中学校	高等学校	特別支援学校
1985 年	155,066	96,457	52,891	5,718	—
1990 年	24,308	9,035	13,121	2,152	—
1995 年	60,096	26,614	29,069	4,184	229
2000 年	30,918	9,114	19,371	2,327	106
2005 年	20,143	5,087	12,794	2,191	71
2010 年	77,630	36,909	33,323	7,018	380
2015 年	224,540	151,190	59,422	12,654	1,274
2020 年	97,370	48,526	42,122	6,388	334

（調査対象は公立学校，単位：件）
注：2006年度に調査方法等が改められ，2005年までは「発生件数」，2010年度からは「認知件数」が示されている。

いじめの件数を時系列にみると，2006年度より調査方法等が改められているため，単純に比較はできないものの，1985年に比べて2005年はかなり減少している。しかし，2010年から2015年にかけて認知件数は再び上昇している。近年，教育現場においていじめ問題に対する意識が高まり，さまざまな取り組みが行われるようになったものの，いじめは増加しているのが現状である。

いじめを苦にして不登校になる，自殺を図るなど，個々のケースは深刻化しているという指摘もある。スクールカウンセラーの活用など学校の相談機能を充実させ，子どもの悩みをいち早く受け止めて解決を図るなど，組織的な対応が求められている。

いじめのほかにも体罰や親による虐待といった「子どもをめぐる人権問題」は，周囲の目につきにくいところで発生しており，被害を受けている子ども自身も訴えられないことが多い。私たち大人は，「いじめや虐待は子どもへの重大な人権侵害である」と認識し，学校や家庭，地域社会，国が一体となって子どもの声を救い上げ，速やかに解決できるような体制を整備し，子ども達の健やかな成長を見守る必要がある。

事例2−3と事例2−4は，実際に訴えがあったもので，小学校や中学校が問題解決に取り組んだケースである。ここでは，いじめの訴えの概要のみを記す。

● 事例2-3

● 学級内で命令、強要、暴力を受けていた小6男子

　同じ学級になったA，B，C，Dは，同じ仲間として行動を共にするようになる。Dの母親から，「算数の授業で，Aがうちの子に『手を挙げるな』と命令しているようだ。子どもが困っている。」と相談される。担任がDに聞くと，Dは思い余って「実は，A君に手を挙げるなと命令されている。」と告白するが，それ以上のことは言わない。Aに命令を止めるようにすぐ指導する。算数の授業は，担任ではなく，少人数指導の非常勤講師が指導していた。Dの隣の席の女子児童が，「Dに何を話しかけても話しをしない。Aにしゃべるなと命令されているようだ。今日，Aにお腹を殴られて，うずくまっていた。Aにやられたの？と聞いたら，すごく小さな声で，『うん』と言った。たぶん，しゃべるなという命令を伝えたのは，Bだと思う。」と担任に伝えてきた。同日，担任がBに聞くと，伝言を認め，「僕だって命令を伝えるのはやめたい。Dはかわいそうだが，言わないと今度は僕が命令される。」と担任

に告白する。すぐにAを指導して，止めさせる。今度はBがAに命令されて，放課後トイレの個室に座らされていた。Bから，「先生，もう限界。学校を休みたい。」と訴えてきた。同日，担任が，BとDを呼び，事実を確認する。分かったいじめの実態は，命令や強要として，「音楽の授業で持ち物を全部忘れたと言え。」「社会のノートを提出するな。」「手を挙げるな。」「ノートをとるな。」「宿題を提出するな。」「校舎の3階を3周走れ。」その他に，暴力・傷害的なこととしては，「ゴムのパチンコを作り，Dの背中に画鋲を当てた。」「学年活動室の誰も見ていないところで，Dに平手でビンタをしたり，腹部を殴ったりした。」。Dが，Aに対して反抗的な顔つきをするので，三人の中で一番殴られていた。命令については，Aは自分で直接言わずに，「DにはBを通して，BにはDを通して命令させていた。」。
（後略）

（文部科学省「いじめ問題に関する取組事例集（2007）」）

● 事例2-4

● クラスの女子からのいじめに悩む中2女子

　中学2年女子A子が相談室に来室し，カウンセリング指導員に悩みを話したことにより事実が明るみになる。訴えの主な内容は，「学級の人が，私だけに，清掃時に雑巾拭きをさせたり，給食時に食器の後始末をさせたりする」「内履きズックの中に画鋲が入っている」「学年の女子3人から，『死ね』『消えろ』と言われ，つらい」等であった。

　入学前の状況：小学校では，4年生2学期から卒業するまで嫌がらせを受け，つらい思いをした経験を持つ。「足をひっかけられ怪我をした」「筆箱を隠されたり，鞄の中を無断で見られたりした」と話す。担任に嫌がらせをされたことを訴えると，その後，仲間から「チクリマン」と言われるようになった。「先生に言ったら嫌がらせがひどくなった」「言わなきゃよかったと思った」と話す。

　中学校での状況：入学後，嫌がらせは収まっていたが，中学2年になり再び嫌がらせを受けるようになり，つらい思いをしている。部活動や学級において，同級生と話す姿はほとんど見受けられない。つらい思いをするのが嫌で，自分から対人関係を避けて過ごしている。「私は嫌なことをされても仕返しができない。貧乏な家で育っているから，ピクピクして何も言い返すことができない。」と話す。しつこく繰り返される仲間による嫌がらせによって，A子は不安や自信のなさ，自分に対する否定的な見方をより一層強めていることも明らかである。A子については，就学指導委員会において就学相談の必要性が検討される一人であるが，丁寧にノートをとるなど，まじめな授業態度である。
（後略）

（文部科学省「いじめ問題に関する取組事例集（2007）」）

❸　不 登 校

　表2-6は，各年度に30日以上欠席した全国の小・中学校における**不登校児童生徒数**である。2020年度は，小学校63,350人，中学校132,777人，合計19万6,127人と報告されている。不登校児童生徒を学年別にみると，学年が進むにつれて増え，中学2年生と3年生で多くなっている。

不登校：文部科学省は，「不登校」を何らかの心理的，情緒的，身体的，あるいは社会的要因・背景により，児童生徒が登校しない，あるいはしたくともできない状況にあること（ただし，病気や経済的な理由によるものを除く）と定義する。

区分	小学校		中学校	
	全児童数（人）	不登校児童数（人）(%)	全児童数（人）	不登校児童数（人）(%)
1995	8,370,246	16,569(0.20)	4,570,390	65,022(1.42)
2000	7,366,079	26,373(0.36)	4,103,717	107,913(2.63)
2005	7,197,458	22,709(0.32)	3,626,415	99,578(2.75)
2010	6,993,376	22,463(0.32)	3,572,652	97,428(2.73)
2015	6,543,104	27,581(0.42)	3,481,839	98,428(2.83)
2020	6,333,716	63,350(1.00)	3,244,958	132,777 (4.10)

表2−6
不登校児童生徒数（30日以上欠席者）

（文部科学省「児童生徒の問題行動等生徒指導上の諸問題の現状に関する調査」2020〈令2〉）

表2−7は，「不登校の状態になった直接のきっかけ」と報告されているものである。小学校では，「本人の問題に起因」が最も多く，「家庭生活に起因」「学校生活に起因」の順となっている。中学校では，「学校生活に起因」が最も多く，次に「本人の問題に起因」「家庭生活に起因」となっている。また，事例2−5のように，いじめがきっかけとなって不登校になる場合もある。とはいえ，複雑な要因が絡まり合い，本人にも家族にも「きっかけは何なのかわからない」ケースが少なくない。

近年では，学校が家庭訪問を行って学業や生活面での相談にのるなどの指導や援助を行ったり，登校を促したり，スクールカウンセラーが専門的に相談にのったりなど，対策が取り組まれている。しかし，子どもが不登校になる割合は増加傾向にある。

表2−7
不登校状態となった直接のきっかけ（2020年度）

（文部科学省「児童生徒の問題行動等生徒指導上の諸問題の現状に関する調査」2020〈令2〉）

区　　分		小学生（人）	中学生（人）	合　計（人）
学校に係る状況	いじめ	171	228	399
	いじめを除く友人関係をめぐる問題	4,259	16,571	20,830
	教職員との関係をめぐる問題	1,187	1,226	2,413
	学業の不振	2,049	8,626	10,675
	進路に係る不安	153	1,428	1,581
	クラブ活動，部活動等への不適応	11	772	783
	学校のきまり等をめぐる問題	453	1,061	1,514
	入学，転編入学，進級時の不適応	1,121	5,412	6,533
家庭に係る状況	家庭の生活環境の急激な変化	2,408	3,259	5,667
	親子の関わり方	9,227	8,168	17,395
	家庭内の不和	1,027	2,456	3,483
本人に係る状況	生活リズムの乱れ・あそび・非行	8,863	14,576	23,439
	無気力・不安	29,331	62,555	91,886
該当なし		3,090	6,439	9,529

注：調査対象：国・公・私立小・中学校。不登校児童生徒1人につき，主たるきっかけを選択（複数回答可）。

●事例 2 − 5

●いじめから不登校になった中学男子

中学男子。転入生。小柄でおとなしく，運動が苦手。ゲームが得意。転校前の中学校で不登校。転入後も不登校傾向。

いじめた側の生徒：上級生と同級生の男子計 4 人，明るく運動が得意なグループ。

いじめが始まったきっかけ：転入後，A と B グループは週休日にいっしょにゲームをするなどの交流が増えつつあった。その一方で，おとなしい A に対して廊下ですれ違うときに突然大きな声で驚かしたり，通せんぼをしたりするなど，B グループの生徒たちによるからかいやいたずらも見られるようになってきていた。そのような時期のある休日，A は B グループに誘われ，近所の広場で一緒にゲームをして遊んでいたが，途中から「ハンバーガー遊び」が始まった。じゃんけんで負けた者が一番下になり，次々に上に覆い被さっていくという遊びだったので，小柄で運動の苦手な A は，参加したくなかったがはっきりと断れずに，無理矢理仲間に入らざるを得ない状況であった。他の生徒にとっては，おもしろおかしい遊びであったが，A にとっては辛い時間であった。翌朝，同様の遊びが続くかもしれないという思いや，それまでのからかいが気になり，A は登校することを激しく嫌がった。（後略）

（文部科学省「いじめ問題に関する取組事例集（2007）」）

4　非　行

近年，「少年犯罪は凶悪化している」との認識が高まり，2000 年に少年法が改正されるなど厳罰化の傾向がみられる。例えば，少年院の収容可能年齢は「14 歳以上」から「おおむね 12 歳以上」に引き下げられた。しかし，少年犯罪は増加し凶悪化したかのように思われるが，実際には凶悪化していないという指摘もある。凶悪化したのではなく，非行歴のない子どもが突然殺人を犯したり，まるでゲームでもするかのように身近な友達や見知らぬ他者を傷つけたり，社会を震かんさせるケースをメディアが次々に報道するために目立っただけだという指摘である。

厳罰化には，「少年に厳しい刑罰を科すことで規範意識を持たせて犯罪を抑制すべきだ」という主張や，「被害者とその家族の感情を尊重すべきだ」といった主張が高まっていることが背景にある。「少年犯罪や非行は，環境や人間的未熟さから起こるため，保護や立ち直りの援助こそ必要である」という考え方と，「少年犯罪には，厳罰をもって対処すべきだ」という厳罰主義との間で，「厳罰化の是非」が議論されている。

近年では，「普通」の子どもが突然犯罪行為を行うケースが目立ち，子どもの犯罪や非行が質的に変化してきたといわれる。そこには，都市化や消費社会化，高学歴化，高度情報化など，急速な社会の構造的変化がゆがみとなり，影響を及ぼしているように思われる。

厳罰化や警察の取り締まりの強化は，青少年の健全な環境育成という観点からみれば重要であろう。しかし，そこで検挙・補導した子どもたちをどのように見守り，どう育て直していくのかという点が十分に議論される必要がある。福祉的な見守り体制の充実が求められている。

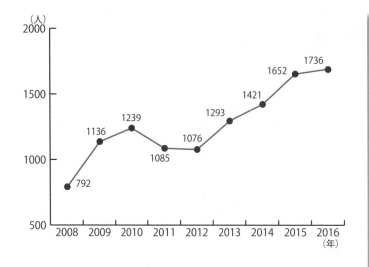

（人）

図2−17
コミュニティサイトに起因する犯罪の被害児童数関係した事件の検挙件数の推移

（警察庁「平成29年における出会い系サイト及びコミュニティサイトに起因する事犯の現状と対策について」2017）

5　性犯罪と子ども

　近年，IT機器が浸透し，世界中の知らない人といつでもコミュニケーションを取ることが可能になった。パソコンやスマートフォンを通じ，仲間や不特定多数の相手とメールやチャットで交流するコミュニティサイト（SNS，プロフィールサイトなど）が子ども達の間にも普及した。しかし，悪意を持った人や悪質なサービスにアクセスしてしまう危険性も孕み，児童がわいせつな画像を撮影させられたり児童ポルノ事件や買春に巻き込まれたりなど，性犯罪をめぐる事件が多発している。

　警察庁の資料によると，出会い系サイト規制法の改正（2008）により出会い系サイトでの犯罪は減少したものの，コミュニティサイトに起因する犯罪が大幅に増加したという。図2−17はコミュニティサイトに起因する犯罪の被害児童数である。2008年に792人であったのが2016年には1,736人と倍増している。青少年保護育成条例違反（不純な性交等の禁止など）（699人），児童ポルノ（507人），児童買春（359人）の順で多く，被害児童の年齢は16-17歳が50%，15歳以下が50%である。被害児童の9割がスマートフォンでサイトにアクセスし，犯罪に巻き込まれている。

　警察庁によると，コミュニティサイトは「ID交換掲示板」や「ミニメー

●**事例2−6**

●事件で検挙された事例

【青少年育成条例違反】
　被疑者（自営業・男・54歳）は，コミュニティサイトで知り合い，無料通話アプリで連絡を取り，女子児童（11歳）が，18歳に満たない児童であることを知りながら，自己の欲望を満たす目的でみだらな性行為をしたもの（女子児童 がコミュニティサイトに接続した端末は，学習用のタブレット）。
　　　　　　　　　　　　　　　　（2015年4月，福岡）

【児童買春・児童ポルノ法違反（児童買春）】
　被疑者（会社員・男・33歳）は，インターネットの掲示板で知り合い，イン ターネットを通じて通信する携帯ゲーム機のソフトを利用して連絡を取り，女子児童（14歳）が，18歳に満たない児童であることを知りながら，ホテルにおいて買春をしたもの。
　　　　　　　　　　　　　　　　（2015年5月，茨城）

【児童買春・児童ポルノ禁止法違反（児童ポルノ製造）】
　被疑者（中学生・男・14歳）は，無料通話アプリで知り合った女子児童（13歳）が18歳に満たない児童であることを知りながら，女子児童に自らの裸の画像をスマートフォンで撮影させて，被疑者のパーソナルコンピュータに同画像を送信させ，児童ポルノを製造したもの。　　　　　（2015年11月，長野）

出典：警察庁「平成27年における出会い系サイト及びコミュニティサイトに起因する事犯の現状と対策について」（2016）

ル型」，「複数交流型」，「チャット型」などに大別される。スマートフォンが若年層にも急速に普及し，無料通話アプリなどの浸透で児童の利用が拡大し被害も増加している。事例2－6のように，スマートフォンだけでなく学習用タブレットなどインターネットに繋がる各種の端末が低年齢層にも浸透したため，大人も想定しなかったような問題が発生してきている。子どもが簡単に犯罪の温床へとアクセスできる環境を作っているのは，我々大人達である。フィルタリングの推進やサイト内の監視の強化，児童や保護者，学校関係者への啓発や情報共有など，子どもの健全な環境づくりへの努力が求められる。

３　子育てをめぐる問題

❶　子育ての負担・不安感

❶　子育てに対するイメージ

これから家族を形成しようとする男女は，子育てについてどのようなイメージを描いているのだろうか。全国の20代と30代の未婚の男女（1,215名）に「子育てで不安に思っていること」を尋ねた2014年度の調査結果がある。「不安に思っていること」の上位4項目を示したのが図2－18である。

男女の第1位が「経済的にやっていけるかが心配」，第2位「仕事をしながら子育てすることが難しそう」，第3位「子育てするのが大変そう」，第4位「きちんとした子供に育てられるか自信がない」である。未婚の20代〜30代の男女にとって気がかりなことは，経済面であることがわかる。女性だけに注目してみると，「仕事との両立」への不安が最も高い。子どもを持つとお金がかかることや，仕事との両立が容易でないことなどが，未婚の男女の主な不安要素となっている。

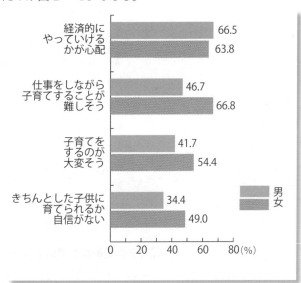

❷　実際の負担・不安感

現在子どもを育てている男女は，どのていど負担や不安を感じているのだろうか。2015年度「人口減少社会に関する意識調査」では，子育て中の男女に子育ての負担感・不安感について尋ねている。図2－19は，15歳以下の子どもが1人以上いる男女（626人）の回答である。女性の8割，男性の7割が負担感・不安感を感じていると回答しており，女性の31.6%は「と

図2－18
未婚の男女が不安に思っていること（複数回答）
（上位4項目）

（内閣府「結婚・家族形成に関する意識調査報告書」2014〈平26〉）

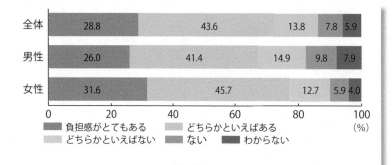

ても」負担・不安を感じている。女性で「負担・不安がない」のはわずか 5.9％であった。

この子育て中の男女（626人）には，具体的にどのような負担や悩みがあるのかを見ていこう。図 2 － 20 が，「具体的な負担や悩み」上位 10 項目である。第 1 位は「子育ての出費がかさむ」46.2％，第 2 位は「将来予想される経済的負担」40.8％と，経済面の負担感がトップを占める。現在も出費がかさんで大変だが，将来教育費がかかるのが不安だ，と多くの男女が感じている。第 3 位は，「子どもが病気のとき」，第 4 位は「自分の自由な時間が持てない」，「精神的な疲れが大きい」，「身体の疲れが大きい」と続く。子どもが病気の時に仕事を休みにくく，預け先に困ることや，忙しさでゆとりが持てず，心や身体の疲れが大きいことが負担感の上位を占めている。

図 2 － 19
子育て中の男女が負担や不安を感じている割合

（厚生労働省「人口減少社会に関する意識調査」2015〈平27〉）

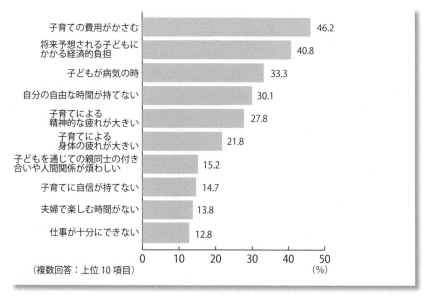

図 2 － 20
具体的な負担・不安の内容

（厚生労働省「人口減少社会に関する意識調査」2015〈平27〉）

（複数回答：上位 10 項目）

3　子育て家庭が求めていること

先の「人口減少社会に関する意識調査」では，子育てを終えた人も含む全員（20 － 49 歳 1447 人）に「出産・子育てに必要だと思うことは何か」を尋ねている。図 2 － 21 は，「必要だと思うこと」上位 10 項目である。第 1 位「安定した雇用と収入」が「必要・大事」だとする回答が 96.8％で，ほとんどの人が重要と考えている。第 2 位は「安心できる出産・小児医療の体制確保」，第 3 位「仕事と家庭の両立支援，長時間労働などの働き方の見

直し」，第 4 位「安心して保育サービスが利用できること」である。9 割以上の人が，「安定的な雇用」「医療の確保」「長時間労働の是正など両立支援」「待機児童の解消」が子育てに必要だと考えている。

　そこで，次の第 2 項では，男女共に最も負担感を感じている「経済的な問題の現状」を取り上げる。第 3 項では，「仕事と子育ての両立の困難さ」について女性・男性別々に注目し，第 4 項ではまとめとして，「これからの子育て」について考えていくことにする。

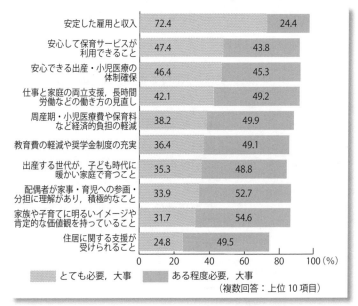

図 2 − 21
出産・子育てに必要だと思うこと

（厚生労働省「人口減少社会に関する意識調査」2015〈平 27〉）

❷　経済的な負担感

❶　雇用の不安定化

　女性は，出産・育児などでいったん離職すると，「常勤」で再就職することはむずかしく，子どもの手が離れた頃，低賃金で不安定な非正規雇用につくことが多い。そのため，女性の非正規雇用の割合は，男性よりも遥かに高い。しかし，近年では，男性においても非正規雇用の割合が増加している。

　図 2 − 22 は，男女別・年齢階級別非正規雇用の割合の推移である。女性も男性も，1990 年代後半頃から非正規雇用比率が増加しており，雇用の不安定化は一層進んでいることがわかる。男性では，若い世代で非正規雇用者の割合が急増している。若い時期に非正規雇用につくと，後から正社員になることはむずかしく，その後も非正規雇用を続ける可能性が高い。雇用の安

図 2 − 22
男女別・年齢階級別非正規雇用比率の推移

（内閣府「男女共同参画白書」2021〈令 3〉）

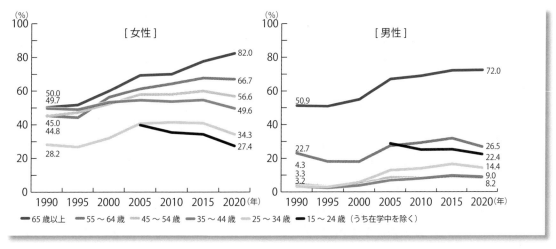

定は家庭生活の基盤であり，結婚や子どもをもつことを希望したとしても生活を維持できないことから，未婚化が進みやすい。生活保護以下の賃金しか得られない「ワーキング・プア」と呼ばれる層も増加している。雇用の問題は，「子育て支援」以前の問題として解決が急がれる課題である。

❷ 非正規雇用と結婚

図2－23は，非正規雇用と結婚の関連をみたものである。20代と30代の男性の結婚している割合を示す。30代で正社員の男性は6－7割が結婚しているが，「非正規雇用」の男性で結婚している割合は少ない。非正規雇用の男性は30代前半も30代後半も，正社員の男性の半分以下しか結婚していない。就労形態の違いにより，家族を形成する割合が大きく異なっているといえる。

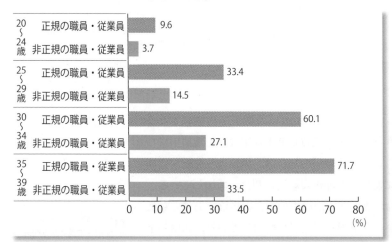

非正規雇用の場合は，正規雇用と比べ，①雇用が不安定，②賃金が低い，③能力開発機会が乏しい，といった課題があると指摘される。非正規雇用であると，経済的な不安定さが将来に続く可能性もある。国税庁の統計によれば，非正規雇用者の90％以上が年収300万以下である。

図2－23
雇用形態別配偶者のいる
割合（男性）

（厚生労働省「厚生労働白書」
2015〈平27〉）

安定した雇用が確保できないと，家族を持つことも子どもを持つこともままならない。特に，性別役割分業意識の根強いわが国では，「男性が稼ぐべき」といった稼ぎ手役割のプレッシャーがあり，男性の雇用の不安定さは結婚を阻害するものとなる。また，男性にしても女性にしても，いったん職を失えば家族は困窮する。雇用の安定性とキャリアの継続性は，家庭生活の基盤として重要である。

❸ 子どもの貧困化

図2－24は，厚生労働省「国民生活基礎調査」による1985～2018年の子どもの相対的貧困率の推移を示したものである。図2－24の左側の図をみると，子どもの相対的貧困率は近年，13％～16％を推移している。

図2－24の右側の図は，子どものいる現役世帯（世帯主が18～64歳）全体とふたり親世帯，ひとり親世帯の貧困率を比較したものである。「子どものいる現役世帯（全体）」の貧困率が10.7％であるのに対し，ひとり親世

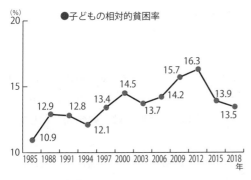

●子どもの相対的貧困率

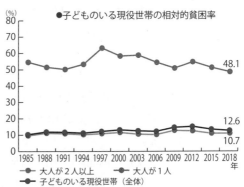

●子どものいる現役世帯の相対的貧困率

（注）　1　相対的貧困率とは，OECDの作成基準に基づき，等価可処分所得（世帯の可処分所得を世帯人員の平方根で割って調整した所得）の中央値の半分に満たない世帯員の割合を算出したものを用いて算出。
　　　　2　大人とは18歳以上の者，子どもとは17歳以下の者，現役世帯とは世帯主が18歳以上65歳未満の世帯をいう。

帯は，48％と著しく高い貧困率を示す。ひとり親世帯の半数は，貧困状態にある。生活保護を受給するひとり親世帯も多く，また図2－25にみるように，就学援助を受けている小・中学生の割合も近年急増している。

　本来，親の経済状況や家庭環境がどのようであっても，子どもの福祉は守られなければならない。これまでわが国は，国による子育て費用負担が極端に少なく，親の貧困化が子どもの貧困化につながりやすいと指摘されてきた。そして子どもの貧困対策を目的とした「子どもの貧困対策の推進に関する法律」が2013年成立し，2014年から施行された。貧困の子どもの教育や生活の支援，保護者の就労支援など，幅広い支援を総合的に推進する為の法律である。

　少子高齢化が進む今日，合計特殊出生率の動向のみが注目されがちであるが，子どもの貧困問題を放置したまま子どもの数を増やせばよいわけではない。親の経済状況や家庭環境にかかわりなく，すべての子どもが健やかに育つための対策の実行が急がれている。

図2－24
子どもの相対的貧困率

（厚生労働省「国民生活基礎調査」2019〈令1〉）

図2－25
小学生・中学生に対する就学援助の状況

（内閣府「子供・若者白書」2016〈平28〉）

4　ひとり親の増加

　近年では，離婚を理由とするひとり親世帯が増加している。厚生労働省「2011年度 全国母子世帯等調査結果報告」では，母子世帯，父子世帯になった理由を尋ねている。母子世帯になった理由は，「死別」が年々減少する一方で「離婚」が増加しており，2011年では「離婚」が全体の8割を占める。父子世帯になった理由では，「死別」が母子世帯よりや

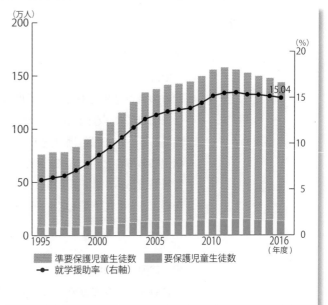

や多いものの、「離婚」が全体の7割以上を占める。

図2−26は、親権を行う子の有無別にみた離婚件数と親が離婚した子ども数の年次推移である。

離婚件数は1970年代以降上昇しており、「子どものいる離婚件数」は「子どものいない離婚件数」を上回っている。2000年以降に離婚件数が減少しているのは、婚姻数の減少によるものであり、離婚率は上昇傾向を示している。

また、内閣府「国民生活選好度調査（2005）」では「離婚に対する考え」を尋ねているが、「問題のある結婚生活なら早く解消した方が良い」「自分の生き方を大切にするようになった反映である」など、離婚に対する肯定的な考え方の割合が男女合わせて41％となっている。離婚に対する人々の抵抗感は薄れており、それが離婚の実態に現れている。

離婚の増加とともに再婚も増え、ステップファミリー（子どもを抱えて再婚する再婚家庭）も増えている。子連れで再婚する割合を示すデータは見当たらないが、全婚姻件数に対する再婚件数の割合は2015年時点で25％を占める。つまり結婚するカップルの4組に1組は再婚カップルであり、ステップファミリーも少なくないと推測できる。ステップファミリーの構成は、夫婦の片方か両方に離婚歴がある、そして、夫婦の片方か両方に子どもがいるなど、多様なケースがある。

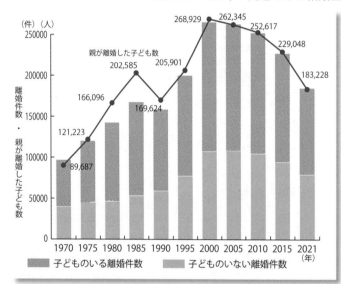

図2−26
親権を行う子の有無別にみた離婚件数と親が離婚した子ども数の年次推移

（厚生労働省「人口動態統計」2021〈令3〉）

では、ひとり親世帯が抱えやすい問題を見てみよう。表2−8は、厚生労働省の調査結果である。母子世帯の平均年間収入（平均世帯人員3.42人）は291万円、父子世帯の平均年間収入（平均世帯人員3.77人）は455万円である。母子世帯は、父子世帯の6割程度の年収であり、経済的に困難な状況にあることがわかる。特に幼い子どもを抱えた母親は、出産前に退職して無職であるか非正規雇用であるケースが多いため、離婚後に正規雇用の職を得ようとしても難しく、長時間働いても貧困から抜け出せないというリスクを抱える。

5 貧困対策の拡充

これまで、父子家庭は母子家庭より経済的に豊かであるとみなされ、経済

的支援よりも家事, 育児
支援が必要であると指摘
されてきた。そのため,
最近まで父子家庭は, 児
童扶養手当など国の経済
的支援の対象ではなかっ

	母子世帯の年間収入	父子世帯の年間収入	児童のいる世帯の年間収入
平均世帯人数	3.31 人	3.70 人	—
平均世帯年収	348 万円	573 万円	707.8 万円

注：「平均世帯年収」とは同居親族の収入を含めた世帯全員の収入である。生活保護法に基づく給付, 児童扶養手当等の社会保障給付金, 就労収入, 別れた配偶者からの養育費, 親からの仕送り, 家賃・地代などを加えた全ての収入の額である。「児童のいる世帯の年間収入」は国民生活基礎調査（2016 年調査　熊本県を除く）の平均所得の数値である。

表 2 － 8
母子世帯, 父子世帯の平均世帯年収（2015 年度）

（厚生労働省「全国母子世帯等調査結果報告」2016〈平28〉）

た。しかし, 表 2 － 8 に見たように, 平均年収は母子家庭より高いものの, 子どものいる世帯全体より低く経済的ゆとりはない。父子家庭の父親は 3 ～ 4 人に 1 人が非正規雇用で, 年収 300 万円未満の割合は半数近くに上るとの統計もあり, 格差が生じている。事例 2 － 7 の父子家庭の事例に見るように, 子育てとの両立が困難なために失職し, 非正規雇用にならざるをえないケースが少なくないからである。長時間労働を続けようとすると保育費がかさみ, 残業のない派遣やパートとして就労すれば収入が激減するため, 母子家庭も父子家庭も共に経済的困難を抱えやすい。

そこで, 2012 年に「母子家庭の母及び父子家庭の父の就業の支援に関する特別措置法」が成立し, ひとり親の就業支援が進められている。さらに, 母子家庭を対象としていた遺族基礎年金の支給が, 2014 年から父子家庭にも拡大された。また, 2014 年「母子及び寡婦福祉法」が「母子及び父子並びに寡婦福祉法」へと改正され, 父子家庭への支援は拡充された。

また, 2013 年には「子どもの貧困対策の推進に関する法律」が成立し, ひとり親への就労支援や保育確保を含む包括的な支援が実行されることになった。家庭の経済基盤の脆弱さは, 子どもの学業達成や進学などにも影響を及ぼす。世帯の貧困は子どもの健康や教育の格差につながり, ひいては社会

●事例 2 － 7

●父子家庭の事例

夕方 6 時 40 分ごろ。埼玉県の保育園に, 5 歳の長男を父親（35）が迎えに来た。2006 年秋に離婚, 今は長男と 2 人暮らし。以前勤めていた会社では, 月に 40 ～ 60 時間の残業があった。保育園のお迎えに支障がないようにと退職。その後の転職先も,「残業ができない」と明かすと「仕事を任せられない」と言われ, 3 か月で辞めざるを得なかった。

職探しを続けたが,「『残業なし』を条件にすると鼻で笑われることもあり, 面接さえ受けられない」と肩を落とす。現在は派遣社員として働いているが, 月収は正社員時代より 5 ～ 7 万円減って, 20 万円を下回る。子どもの病気で休めばさらに減ってしまう。家賃の安い部屋に引っ越し, 保育料も所得に応じて減額されたため, 生活はなんとか維持できているが,「派遣の契約更新は 3 か月ごと。子どもの教育費などを考えると, 正社員で働ける場を見つけたい。残業が当たり前の雇用環境に疑問を感じる」と話す。

（2008 年 1 月 30 日付読売新聞）

的格差として次の世代に受け継がれていくため，世代間連鎖を断ち切る必要がある。予防的支援も含めた総合的な「子どもの貧困対策」は今，国をあげて取り組まれている。

❸ 仕事と子育ての両立の困難

❶ 共働き世帯の増加

女性は就労と子育てについてどのような意識を持っているのだろうか。高度経済成長期には，「子どもができたら職業をやめ，大きくなったら再び職業をもつ方がよい」との考えから専業主婦が増えたことは先に見たが，近年では「子どもをもってもずっと職業を続ける方がよい」と考える女性が増えている。

図2－27は「女性の就労に関する意識の変化」である。1992年には「子どもができたら職業をやめ，大きくなったら再び職業をもつ方がよい」との考えが45.4％と多数派であった。しかし，「子どもができても，ずっと職業を継続する方がよい」割合は年々増え続け，1992年に26.3％であったのが2003年以降に逆転現象が起き，2014年には45.8％と多数派となった。一方，「子どもができたら職業をやめ，大きくなったら再び職業をもつ方がよい」は年々減り続け，1992年に45.4％であったのが2014年には32.4％となった。女性が育児をしながら働くことに対する意識に，大きな変化が見られる。

では，意識だけでなく，実際に子どもをもっても働く女性は増えているのだろうか。図2－28をみると，1980年以降，共働き世帯（夫婦とも雇用者）は年々増加し，1997年には共働き世帯数が片働き（男性雇用者と専業主婦）世帯数を上回り，逆転現象が起きていることがわかる。2020年には共働き世帯が1,240万世帯，片働き世帯

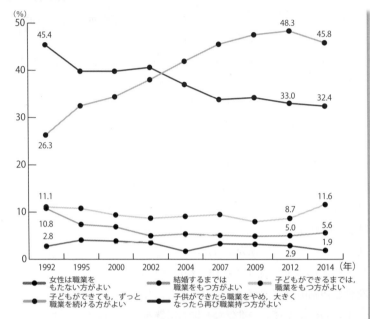

図2－27
女性の就労に関する意識の変化（女性の回答）

（内閣府「男女共同参画白書」2016〈平28〉）

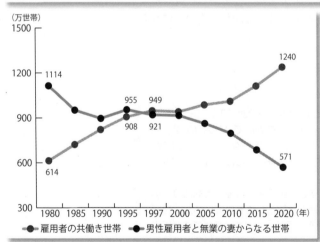

図2－28
共働き等世帯数の推移

（内閣府「男女共同参画白書」2021〈令3〉）

が571万世帯となり，共働き世帯は片働き世帯の2倍となっている。

さらに，18歳未満の子どもを育てながら働く共働き世帯に注目してみよう。図2－29は「末子の年齢階級別に見た，仕事を持つ母親の割合」である。児童（18歳未満）のいる全世帯のうち，「母親が働いている」のは約7割である。0歳の子どもがいる母親では，全体の4割が働いており，子どもの年齢が上がるほど有職女性の割合は増加する。子どもが15－17歳の中高生になると，母親は8割が働いている。高度経済成長期に主流であった片働き世帯は近年急速に減少し，現在は共働きが主流のライフスタイルとなっている。

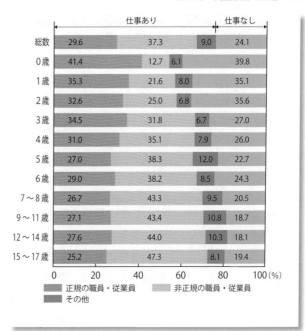

図2－29
末子の年齢階級別にみた，母の仕事の状況

（厚生労働省「国民生活基礎調査」2021〈令3〉）

2　子どものいる女性の働き方

図2－29から，子どもが中高生になると8割の母親が働いていることがわかった。そこで，その母親たちの雇用形態に注目してみよう。図2－29を見ると，正規雇用の割合は末子年齢が上がっても20～25％前後と変わらないが，非正規の割合は末子年齢とともに上昇し，中高生になると母親の5割がパート・アルバイトをしている。雇用男性の収入が伸び悩み，増大する世帯消費や教育費の負担を補うため，妻が家計補助的に働く必要性があること，パートなど労働市場の供給が増加してきたこと，子どもを持っても働きたいという女性が増えたこと，一時預かりなど保育環境も少しずつ整備されてきたことなどが背景にあろう。

しかし，近年働く母親が増えているにもかかわらず，正規職員の割合が増えないのはなぜであろうか。「第14回出生動向基本調査」（2010）によると，正規雇用の女性のうち約半数が第1子の出産を機に退職している。また，別の調査（厚生労働省）であるが，出産前後に退職した女性の4分の1が「仕事を続けたかったが仕事と育児の両立の難しさでやめた」と回答している。育児休業制度が整っても，出産後の両立が難しいことが推測できる。

表2－9に示した総務省「労働力調査」では，現在非正規に就いている全国の女性に「非正規を選んだ主な理由」を尋ねている。2021年度の女性の回答で，第1位は「自分の都合のよい時間に働きたい」，第2位は「家計の補助・学費等を得たい」，第3位「家事・育児・介護等と両立しやすい」，第4位「正規の職員・従業員の仕事がない」が上位であった。表には示して

	自分の都合の よい時間に働 きたいから	家計の補助・ 学費等を得た いから	家事・育児・ 介護等と両立 しやすいから	通勤時間が短 いから	専門的な技能 等をいかせる から	正規の職員・ 従業員の仕事 がないから	その他
2016	28.1	25.1	17.1	4.3	5.3	11.5	8.6
2017	29.1	25.0	17.3	4.2	5.5	10.5	8.3
2018	30.9	22.5	17.8	4.8	5.4	9.3	9.2
2019	31.2	21.9	19.1	4.9	5.0	8.6	9.4
2020	31.5	23.1	16.9	4.9	5.9	8.6	9.1
2021	34.0	22.5	15.2	4.9	6.0	7.9	9.5

(%)

表2−9
非正規職員・従業員として働く女性が，非正規を選んだ理由

（総務省「労働力調査」2021〈令3〉）

いないが，男性の第1位は「正規の職員・従業員の仕事がない」である。女性は柔軟な働き方ができる非正規雇用を選んでいる。

　自発的に非正規を選んだ女性ばかりでなく，先のように「正規職員での継続は両立が困難」で切り替えた女性もいるはずである。長時間労働で職場優先の雇用慣行のなかでは，育児休業など両立支援制度はあっても両立しにくい。子どもの乳児期は預け先が少ないことも重なって，不本意ながら就労を中断するケースもあろう。また，配偶者控除（1961年〜）や年金の第3号被保険者制度（1986年〜），企業の配偶者手当なども女性の就労を抑制する。現行の税・社会保障制度は，高度成長期に主流となった片働き世帯を前提に組み立てられているためである（近年見直しが検討されている）。出産や育児に関わりなく仕事を続けたいと考える女性が増える一方で，実際には妊娠・出産で離職するケースが多く見られ，女性の就業継続への思いと現実の行動との間のギャップが大きくなっていることがうかがえる。

図2−30
週60時間以上働く雇用者の割合（男女別）

（内閣府「男女共同参画白書」2019〈令1〉）

❸　男性の長時間労働

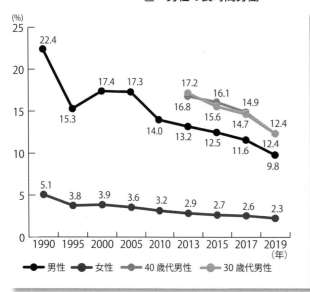

　図2−30は，週間就業時間が60時間以上の雇用者の割合を男女別に見たものである。1990年と比べると全体的にやや減少傾向にあるが，子育て期の30代・40代男性においては，長時間労働の割合が他の年代に比べて高い。30代・40代男性の約16％が，週60時間以上も働いている。

　長時間労働を前提とした働き方では，仕事と家庭生活との両立は困難であり，家事や子育てに関わることは物理的にも困難になる。男性の妻が出産後に就業継続を希望していたとしても両立は難し

く，妻の就業形態にも影響を及ぼす。男性の長時間労働は，子育てや家庭生活を通して男性自身が成長できる機会をも奪うことになる。

4　男性と家事・育児

ところで，「男性が家事や育児に関わること」と「子どもの出生数」には関連があるのだろうか。図2−31は，「夫婦が共働きの男性の休日の家事・育児時間」と「この12年間で第2子以降の子どもが生まれたかどうか」の関連を見たものである。その結果，夫の休日の家事・育児時間が長いほど，第2子以降の出生割合が高くなることがわかった。男性が家事・育児に深く関与することは，夫婦の理想の子ども数を持てる要因の一つといえよう。

では，共働きの家庭ではどのように家事や育児が分担されているのかを見ていこう。図2−32は，「末子が8歳以下」の子育て中の夫・妻の家事・育児時間（1日あたり）を尋ねた結果である。末子が0歳の場合は，乳児で手がかかるために妻も夫も育児時間が長くなっているが，家事は夫が28分と短く，ほとんど妻が行っている。末子が6−8歳と小学校にあがる年齢になると，夫の育児時間は8分，家事は29分とさらに少なくなる。妻が就業していても，家事・育児は主に妻が担当していることがわかる。

次に，男性の家事・育児時間を，国際比較で眺めてみる。図2−33は，6歳未満の子どもを持つ夫の，一日あたりの家事・育児時間の国際比較である。日本の6歳未満の子どものいる父親は，家事・育児合わせて約1.5時間と，先進国のなかでは最低水準である。米国，ドイツ，スウェーデン，ノルウェーなどは約3時間を超える。

図2−31
家事・育児時間別にみた第2子以降の出生の状況

（厚生労働省「第8回21世紀成年者縦断調査」〈平成24年成年者〉）

図2−32（下左）
共働き夫婦の家事・育児時間（末子年齢別）

（内閣府「男女共同参画白書」2016〈平28〉）

図2−33（下右）
6歳未満の子どもをもつ夫の家事・育児時間（1日あたり，国際比較）

（内閣府「男女共同参画白書」2019〈令1〉）

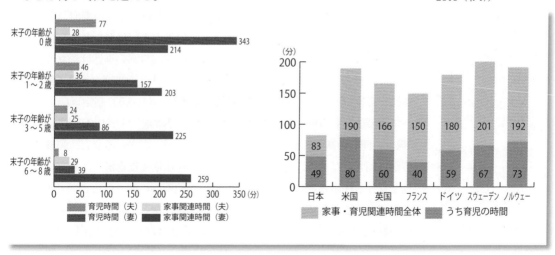

先の図2－30で見たように，日本では30代・40代男性の約16％が週60時間以上働いている。6人に1人の割合が週60時間以上就業しており，平日家事・育児に関わりたいと思っても，物理的に叶わない現状がある。また，図2－32で見たように，共働き家庭でも家事・育児のほとんどは妻が行っており，妻の就業は分担を押し進める要因になっていない。

5　待機児童の問題

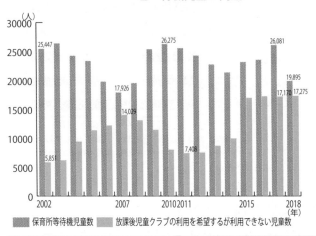

図2－34
保育所や放課後児童クラブの待機児童数の推移

（内閣府「男女共同参画白書」2019〈令1〉）

女子差別撤廃条約：国連が1979年採択し日本は1985年批准。正式名称は「女子に対するあらゆる形の差別撤廃に関する条約」。

男女雇用機会均等法：1985年制定（2006年，2013年改正）。正式名称は「雇用の分野における男女の均等な機会及び待遇の確保等に関する法律」。女性労働者であることを理由に男性労働者と差別的に取り扱うことを禁止した。

男女共同参画社会基本法：1999年制定。男女の人権が尊重され，豊かで活力ある社会を実現する為に基本理念を定め，男女共同参画社会の形成を総合的・計画的に推進することを目的とする。

図2－34は，「保育所などの待機児童数と，放課後児童クラブを希望しても利用できない児童数」の推移である。政府は近年，保育環境の整備を積極的に進め，定員を拡大しているが，一方で待機児童数も増えており，2018年の保育所は2万人，放課後児童クラブは1万7千人が待機している。保育の受け皿は拡大しても（拡大すればするほど）利用希望者は増え続けていることから，潜在的な保育ニーズはかなり高いことが推測される。

待機児童の増加は，「保育環境さえ整えば就業を継続したい」と考える女性が多いことを示す。今後さらに少子高齢化が進めば，将来の労働力は不足するため，保育環境の整備により，妊娠や出産で就労を一時中断する女性を減らす事が求められる。

④　これからの子育て

1　男女共同参画に関する国際的な潮流

21世紀に入り，男女共同参画推進の動きは世界の一つの潮流となっている。多くの先進国では少子高齢化が進んで労働力人口は減少し，女性の活躍は必須のものとなった。社会における男女の共同参画の推進は，女性の人権保障に関わる問題であるとの認識も高まった。わが国でも，「**女子差別撤廃条約**」批准（1985）や「**男女雇用機会均等法**」（1985）制定以降，グローバル化の進展も後押しし，「**男女共同参画社会基本法**」（1999年）が施行され，「**男女共同参画基本計画（第1次〜第4次）**」が策定されるなど，積極的な施策が展開されてきた。さらに，2015年「**女性活躍推進法**」が制定され，男性も女性も仕事と家庭を両立でき，育児を積極的に楽しむことができる社会の実現がめざされている。税制・社会保険制度などの見直しも含めた法制度の整備・拡大により，男女共同参画社会の推進は政府主導で加速化している。

　これまで見たように，今や共働き世帯数が片働き世帯数を遥かに上回り，その差は拡大し続けている。「子どもを持っても就業を継続したい」女性が増え，賃金の伸び悩みや教育費の増大で男性が一人で家計を支えることが難しくなったことが，女性の就業を促進させている。ところが，女性の就業率の増加は，男性の家事・育児時間を増やす要因にはなっていない。子育て世代（30代，40代）の男性は長時間労働が当たり前になっていることや，「男性は稼ぎ手」としての意識が男女共に根強いことも背景にあり，休日でも家事・育児時間は増えず夫婦の分担に偏りが見られる。現在の子育て期の男女は，「男性は稼ぎ手」という性別役割分業意識をある程度維持しながらも，女性の就労意欲は高いため，経済的ニーズや雇用・保育環境の充実度に応じて正規か非正規で就労を継続し，その結果，共働き世帯が年々増加していることが推測される。

　しかしながら，仕事と家事・育児の負担を妻が一手に抱えている現状では，図2−31で示されたように，妻は第2子以降を産むことに躊躇してしまう。そこで政府は，男性の育児関与を促そうと2010年から「**パパママ育休プラス**」を施行している。夫も妻も育児休業を取得すると，子が1歳までの育児休業期間を1歳2か月まで延長できる施策である。この施行に合わせ，厚生労働省は，育児を積極的にする男性（イクメン）を応援する「イクメンプロジェクト」を実施し，情報発信や職場環境づくりを図っている。長時間労働の是正や男性の家事・育児への深い関与が，少子化傾向に歯止めをかける策の一つとなろう。

❷　男女共同参画社会における子育て

　以上，わが国の「子育てをめぐる問題」を眺めてきたが，① 雇用の不安定化や賃金の伸び悩みを背景に，教育費等の負担感が大きいこと，② 特にひとり親世帯で子どもの貧困率が高いこと，③ 男性の長時間労働に対応できるよう女性の多くは非正規雇用で働く現状があること，④ 保育環境の整備が追い付かず，女性の就労意欲や能力は活かされていないこと，⑤ 男性の家事・育児時間が増えないと第2子以降は産まれにくいこと，など様々な側面の課題が存在していた。男女共同参画社会の実現は，こうした多岐に渡る問題を解決に導くための，一つのアプローチであると思われる。

　図2−35は，働く女性の割合を年齢別に国際比較したものである。日本と韓国はM字型のカーブを描き，特に韓国はM字型の底が深い。日本も高度成長期の頃には，韓国のようにくっきりとM字型のカーブを描いていた。近年では晩婚化が進み，未婚女性の労働力率の上昇がM字の底をやや上げてきたが，出産を機に退職する女性は未だに少なくなく，出産・育児期に労働力率の落ち込みが見られる。

（前頁）男女共同参画社会基本計画：男女共同参画社会基本法に基づき，施策の総合的・計画的な推進を図る為の基本的考え方，施策の方向性，具体的な取組を定めるもの。第4次計画は2020年まで。

（前頁）女性活躍推進法：2015年制定。正式名称は「女性の職業生活における活躍の推進に関する法律」。10年間の時限立法。女性の活躍推進に向けた行動計画の策定・公表，情報の公表が事業主に義務化された。

パパママ育休プラス：育児・介護休業法の改正点の呼称。夫婦で取ると育休期間を2か月延長でき，夫婦同時に取っても別々に取っても良い。改正で，専業主婦の夫も育休が取得可能になった。

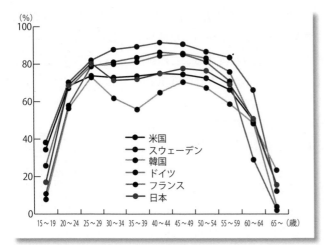

図2−35
主要国における女性の年齢階級別労働力率

（注：日本は総務省「労働力調査　2015」のデータである）
（内閣府「男女共同参画白書」2016〈平28〉）

子ども・子育て支援新制度：2012年に成立した「子ども・子育て支援法」，「認定こども園法の一部改正」，「子ども・子育て支援法及び認定こども園法の一部改正法の施行に伴う関係法律の整備等に関する法律」の「子ども・子育て関連3法」に基づく制度を指す。

欧米諸国の女性の働き方はどうであろうか。スウェーデン，フランス，ドイツ，米国は台形を描いており，出産・育児期の落ち込みは見られない。男女が均等な雇用機会を持ち，平等な待遇が確保されている国々では，女性の労働力率は高く，合計特殊出生率も回復しているといわれる。女性が育児で就業を中断することは，個人のキャリア形成に不利であるだけでなく，社会にとっても多大な損失となる。

　これからの子育て支援は，性別ではなく，個人の能力と個性に合わせた多様なライフスタイルに対応いた支援策が必要となる。2010年「子ども・子育てビジョン」が策定され，これまでの「少子化対策」から，「子ども・子育て支援」へと舵は切られた。2012年には「**子ども・子育て支援新制度**」が成立し，子育て家庭に過重な負担がかかっていたのを社会全体で支え，個人の希望を実現するため，経済面の支援や保育サービスの拡充・整備など，総合的な子育て支援が目指されている。性別に関わりなく，子育ての喜びも責任も分かち合える男女共同参画社会の実現は，国民一人一人の意識と行動にかかっている。

（堀口）

第3章

児童福祉の理念
―子どもの権利・大人の責任―

　現代の児童福祉理念の中核は，すべての子どもの人権を認めること，およびそれを保障する大人の（社会の）責任を明確にすることであり，子どもの権利条約がその国際的到達点である。本章では，このような児童福祉理念の明文化の過程と意義について述べておきたい。

1　児童福祉理念の国際的動向

　19世紀末，スウェーデンの女性思想家エレン・ケイは『児童の世紀』を著し，産業革命が進行し，資本主義の矛盾が子どもを苦しめてきた危機感から，新しい20世紀を子どもが幸福に生きる時代にしようと，家庭について，教育について，様々な改革を提案した。

　ケイの著作に代表されるように，当時，欧米諸国では子どもの人権とその保障についての意識が芽生えた。遅れて近代国家の仲間入りをした日本においても，明治末から大正期のこの時期，児童保護の実践と制度化が進みつつあった（第4章参照）。

❶　児童の権利に関するジュネーブ宣言

　ところが1914年，資本主義の矛盾は，ついに人類初めての世界規模の戦争を引き起こし，「児童の世紀」どころか，かつてない大量の子どもの不幸

児童の世紀：原著1900年初版。たちまち11か国に翻訳され，世界的に有名になった。日本でもドイツ語版からの大村仁太郎訳が1906年，英語版からの原田実訳が1916年に出版され広く読まれた。スウェーデン語からの完訳は1979年，小野寺信・小野寺百合子訳，冨山房刊。（小野寺訳に掲載の訳者の解題，訳者後記による）

を生み出す結果となった。1918 年に終結したこの第一次大戦への反省を契機に，国際的レベルで子どもの権利の明文化の取り組みがはじまる。

その先駆けとなるのが，イギリス児童救済基金団体が 1922 年，世界にむけて発表した「**世界児童憲章**」である。前文で，「過去数年の危機において，国家的災害というものは，重大な心身の退化を児童の上におよぼすものであることを明らかにした」として，「世界の国々が力を合わせて，児童の生命を護る」ことを呼びかけている。総則では，あらゆる児童に必要なこととして，① 健康に生まれ，養育されること，② 必要なとき救護され，過失を犯したときには助けられること，③ 身体的，道徳的，精神的発達に必要な機会を持つこと，④ 人類家族の一員として人類奉仕に参加するよう教育されることを掲げ，次いで 28 条にわたりそのための具体的方策を提案している。

第一次大戦後ジュネーブに本部をおいて結成された国際連盟は，1924 年の総会において児童の権利に関する宣言 Declaration of the Rights of the Child を採択した。

ジュネーブ宣言として知られるこの最初の子どもの権利宣言は，イギリスにおける世界児童憲章を国際的な水準で公認したものといえる。この宣言は，前文と 5 か条の本文からなる簡単なものであるが，人類は子どもに対して最善のものを与える義務を負う，として，第一次世界大戦で被害を受けた子どもたちの救済・保護を目的とした 5 つの原則を掲げた。

世界児童憲章：田代不二男他編（1980）所収

児童の権利に関するジュネーブ宣言

1924.9.26
国際連盟総会第 5 会期採択

広くジュネーブ宣言として知られているこの児童の権利宣言によって各国の男女は，人類にたいして最善の努力を尽くさなければならぬ義務のあることを認め，人種，国籍，信条の如何を一切問わず，つぎのことを，その責任なりと宣言し承認する。

① 児童が身体上ならびに精神上正当な発達を遂げるために，必要なあらゆる手段が講ぜられなければならない。
② 児童にして飢えたる者は，食を給せられなければならない。病める者は，治療されなければならない。知能の遅れた者は，援護されなければならない。不良の者は，教化させられなければならない。孤児や浮浪児は，住居を与えられ救護されなければならない。
③ 児童は，危難に際して最先に救済されるものでなければならない。
④ 児童は，生計を立てうる地位に導かれ，またあらゆる種類の搾取から保護されなければならない。
⑤ 児童は，その能力が人類同胞への奉仕のために捧げられなければならないことを自覚して，育てられなければならない。

❷　　児童の権利宣言

　第一次大戦終結の 20 年後，国際連盟の戦争抑止力は失われ，再び世界大戦が勃発した。

　この第二次大戦はいっそう大規模な，甚だしい惨禍をもたらしたが，大戦後結成された国際連合における 1959 年 11 月の総会において，再び子どもの権利宣言が採択された。これは 1948 年の世界人権宣言と関連を持ち，1924 年のジュネーブ宣言を拡大したものである。前文で「人類は，児童に対して最善のものを与える義務を負う」とジュネーブ宣言の原則を繰り返し，「児童が幸福な生活を送り，かつ，自己と社会の福利のために」宣言に掲げる権利及び自由を享有することができるよう宣言を公布する，として以下の 10 か条の原則を掲げた。

児童の権利宣言：
Declaration of the Rights of the Child　1959

> ● **児童の権利宣言（1959）における原則**（筆者要約）
>
> ① すべての子どもはいかなる例外もなく，この宣言に掲げるすべての権利を有する。
> ② 子どもは特別の保護を受け，また身体的，知的，道徳的，精神的，社会的に発達するための機会と便宜を法律その他の手段によって与えられなければならない。このための法律の制定にあたっては，子どもの最善の利益について最高の考慮が払われなければならない。
> ③ 子どもは出生の時から姓名および国籍をもつ権利を有する。
> ④ 子どもは社会保障の利益を享受し，健康に成長発達する権利を有する。そのために子どもと母親への出産前後の十分なケアが与えられなければならない。また子どもは十分な栄養，住居，レクリエーション，医療を与えられる権利を有する。
> ⑤ 身体的，精神的，社会的にハンディキャップをもつ子どもは，その固有の条件に応じて必要な治療，教育，保護を与えられなければならない。
> ⑥ 子どもはできるかぎりその両親の愛護と責任の下で，またいかなる場合にも愛情と道徳的及び物質的保障のある環境の下で育てられなければならない。
> ⑦ 子どもは教育を受ける権利を有する。子どもは遊び及びレクリエーションのための十分な機会を与えられる権利を有する。
> ⑧ 子どもは，あらゆる状況において，最初に保護および救済を受けるものに含まれなければならない。
> ⑨ 子どもは放任，虐待，搾取から保護されなければならない。売買の対象にされてはならない。適当な最低年齢以前に雇用されてはならない。心身の健康と発達に有害な職業に従事することを許されてはならない。
> ⑩ 子どもは人種的，宗教的その他の形態による差別を助長するおそれのある慣行から保護されなければならない。子どもは諸国民の友愛と平和の精神の下で育てられなければならない。

3　子どもの権利条約

子どもの権利条約：
Convention on the
Rights of the Child
1989

　国連で児童の権利宣言が採択されたものの，宣言遵守については，各国が道義的責任をもつにすぎず，実効性を持たなかった。その後も（今日に至るまで）世界のどこかで戦争があり，それによって親を，家を失う子ども，生命をなくし，あるいは心身の健康を損なわれる子どもはあとをたたない。開発途上国における栄養不良や病気，児童労働等々の問題の解決は遅々としてすすまず，先進国においても家庭崩壊や児童虐待等々の問題が深刻さを増した。

条約：国際法的効果を目的とし，文書の形式で国家間に締結された国際的とりきめ。日本では，条約は国会の承認を経て内閣が締結する（憲法73条）。また，条約は国の最高法規である憲法に次ぐものであり（憲法98条），国内法の上に位置づけられる。

批准：条約に対する国家の最終的確認。日本は158番目の締約国。

　このような中で，国連は宣言採択20周年の1979年を国際児童年と定め各国で子どもを護る取り組みが展開された。この児童年に際して，宣言に実効性を持たせ，拘束力をもつ条約を制定し国際社会が子どもの権利を保障する体制が必要であると，国連人権委員会で子どもの権利条約の起草が開始された。そして，10年の準備の末に1989年11月の国連総会で子どもの権利条約が採択された。日本は，5年後の1994年に国会承認，内閣による批准を経て，5月に公布された。子どもの権利条約が今日の世界の，そして当然ながら日本の児童福祉の基準である。条約の具体的内容と意義については，後に述べる。（条約の全文は巻末に掲載）

● コラム3－1

● 「子ども」か「児童」か

　この条約名の日本政府訳は，Childを「児童」とした「児童の権利に関する条約」である。

　1989年の国連総会で採択後，1994年に日本が批准するまでの間，政府訳に先行して民間からいくつかの日本語訳が発表され，早期批准を求める運動が展開された。民間訳の多くはchildを「子ども」としており，政府訳にも「児童」ではなく「子ども」の採用が求められた。ところが，政府訳では従来の国際文書（児童の権利宣言等）の訳語や国内法令名（児童福祉法等）との整合性から「児童」が採用された。

　しかし，本書では，次の理由から「子どもの権利条約」と表記する。① 条約におけるchildは18歳未満で，日本の児童福祉法の児童の定義には一致する。しかし「児童」の定義・範囲は1章で述べたように法令により，また状況により異なり，幅があり，20歳未満を意味することもある。「学齢児童」すなわち小学生の意味として使われることも多い。したがって，より一般的でストレートな言葉として「子ども」が適切であると考える。② 条約は子ども自身が条約を知り，行使し，権利を守る主体となることを求めている。「児童」は学術用語，法律用語として使用され，大人の側から子どもをみる場合の用語である。条約を子ども自身のものにするためにも「子ども」がふさわしいと考える。

2　日本における児童福祉の理念

1　児童福祉法における児童福祉の理念

　第二次大戦後，1947（昭和22）年に制定された日本の児童福祉法は，4章で述べるように，戦前期の制度的，実践的な一定の積み重ねの上に，戦後の特殊な状況を背景とし，すべての子どもを対象とする総合的な児童福祉の法律として制定された。総則の最初の三条にはすでに現代的児童福祉の理念がうたわれていた。

> **●児童福祉法総則（1947年制定時）**
>
> 第一条　児童福祉の理念
> 　　すべて国民は，児童が心身ともに健やかに生まれ，且つ，育成されるよう努めなければならない。
> 　　②　すべて児童は，ひとしくその生活を保障され，愛護されなければならない。
> 第二条　児童育成の責任
> 　　国及び地方公共団体は，児童の保護者とともに，児童を心身ともに健やかに育成する責任を負う。
> 第三条　原理の尊重
> 　　前二条に規定するところは，児童の福祉を保障するための原理であり，この原理は，すべて児童に関する法令の施行にあたって，常に尊重されなければならない。

　2016年6月の法改正で，制定後はじめて総則の改正がなされ，児童福祉の理念がより明確化された。以下のように，子どもの権利条約をふまえた，児童の権利が打ち出され（第一条），子どもの最善の利益を優先する大人の義務（第二条）がうたわれた。

　第一条　全て児童は，児童の権利に関する条約の精神にのっとり，適切に養育されること，その生活を保障されること，愛され，保護されること，その心身の健やかな成長及び発達並びにその自立が図られることその他の福祉を等しく保障される権利を有する。

　第二条　全て国民は，児童が良好な環境において生まれ，かつ，社会のあらゆる分野において，児童の年齢及び発達の程度に応じて，その意見が尊重され，その最善の利益が優先して考慮され，心身ともに健やかに育成されるよう努めなければならない。
　　　　②児童の保護者は，児童を心身ともに健やかに育成することについて第一義的責任を負う。
　　　　③国及び地方公共団体は，児童の保護者とともに，児童を心身ともに健やかに育成する責任を負う。

　第三条は，変更無し。

❷　児　童　憲　章

　児童憲章は 1951（昭和 26）年 5 月 5 日，「こどもの日」に制定された。1949 年より児童福祉関係者を中心に準備され，議論されてまとめられ，国民に広くアピールされた。憲章制定の背景には，戦後，児童福祉法，少年法，学校教育法，労働基準法といった法律が次々に制定されたが，子どもの肉体や精神を害う事件が絶えないという状況があった。その根底には社会的経済的原因が横たわっているものの，直接には子どもを幸せにしようという意志が，十分一般の人々の心に高まっていないと考えられたからであるという。子どもを次代の社会の一員にふさわしく育成することが大人たちの責任であり，いわゆる問題児を保護することは協同社会の責任であるという考え方を徹底するために，児童憲章は制定された。

児童憲章制定：厚生省児童局『児童憲章制定記録』1951 による

　憲章の前文で，子どもに対する正しい見方を確立し，その幸福をはかることが目的とされ，「人として」尊び，「社会の一員」として重んじ，「よい環境のなかで」育てることがめざされている。1 〜 12 条でその個別具体的内

●児童憲章

1951 年 5 月 5 日制定

　われらは，日本国憲法の精神にしたがい，児童に対する正しい観念を確立し，すべての児童の幸福をはかるために，この憲章を定める。

　　児童は，人として尊ばれる。
　　児童は，社会の一員として重んぜられる。
　　児童は，よい環境のなかで育てられる。

1　すべての児童は，心身ともに健やかにうまれ，育てられ，その生活を保障される。
2　すべての児童は，家庭で，正しい愛情と知識と技術をもって育てられ，家庭に恵まれない児童には，これにかわる環境が与えられる。
3　すべての児童は，適当な栄養と住居と被服が与えられ，また，疾病と災害からまもられる。
4　すべての児童は，個性と能力に応じて教育され，社会の一員としての責任を自主的に果すように，みちびかれる。
5　すべての児童は，自然を愛し，科学と芸術を尊ぶように，みちびかれ，また，道徳的心情がつちかわれる。
6　すべての児童は，就学のみちを確保され，また，十分に整った教育の施設を用意される。
7　すべての児童は，職業指導を受ける機会が与えられる。
8　すべての児童は，その労働において，心身の発育が阻害されず，教育を受ける機会が失われず，また，児童としての生活がさまたげられないように，十分に保護される。
9　すべての児童は，よい遊び場と文化財を用意され，わるい環境からまもられる。
10　すべての児童は，虐待・酷使・放任その他不当な取扱からまもられる。あやまちをおかした児童は，適切に保護指導される。
11　すべての児童は，身体が不自由な場合，または精神の機能が不十分な場合に，適切な治療と教育と保護が与えられる。
12　すべての児童は，愛とまことによって結ばれ，よい国民として人類の平和と文化に貢献するように，みちびかれる。

容が述べられている。

　児童憲章は法律ではなく，実効性は乏しいかもしれない。しかしシンプルではあるが，内容的には児童の権利宣言（1959年）にも匹敵するものであり，我々の児童憲章として今後も大切にし，活かしていきたい。

3　子どもの権利条約の意義と内容

　子どもの権利条約は，先に述べたように，子どもの権利保障にかかわる歴史的取り組みのなかで生まれた。本書巻末に**権利条約全文**が収録されているので，じっくり読んで内容を理解してほしい。その手がかりとして，ここでは条約の内容と特徴について解説しておきたい。

❶　子どもの権利条約の概要

　権利条約の構成は，以下のとおりである。

> 前文　条約作成の背景や条約の理念
> 第一部　1〜41条　子どもの権利の規定
> 第二部　42〜45条　条約の実施条項
> 第三部　46〜54条　署名，批准，加入，改正の手続き

　前文は，1条以下の条文を理解し，解釈する指針を示すものである。

　ここでは「**国際人権規約**」など人権保障全体のなかで子どもの権利を位置づけている。また，子どもは特別なケアや保護をうける資格があること，親・家族を子どもの成長と福祉のための自然的環境として重視している。さらに，困難な状況にある子どもへの特別な配慮を求めている。

❷　子どもの権利条約における権利規定

　1条以下の権利条約の内容を，内容別に整理したのが表3−1である。まず，表の「**Ａ**人権としての権利一般」は，大人と同等の共通の諸権利である。参政権や商取引上の契約行為など一般的権利のなかで子どもには行使できない例外はあるが，子どもは大人と同様に人権をもち，その権利行使の主体である。子どもの権利条約に示された**Ａ**の諸権利の大部分は，日本国憲法に明文化されている規定である（近年の情報化社会のなかで問題になりはじめた17条情報へのアクセス権，および24条健康・医療への権利については，憲法に該当規定がない）。

　次に，「**Ｂ**子どもに特有の固有な権利」をみてみよう。子どもは大人と同等の人権をもつとしても，大人とは異なる未熟で弱い存在であり，保護や援助を必要とする。そうした子どもの特徴にかかわるものが**Ｂ**の諸権利である。

権利条約：巻末に，適訳として広く受け入れられている国際教育法研究会訳を掲載した。政府訳は，多くの法令集，資料集に掲載されているので，それらを参照してほしい。英文は中野光他（1996）に掲載されており，インターネットでも見ることができる。
☞「子どもの権利に関する条約」p.215

国際人権規約：Ａ経済的，社会的及び文化的権利に関する国際規約，Ｂ市民的及び政治的権利に関する国際規約，1966年12月国連総会で採択。日本は1979年に批准。

権利の分類	Ⓐ人権としての権利一般	Ⓑ子どもに特有の固有の権利			
		❶原理的・原則的な権利	❷親・家族，国との関係	❸特別な状況におかれた子どもに対して	❹子どもであるということによる特別な保護
具体的内容と該当条文	ⓐ差別の禁止（2条） ⓑ生命への権利（6条1項） ⓒ表現・情報の自由（13条） ⓓ良心・宗教の自由（14条） ⓔ結社・集会の自由（15条） ⓕプライバシー・通信・名誉の保護（16条） ⓖ適切な情報へのアクセス（17条） ⓗ健康・医療への権利（24条） ⓘ社会保障への権利（26条） ⓙ生活水準への権利（27条1項） ⓚ教育への権利（28条）	ⓐ子どもの最善の利益（3条） ⓑ生存と発達の確保（6条2項） ⓒ意見表明権（12条） 生存・発達の確保にかかわる規定 ⓐ健康・医療への権利（24条） ⓑ施設等に措置された子どもの定期的審査（25条） ⓒ社会保障への権利（26条） ⓓ生活水準への権利（27条） ⓔ教育への権利（28条） ⓕ教育の目的（29条） ⓖ休息・余暇，遊び，文化的・芸術的生活への参加（31条）	ⓐ親の指導の責任・権利・義務について国が尊重（5条） ⓑ親に養育される権利（7条1項後半） ⓒアイデンティティ保全の権利（8条） ⓓ親からの分離禁止と分離のための手続き（9条） ⓔ家族再会のための出入国（10条） ⓕ親の養育責任（18条1項）その遂行のための援助義務（18条2項） ⓖ働く親を持つ子どもへの保育サービス（18条3） ⓗ親による虐待・放任・搾取からの保護（19条） ⓘ家庭環境を奪われた子どもへの養護（20条） ⓙ養子縁組（21条） ⓚ親の生活条件確保責任（27条2項）を果たすための，国の援助（27条3，4項）	ⓐ難民の子どもの保護（22条） ⓑ障害児の権利（23条） ⓒ少数者・先住民の子どもの権利（30条） ⓓ武力紛争下における子どもの保護（38条） ⓔ犠牲になった子どもの心身の回復と社会復帰（39条）	ⓐ経済的搾取・有害労働からの保護（32条） ⓑ麻薬・向精神薬からの保護（33条） ⓒ性的搾取・虐待からの保護（34条） ⓓ誘拐・売買・取引の防止（35条） ⓔ他のあらゆる形態の搾取からの保護（36条） ⓕ死刑・拷問等の禁止，自由を奪われた子どもの適正な扱い（37条） ⓖ武力紛争下における子どもの保護（38条） ⓗ犠牲になった子どもの心身の回復と社会復帰（39条） ⓘ少年司法（40条）

注：寺脇（2003）における表4－2～7を参考に作成

表3－1
子どもの権利条約に規定された子どもの権利

　まず，Ⓑ－❶原理的・原則的な権利として，ⓐ子どもにかかわるすべての活動において子どもの最善の利益が第一次的に考慮されることが明記されている（3条）。ジュネーブ宣言以来，長年にわたって，このことが強調されてきた意味を理解しておきたい。

　第二は，ⓑ生存・発達の確保（6条2項）であり，その具体的内容が24～29条，31条に示されている。

　原理・原則的権利の第三は，子どもの意見表明権（12条）である。子どもに影響を与えるすべての事柄について，子ども自身の意見を表明する権利を明記し，その尊重を規定したものである。子どもは，自己の意志を自分の力で完全には実現できない存在であり，子どもを人権の主体として保障するためには，この手続的権利を認めることが不可欠である。この条項が，子どもの年齢と成熟に従って正当に重視されるべきことを規定しているのは，子どもの自立に応じた自己決定領域を拡大していくことの重要性を示している。

　Ⓑ－❷は，親・家族および国との関係にかかわる条項である。権利条約は子どもにとっての家庭環境を重視しており，表に示したように多くの条項を

規定している。

　まず，親に養育される権利（7 条）を前提に，親の権利・義務にかかわる条項として 5 条，18 条，27 条がある。次に，親からの分離禁止原則と分離しなければならない場合の手続き規定（9 条）は，親からの虐待があった場合の保護（19 条）とかかわって重要である。また，分離の場合など家庭環境を奪われた子どもについては，国が特別な保護と援助を与えなければならないことを規定している（20 条）。

　B—**3**は，特別な状況におかれた子どもの権利条項である。条約が取り上げているのは，① 難民の子ども，② 障害をもつ子ども，③ 少数者・先住民の子ども，④ 武力紛争下にある子ども，⑤ 放任や虐待，刑罰，武力紛争等により犠牲になった子ども，である。

　B—**4**は，子どもであること。すなわち未熟で弱い，発達途上の存在であることにかかわる特別な保護の条項があげられている。

3　子どもの権利条約の実施

　子どもの権利として素晴らしい内容がうたわれていても，各国で，また各国のそれぞれの現場でそれが守られ，実行されなければ意味は半減する。そこで，権利条約には条約の実施にかかわる各国の責任が具体的に定められ，条約の実効性を高めている。

　一つは，条約の広報義務である（42 条）。締約国は条約の原則および規定を大人のみならず子どもに対しても同様に（to adults and children alike）広く知らせなければならない。しかし，日本は締約国としてこの条項を守っているとは言い難い。まず，大人への広報も不十分である。権利条約の意義と内容を子どもの教育や福祉に係わる専門職をはじめとして，広く国民一般に知らせる取り組みが強化されなければならない。さらに遅れているのは子どもへの広報である。権利主体としての子どもがその成長のレベルにふさわしい方法で，権利条約の内容を理解すること保障するために，特に小学校，中学校での取り組みが必要であると考える。

　二つ目は，条約実現についての締約国における進歩を審査するために，国連に「子どもの権利委員会」が設置されることになった（43 条）。締約国は子どもの権利委員会に条約の実施状況を報告しなければならない。第一回報告は加入後 2 年以内，その後 5 年ごとに報告する（44 条）。

　三つ目に，45 条では国連専門機関との協力，締約国の報告についての提案および一般的勧告など，委員会の作業方法があげられている。日本政府の第 1 回報告に対しては 1998 年に，第 2 回報告に対しては 2004 年に権利委員会からの総括所見がだされ，多くの懸念事項が示され，改善のための提案・勧告がなされている。

　日本政府の第3回報告は，2008年に国連子どもの権利委員会に提出された。これに対して2010年6月権利委員会から総括所見がだされた。ここでは，2004年，2008年の児童虐待防止法改正などが「進展」と評価されている。しかし，第2回報告書に対する懸念表明と勧告への対応が十分に実施されていない，あるいはまったく対応されていないことが指摘され，懸念表明，勧告が繰り返されている。例えば，最低婚姻年齢の男女差や婚外子差別の是正，児童福祉サービスにおいて子どもの意見が尊重されていないこと，学校における体罰禁止が効果的に実施されていないこと，代替的養護の現場や家庭における体罰が法律で明示的に禁止されていないこと，等々である。（ARC 平野裕二の子どもの権利・国際情報サイト参照）

　日本政府は，遅れていた第4・5回報告を2017年6月に提出した。「児童の権利に関する条約　第4・5回日本政府報告」（平成29年6月）である。

　国連子どもの権利委員会から2010年6月に示された，「条約第44条に基づき締約国から提出された報告の審査／総括所見：日本」に答えたものである。ここでその内容全体にふれることはできないが，一例をあげれば，子どもの意見表明権にかかわる権利委員会の見解と日本政府の回答は以下のようなものであった。

権利委員会の総括所見

43　裁判及び行政手続き，学校，児童関連施設，家庭において，児童の意見が考慮されているとの締約国（日本）からの情報に留意するが，委員会は，公的な規則が高い年齢制限を設定していること，児童相談所を含む児童福祉サービスが児童の意見にほとんど重きをおいていないこと，学校が児童の意見を尊重する分野を制限していること，政策立案過程において児童が有するあらゆる側面及び児童の意見が配慮されることがほとんどないことに対し，引き続き懸念を有する。委員会は，児童を，権利を有する人間として尊重しない伝統的な価値観により，児童の意見の尊重が著しく制限されていることを引き続き懸念する。

44　条約第12条及び児童の意見の尊重に関する委員会の一般的意見№12（2009）に照らし，委員会は，児童が，学校，その他の児童関連施設，家庭，地域社会，裁判所，行政組織，政策立案過程を含むあらゆる状況において自らに影響を与えるあらゆる事柄について意見を十分に表明する権利を促進するための取組みを締約国（日本）が強化するよう勧告する。

（https://www.mofa.go.jp/mofaj/gaiko/jido/pdfs/1006_kj03_kenkai.pdf）

　これに対する日本政府の回答は，権利委員会の所見に正面から答えることを避けた残念なものであった。

38　（最終見解パラグラフ43，44）学校においては，校則の制定，カリキュラムの編成等は，児童個人に関する事項とは言えず，第12条1項でいう意見を表明する権利の対象となる事項ではない。しかし，児童の発達段階に応じて，校則の見直しにあたり，アンケートの実施や学級会・生徒会での討論の場を設けたり，高等学校において生徒の選択を生かしたカリキュラムの編成等の工夫を行うなど，必要に応じて，児童の意見を考慮した学級運営を実施している。

（https://www.mofa.go.jp/mofaj/files/000272180.pdf）

　2019年2月には，国連子どもの権利委員会から，「日本の第4回・第5回統合定期報告書に関する総括所見」がだされた。

　（https://www.nichibenren.or.jp/library/ja/kokusai/humanrights_library/treaty/data/soukatsu_ja.pdf）

　子どもの権利について学び，日本の子どもをめぐる状況と課題を自らが考えるために，これらの文書を検討することを，学生の皆さんにもお願いしたい。

（松本）

●やってみよう

●子ども版子どもの権利条約の作成

　子どもの権利条約を，子ども（小学校高学年）にわかるように，書き換えてみよう。
- 幼児にはどのように伝えますか
- 小学校低学年の子どもにはどのように伝えますか

●国連子どもの権利委員会の日本の状況に関する見解を読み，検討してみよう。

第4章

児童福祉の歴史

石井十次

　すべての子どもが健やかに成長する権利を持っていることを前提とする，社会的制度としての「児童福祉」は，わが国では戦後の児童福祉法（1947年制定）によって成立した。

　しかし，それ以前から，親がいない，あるいは貧困で育てられないという子どもを保護する様々な取り組みがあった。戦前期の児童保護の取り組みの蓄積が，戦後の児童福祉の形成を準備したといえる。児童福祉法成立後も，社会は変化し，子どもたちをめぐる新たな問題状況が生み出され，課題が提起されている。

　児童福祉の歴史を学ぶことにより，児童福祉の理念や内容を深く理解するとともに，今後の児童福祉のあり方を考えるきっかけにもしてほしい。

　欧米は，社会の近代化においても児童福祉の制度や施策の発展においても，わが国に先行し，わが国の児童福祉は欧米におけるその思想や実践から少なからぬ影響を受けている。本章では日本の児童福祉の歴史を中心に述べるが，特に日本への影響の大きかったイギリスとアメリカの児童福祉の歩みについて最後に取り上げる。

1 近代以前の時代における児童保護

近代（日本では明治以降）以前の児童保護の施策や実践については確かなことがわかっているわけではない。記録され，伝えられているのは以下のようなことである。

❶ 古　代

飛鳥時代の政治をリードした聖徳太子（574頃－622）は日本における慈善救済活動の先駆者ともいえ，難波（大阪）に四天王寺を建て（593），施薬院，療院，悲田院の三院を置いて救済の中心としたと伝えられている。このうち悲田院は親を失った孤児など貧窮孤独の者を収容して養った。

聖徳太子の精神は受け継がれ，各地に悲田院が設立された。

奈良時代，孝謙天皇（女性749年即位）は京中の孤児を集め，衣食を給して養った。平安朝に入り，平安遷都に功のあった和気清麻呂の姉，和気広虫尼が棄児83人を養育したことはよく知られている。

また，多胎出産に対して，朝廷からの補助が行われたという。

❷ 中世（鎌倉～安土桃山時代）

鎌倉時代の僧，忍性は1294年，四天王寺に悲田，敬田二院の復興を計り，南北朝時代に入り1342年，京都に東悲田院が建てられ，1381年，僧元聖が京都に悲田院を設けた。天文年間（1532－1554）には僧恩閈は和泉堺の十万寺で貧窮者を救った。

鎌倉幕府は1261年，病者，孤児を路傍に棄てることを禁じ，室町時代初期の僧周伸は棄児を養育した。

1549年，イエズス会の宣教師ザビエルが鹿児島に上陸し，日本におけるキリスト教布教がはじまり，キリシタンの慈善活動が行われた。代表的なものはポルトガルの商人アルメーダの活動で，豊後の府内（大分市）に育児院を創設して貧困児を教育し，1556年頃貧民病院を興した。

❸ 近世（江戸時代）

江戸時代前期は人口増加が続くが，後期になると停滞する。その背景には，飢饉，伝染病などの災厄，その他種々社会経済上の事情があるが，貧しい農民層において，堕胎（人工妊娠中絶）間引（出生児の殺害）が広く行われていたことが原因のひとつであったといわれる。重い年貢に苦しむ農民が，限られた農地を耕し生活を維持していくために，子どもが増えるのを避ける自衛手段であった。同じ事情から棄児も多かった。幕府や藩は堕胎間引を禁止

悲田院：723年，奈良興福寺内に施薬院と共に悲田院が建てられた。730年には光明皇后が悲田院を設置した。平安時代にも833年には武蔵の国に悲田所が設立され，仁明天皇期（833－850）には左右の京に東西悲田院が設けられた。

多胎出産：714年，土佐の国の，物部毛虫咩（もののべむしめ）が一度に三子を産んだとき，穀40斛と乳母を賜い，715年，常陸の国の占部御蔭女（うらべのみかげめ）が一度に三人の男子を産んだ時も，糧ならびに乳母一人を賜った。一度に三女を産んだ美濃の連志売（むらじしめ）も穀40斛と乳母を賜り，双子を三度産んで最初の二男を宮内官に任命された者もあった。（桜井庄太郎『日本児童生活史』による）

堕胎間引：幕府が出した捨て子，堕胎，間引きに関する法令（禁令，養育奨励等）は「子おろし致させ申間敷之事」（1667　寛文7），「捨子御制禁」（1690　元禄3），「捨子を貫又外江遣候儀御停止之儀二付御触」（1734　享保19），「出生之子取扱之儀御触書」（1769　明和6），等々数多い。（太田素子編『近世日本マビキ慣行史料集成』の補章「江戸時代におけるマビキ関係法制史料」参照）各藩の政策としては，仙台藩の「赤子養育仕法」，会津藩の「産子養育制度」，佐倉藩の「小児養育仕法」，および加賀藩，土佐藩の堕胎・間引に関する詳細な政策関係史料がまとまっている。（同，史料集成1～6章参照）

し，または防止するための種々の政策をとったが充分な効果は挙げられなかった。

このような状況に対して，江戸末期の農政学者佐藤信淵（1769-1850）は，その著『垂統秘録』において，村々に療病館（公立病院），広済館（貧民救済機関），**養育館**（児童保護施設）を設けるという構想を示している。こうした提案が，実行されることなく，幕藩体制は崩壊して明治を迎えるわけであるが，江戸時代において，すぐれた児童保護制度の構想があったことは注目される。

養育館：佐藤の構想における養育館は「慈育館」と「遊児廠」から成り，前者は授乳期の児童を収容して哺育する今日の乳児院のような施設，後者は離乳期を過ぎ，6 歳までの児童を収容し，昼間は村中の老人が世話をして父母の労働を助け，夜は自宅に帰らせる今日の保育所のような施設である。

2　明治初期の児童保護対策

明治維新により日本における近代社会への移行が始まったが，士族の乱や農民一揆などが相次ぎ，近代資本主義社会がもたらす新しい貧困がうまれ，貧困者が増大した。こうした社会変動・混乱のなかで，親や家族を奪われた子どもたちが数多く出現した。

貧困ゆえの堕胎や間引き，棄児，人身売買的な前借金による児童の身売りなど江戸時代からの問題も引き続きあった。明治政府は，産婆への堕胎禁止令（1868【明治元】太政官達），人身売買禁止・芸娼妓解放令（1872 太政官達），を出したが，形だけの禁令で実効はなかったようである。

明治初期につくられた児童保護の制度は，まず 1871 年の「棄児養育米給与方」である。

米七斗：1 合 = 180cc
1 石 = 10 斗 = 100 升 = 1000 合
このころ成人男性の一日の米消費量は 3 合，一年で一石，といわれていた。女性，子どもはもっと少ない。それを基準に，養育米の量，養育料の額が定められた。（今日では一人当たりの米の消費は当時の半分以下となっている。）

棄児養育米給与方（1871 年 6 月 20 日）
明治 4 年太政官達第 300 号

従来棄児救育ノ儀所預リノ分ハ養育米被下貫受人有之分ハ不被下候処自今預リ貫受ニ不拘棄児当歳ヨリ十五歳迄年々米七斗ツヽ被下候間実意養育可致事

徳川時代からのしきたりで，捨て子があると貰い手が決まるまで村々の責任でどこかに預けて養育していた。明治政府はこれに対してその子が 10 歳になるまで年に米 1 石 5 斗を官給することにしていたのであるが，1871 年に当時の韮山県から棄児を貰い受けて養子にした場合にもこの養育米を支給されたい，という申請が出されたのを機会に，なるほど養子とした方が，「愛撫も深く自然教導も厚く」なるだろうから今後は預かりと貰い受けに拘らず，当歳より 15 歳まで年々米 7 斗ずつ支給することにした。これが棄児養育米給与方という太政官達である（辻村 1977 p.98）。1873 年より「満十三年ヲ限リ」とすると改定されたが，**数え年** 15 歳と**満年齢**の 13 歳は大きな差はない。

数え年：生まれた時点を「1 歳」とし，以降 1 月 1 日を迎えるたびに 1 歳加える方法。東アジアでは一般的，日本では戦後はあまり使われなくなった。

満年齢：生まれた時点を「0 歳」とし，以降誕生日の当日を迎えるたびに 1 歳加えて行く方法。現在では一般的な方法。
1873（明治 6）年，年齢計算を「幾年幾月」と数えることとする満年齢の導入が太政官の方針として示され，1902 年の年齢計算に関する法律により満年齢の使用が法定された。
1950（昭和 25）年の年齢の唱え方に関する法律により満年齢使用が一般化した。

次に，1873年の「三子出産の貧困者への養育料給与方」である。

三子出産の貧困者へ養育料給与方（1873年3月3日）
明治6年太政官布告第七十九号

三子出産ノ者其家困窮ニテ滋養行届兼候向ハ以来養育料トシテ一時金五円給与致シ候間地方官ニ於テ速ニ施行致シ追テ請取方大蔵省へ可申出候事

三つ子を出産し貧困のため十分な滋養を与えられない場合は，養育料を与えるという制度である。貧困ゆえの間引きは，双子や三つ子の場合特に行われやすい。その防止を目的とするものであろうが，三つ子出産はまれであり，児童保護策として果たしてどれほどの実効性があったのか疑問である。これは前述したわが国古代以来の，多胎出産に対する皇室からの援助の例に倣ったものかもしれない。

1874（明治7）年に定められた一般救貧制度，「恤救規則」は，貧困児童も対象とした。

規則の前置きに次のように書かれている。

済貧恤救ハ人民相互ノ情誼ニ因テ其方法ヲ設ヘキ筈ニ候得共目下難差置無告ノ窮民ハ自今各地ノ遠近ニヨリ五十日以内ノ分左ノ規則ニ照シ取計置委曲内務省へ可伺出此旨相達候事

すなわち，貧困者の救済は，人民相互の情愛によって行うべきことであるが，頼る人がいない困窮者（無告の窮民）に限ってこの規則を適用する，という。規則では極貧で身寄りのない労働不能の障害者，病者，70歳以上の人，13歳以下の児童を対象としており，児童については次のように規定している。

極貧の者独身にて十三年以下ノ者ニハ一ケ年米七斗ノ積ヲ以給与スヘシ
但独身に非スト雖トモ余ノ家人七十年以上十五年以下ニテ其身窮迫の者ハ本文ニ準シ給与スヘシ

すなわち，極貧で独身（身寄りが無い）の十三歳以下の者には，一年につき七斗分の米代を与える。身寄りがあっても，それが七十歳以上，十五歳以下で貧困の場合は，これに準じて給与する，という。

以上，棄児養育米給与方，三つ子出産の貧困者への養育料給与方，恤救規則という三つの制度が貧困児童救済の制度として，1929（昭和4）年の救護法制定（施行は1932年）まで続いた。

3　児童保護事業のはじまり

　明治期, 国の制度も無い中で, 子どもたちの状況に心を痛め, その救済に取りくんだ人々がいた。最初は外国人の宣教師や伝道者が目立つが, 次第に日本人の宗教家や教育者なども児童保護事業を開始した。

❶　孤児・貧児保護

　親を失った子ども, 棄てられた子どもを保護する事業は, 育児事業, 孤児院などと呼ばれ早くから取り組まれた。これらは, 今日の「児童養護施設」の源流であり, 明治初期から各地に開設された。これらのうち, 代表的な**二つの施設**を紹介しておこう。

■　養育院（東京）－ 1872 年創設

　東京府養育院（後, 東京市養育院）は, 明治初期, 浮浪者収容施設として設置された公立施設である。当初は大人も子どもも, 病人も老人も雑然と混合収容されていたが, 子どもにとって混合収容は弊害があることが問題にされ, 1878 年には乳児を除く児童の居室が分離され児童としての処遇が始まった。1909 年には養育院巣鴨分院として, 成人施設とは別の, 独立した児童施設となり, その後移転して石神井学園となり, 現在の児童養護施設, 東京都石神井学園に至っている。

■　石井十次による岡山孤児院　－ 1887 年創設

　石井十次（いしいじゅうじ）（1865 － 1914）は宮崎県生まれ。熱心なプロテスタントであり, 岡山医学校在学中, 1887 年に岡山孤児院を創設した。1891 年には濃尾大地震の孤児を収容, 1905 年には東北大凶作による貧児を収容, 在院児 1200 名に達した。同時に, 小舎制, 里子制度を採用した。その後, 故郷宮崎の茶臼原に移転した。現在もこの地で児童養護施設石井記念友愛園が運営されている。

▶現在の石井記念友愛園
（宮崎県児湯郡）

❷　非行児童保護

　孤児・貧児の中には非行化する者が少なくなかった。したがって, ひとつは貧児保護の一環として, いまひとつは治安対策として, 非行児童保護は, 早くから着手された。

　年少の犯罪者について, 1880（明治 13）年公布の旧刑法では 12 歳未満については「罪ヲ論セス」, ただし 8 歳以上 16 歳未満の場合は, 監獄内の「懲

二つの施設：二つの施設以外に, 1887（明治 20）年までに開設された育児事業に以下のものがある。1872 仁慈堂（横浜）, 1874 浦上養育院（長崎）, 1878 聖保禄女学校（函館）, 1879 福田会育児院（東京）, 1880 奥浦村慈恵院（長崎）, 1883 大勧進養育院（長野）, 1884 高知博愛園, 1885 山谷孤児院（北海道）, 1886 愛知育児院, 玖塊塾（東京）, 愛育社（堺）

治場」に留置することができる，などを規定していた。不良少年が成人犯罪者とともに留置されていたわけである。

このように，子どもが犯罪者の中におかれることの弊害や，成人犯罪者の多くが年少時の軽微な不良行為を放置された結果として重大な罪を犯すに至ったことなどから，不良少年の感化教育のための施設を別に組織する必要が叫ばれるようになった。

まず，先覚者による感化施設が生まれた。1883（明治16）年に大阪で池上雪枝による「池上感化院」，1885年に東京で高瀬真卿による「私立予備感化院」（後，東京感化院），1886年に千葉県下の仏教各寺院による「千葉感化院」が開設された。さらに，1899年，留岡幸助が東京に感化施設「家庭学校」を開き，1900年に東京市養育院に「感化部井之頭学校」がおかれた。このような感化事業が力となって，1900（明治33）年3月には次節で述べるように児童保護にかかわるわが国最初の法律として感化法が成立した。

❸　保育事業

労働や貧困のために，家庭での育児が不十分な乳幼児を預かる保育事業も，明治期に様々な形で誕生した。これらは今日の保育所の源流である。

工場労働者の子どもを対象に工場内，あるいはその近辺に会社側が建てた工場託児所として，東京紡績（1894）鐘淵紡績（1900）などが知られている。農村保育事業としては明治期半ば鳥取県で筧雄平による試みが最初のものとして知られている。

また，義務教育普及にやっきであった明治政府のもとで，子守労働があり就学できない児童のために子守学校が各地に設置され，それらには保育施設が付設されたものがある。

子守学校として出発したわけではないが，貧しい通学児童の弟妹を預かることからはじまった新潟・赤沢夫妻の保育施設は有名である。

■　新潟静修学校　ー 1890 年創設

▶現在の赤沢保育園
　（新潟市）

赤沢鍾美（1864 − 1937）は新潟市東湊町に私立新潟静修学校を創設した。この地域は一家で働く家庭が多く，静修学校に登校する貧家の子どもたちには，親から託された幼児を伴ってくるものがあった。赤沢はこれに同情し，幼児を別室に誘導し妻ナカ子が世話をした。それが自然に保育所の様相を見せるようになり，一般家庭からの託児の希望もあり，1910（明治43）年より「守孤扶独幼稚児保護会」と称して保育事業を正式に行うようになった。幼稚児保護会は通称赤沢保育園として今日に至っている。

単に預かるだけではなく，子どもの保育を重視し，今日にも通じる福祉と教育の統一の思想を実践した著名な施設として，1900（明治33）年に創設された二葉幼稚園（後，保育園）がある。

■　二葉幼稚園（保育園）　― 1900 年創設

1900 年 1 月，東京麹町の民家を借りてクリスチャン保育者，野口幽香，森島峰の両名が創設した幼稚園。当時，日本の幼稚園はもっぱら富裕層児童が通うものであったが，二葉幼稚園は保護と教育をより必要としていた貧困児童を対象とした。1906 年，東京の三大スラムの一つ四谷鮫河橋に新築移転し，保育の質を維持しつつ児童と家庭の実態に即した柔軟な運営を進めた。1909 年以来，感化救済事業として毎年内務省の補助金を受けるようになったこともあり，1916（大正 5）年に幼稚園認可を返上し，名称も「二葉保育園」と改めた。その後，分園を設立，母子家庭保護事業に取り組むなど社会の必要に応える事業拡大をし，戦後は社会福祉法人として保育所，乳児院，児童養護施設を経営している。

▶初期の二葉幼稚園の園児と職員（1902 年，東京・麹町）（二葉保育園所蔵）

次節で述べるように，日露戦争（1904 － 1905）を契機に，児童保護への公的取り組みが始められる。保育事業についても，軍人遺家族援護事業として全国に戦時保育所が開設された。それらの多くは戦後閉鎖されたが，神戸市の神戸婦人奉公会の保育所のように日露戦後も継続されたものもある。

▶現在の二葉南元保育園・二葉乳児院（東京都・新宿区）

❹　障害児保護

視覚障害，聴覚障害児の保護・教育は明治期に始まっているが，その他の障害児保護の取り組みは大変遅れた。そのなかで，明治期に創設され今日にいたる知的障害児の施設として，滝乃川学園が注目される。

■　滝乃川学園　― 1891 年創設

創設者石井亮一は，立教女学校教頭であった 1891（明治 24）年に濃尾大地震がおこり罹災地で救護に当たった。孤児となった女児 20 名余を引き取って，東京府下滝野川（現在の北区）に孤児教育施設を設立した。その中に 2 名の知的障害児があり，教育のために苦心したことが，知的障害児（当時は「白痴」，のちには「精神薄弱児」と呼ばれた）の教育に専心する契機となった。彼は，科学的方法を追究し，外国の進んだ実践や研究から旺盛

70

►現在の滝乃川学園
　（東京都国立市）

に学んだ。1903年に渡辺筆子（1861 － 1944）と結婚。筆子は障害をもつ娘を学園に託し，自らも学園内の保姆養成部で教師を務めていた人で，夫妻の協力で様々な困難が乗り越えられた。学園は1928年に府下谷保村（現在国立市）に移転し今日に至っている。

4　児童保護にかかわる制度・政策（明治末～昭和戦前期）

1　明治末～大正期

　前項でみたように，児童保護事業は明治前期，法制度や政府の行政によってではなく，救済事業家・慈善事業家による個人的・私的な形での営みから始められた。施設の経費は，いくつかの例外を除き，大部分が創設者個人の財産や，周囲の支援者・理解者の寄付金などで賄われていた。明治末からようやく，これらの事業に対して政府から奨励策がはじまる。

　児童保護関係の法律として，まず1900（明治33）年に非行少年の保護にかかわる感化法が制定された。感化法は道府県に感化院設置を義務付け，団体や私人による感化事業を代用感化院としてみとめ，対象年齢は8歳～16歳未満であった。ただし，施行期日は府県会の決議により決めることとあり，各府県の財政事情などから施行は遅々として進まなかった。

　日露戦争（1904～1905）は多くの兵士が長期出征し，多数の戦死，傷病者をうみ，父を失った子どもが生み出された。この戦争を契機に，それまでほとんど見られなかった児童保護問題への政府（内務省）の取り組みが開始された。その取り組みは「感化救済事業」と呼ばれ，救貧より防貧をというスローガンで，特に児童保護分野に力が入れられた。児童保護事業関係者を対象として「感化救済事業講習会」（第1回は1908年）を開催し，国の予算で児童保護施設への奨励助成金を出す（1909年より），などが行われた。

　また，感化法が改正され（1908）各府県の感化院設置がすすみ，対象年齢は8歳～18歳未満と拡大された。1917（大正6）年，国立感化院令が制定された。

2　大正期半ば～昭和戦前期

　その後，大正期の米騒動（1918），関東大震災（1923）などを経て，昭和初期の経済恐慌（1927～1932）による失業・貧困のさらなる増大の中で，

児童保護行政というべき取り組みが成立発展する。3章で述べたように20世紀初頭，国際的には児童の権利についての認識が芽生え，児童保護行政が進んだ時期であり，先行する欧米の施策に影響をうけたこともあった。

この時期，非行少年の保護にかかわって，感化法とは別に「少年法」が制定され（1922），18歳未満の少年の犯罪その他の非行について，刑事処分の特則と保護処分について定められ，保護処分を行う少年審判所が設けられた。関連して同年，矯正院法と少年審判所設置令が制定された。感化法－内務省と，少年法－司法省という二系統の非行少年保護行政が始まったわけである。少年法との関係で感化法の第二次改正が行われ（1922），対象年齢は14歳未満となった。14歳以上は少年法，未満は感化法により扱うという分担が行われるようになった。

児童保護事業は，それまでもっぱら民間によって行われてきたが，市町村など公共団体による公立施設・事業も増大する。大正期半ばには都市に公立保育施設（1919年大阪市，1921年東京市など）が誕生する。

大正期以降，育児施設や感化施設はほとんど変化がみられないが，乳幼児の保育事業は急激に増加し，数はわずかであるが，乳児院や障害児の施設が新たに増加していくことになる。

大正期に，児童保護に関する総合立法の動きもあったが実現しなかった。昭和にはいり，個別問題に対応する以下の児童保護関係法が成立する。

❶ 救護法 － 1929（昭4）年制定，1932年実施

慈恵的な恤救規則にかわり，貧困で生活不能の者を公の義務として救護することを規定した救護法が制定された。この法律は児童保護の面では次の役割を果たした。

一つは，貧困児童の救済が拡大したことである。救護法1条では救護の対象を貧困の為に生活できない65歳以上の老衰者，13歳以下の幼者，妊産婦，「不具廃疾」，疾病，傷病，その他精神または身体の障害により労働できない人とした。この規定により，棄児養育米給与方や恤救規則によって救済された子どもよりはるかに多くの貧困児童が救済された。

次に，育児施設等への設置費の助成や救護委託費が支給されたことである。多くの育児施設が救護施設として認可され，収容数に応じて救護委託費が支給された。それにより，寄付に頼っていた時代よりも安定した経営の条件ができた。これは，戦後の児童福祉法の設置費補助や**措置費制度**の先駆けといえる。

❷ 少年教護法 － 1933年制定

感化法の改正として少年教護法が制定された。懲戒的性格の強い感化法を

措置費制度：行政機関が法的な責任に基づき福祉サービスを提供することを「福祉の措置」という。児童福祉については，児童福祉法「2章 福祉の保障」の中でその内容が規定されている。措置に必要な費用（施設入所の場合は，児童福祉施設最低基準を維持するに必要な経費）が措置費であり，「4章 費用」で，国・都道府県・市町村の負担が定められている。このような，福祉の保障の公的責任と公費負担のシステムを措置費制度という。
2003年の児童福祉法改正で，「措置」制度は限定的になった。

72

改正し，教育的保護を行うことに力点をおいたものである。14歳未満の不良行為を為す，あるいは為す虞のあるものを対象とした。感化院は「少年教護院」となった。

戦後児童福祉法の制定により廃止され，その内容は児童福祉法の「教護院」（現在「児童自立支援施設」）に引き継がれた。

❸　児童虐待防止法　－1933年制定

不況下で，貰い子殺し，人さらい，娘の身売りなどが激増したことを背景に児童労働や酷使などの虐待行為の防止を目的にした法律。14歳未満の虐待を受けている児童を保護し，虐待行為と見なされるような業務への就労を制限した。被虐待児保護施設もつくられた。児童福祉法の制定により廃止。その内容は児童福祉法における要保護児童に関する規定や，禁止行為の規定（34条）に引き継がれている。

❹　母子保護法　－1937年制定

母子世帯の貧困問題に対応する法。昭和恐慌下の貧困の増大と母子心中の増加を背景に成立した。旧生活保護法の制定で廃止。

❺　社会事業法　－1938年制定

社会事業への助成，監督について規定。この法律により児童保護を含む社会事業施設の役割が社会的,公共的なものとして承認されたことを意味する。法の適用事業として児童保護については「育児院，託児所その他児童保護を為す事業」と例示された。戦後,社会福祉事業法（1951　現在,社会福祉法）により廃止。

5　戦時下，児童保護の中断

戦争に反対した人々：児童福祉の分野でも，戦争に抵抗し，子どもを護る活動があった。例えば「保育問題研究会」は，戦中の厳しいなかで，優れた成果をのこした。（松本園子『昭和戦中期の保育問題研究会－保育者と研究者の教導の軌跡1936－1941』2003，新読書社，参照）これらの活動は戦争を阻止し，子どもたちの不幸を解消するには無力であったが，戦後，いち早く新しい児童福祉の制度がうまれ盛んな実践が取り組まれたのは，戦中にもこうした活動が存在したからこそといえる。

昭和の前半の大部分は戦争の時代であった。1931（昭和6）年の満州事変から中国との全面戦争（1937～）へ，さらに1941年12月からアメリカやイギリス等を敵とする太平洋戦争へと拡大し，1945年8月15日，日本敗戦で終結した。この戦争で，多くの日本人が命を奪われ，また日本人は多くの外国人の命を奪った。**戦争に反対した人々**もいたが，厳しい弾圧のもとで抵抗は押しつぶされ,国民全体が戦争に巻き込まれていった。この長い，悲惨な戦争について，なぜこの戦争が起きたのか，なぜ防げなかったのか，何があったのか，平和な時代に生きる私たちは，もっと知らなければならない。

戦争は，子どもたちに次のような影響をもたらした。

第一に，心の統制である。戦争に疑問をもたない軍国少年，軍国少女が，教育を通じて育てられ，兵士として，軍需産業の働き手として多くの若者が駆り出された。保育の場でも，保育内容の戦時化が進んだ。

▶戦中の子ども
1944年長野市。教室にミシンが並べられ，女学校の生徒たちは学業を奪われ，軍服作りが日課となった。
（写真集『子どもたちの昭和史』1984）

第二に，物資の欠乏，食糧不足は成長途上の子どもたちの心身の発達を阻害した。特に，乳幼児にとって栄養不足は命の危険につながり，また成長期の子どもにとってその時期の栄養不足は成人になっても影響が残った。図4−1は明治以来，国が毎年調査してきた児童の体位（男児体重）の推移であり，戦時下の子どもの体位低下がくっきりと示されている。

第三に，学習という子どもにとっての基本的権利が奪われた。子どもたちも戦争のための労働に動員され，学習の内容も制限された。

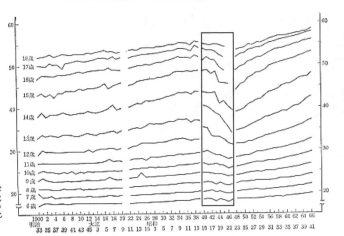

図4−1
わが国児童・生徒の全国平均体重値の逐年曲線

（辻村　1977　p.117）

第四に，家族との別れを強制され，そのまま家族を奪われた子どもも多かった。一つは，父親や兄などが兵士として戦場に行ったこと。二つには学童疎開で都市の子どもたちは家族と別れることが強いられたことである。保育所ぐるみの幼児疎開も実施された。

第五に，子どもたちの命が奪われた。1944年になると米軍機の空襲が頻繁にあり，人々は毎日警報におびえ，防空壕に隠れ，実際に多くの人が空襲によって家を焼かれ命を失った。特に1945年3月の東京大空襲，8月の広島，長崎への原爆は大きな被害をもたらした。6月の沖縄戦は多くの犠牲者をだした。このなかで，大人とともに多くの子どもが亡くなった。

1945年8月15日，戦争は終わった。しかし，親を失い，家を失った子どもたちが大量に生み出され，物資・食糧不足はつづき，地域は荒廃していた。児童福祉法はこのような中で誕生した。

▶戦中の子ども
1945年横浜市。空襲で家を焼かれ，はだしで避難する子どもたち
（写真集『子どもたちの昭和史』1984）

6 児童福祉法の成立とその後

1 児童福祉法成立の背景

　1947（昭和22）年に成立した児童福祉法は，今日の視点からみても，非常に優れた内容をもったものであり，その後，今日にいたる日本の児童福祉施策は児童福祉法を柱にすすめられてきた。

　児童福祉法の成立の背景には，第一に，戦後期の児童問題の深刻さと広がりがあった。まず，家族を失った大量の児童の存在とその浮浪児化があり，「**狩り込み**」といわれた取り締まり的な収容対策が行われたが，それでは解決できず，より根本的な対策が必要とされた。

　また，兵であった父を失った子どもが多数存在し，その母子家庭の生活も困難を極めていた。父母がそろっている家庭でも，食糧難，住宅難に苦しみ，衛生状態や栄養状態も悪く，子どもたちの生活環境は劣悪であった。

▶**戦後期の浮浪児**
1946年，東京・上野。「モクひろい」や「靴みがき」をして必死で生きていた。
（「子どもたちの昭和史」大月書店 1984）

狩り込み：「主要地方浮浪児等保護要綱」（1946年9月厚生省社会局通達）により実施。駅や盛り場から一斉に浮浪児をトラックで一時保護所につれてきて個別に鑑別し，児童収容施設に送り込むという方法がとられた。しかし，輸送の途中や一時保護所，施設から浮浪児はどんどん逃走し再び浮浪生活にはいったという。（辻村 1977 p.118）

　このように，従来のような棄児，非行児，貧困児などに限定した対策では追いつけない，児童福祉問題の深刻化，普遍化があったことである。

　第二に，敗戦の廃墟の中で，日本国憲法（1946年11月公布，47年5月3日施行）にみられるような，戦争への反省と新しい日本建設の改革の気運がみなぎっていたことである。

2 制定の経過と成立法の特徴

　児童福祉法制定の動きは1946年春からみられるが，当初の政府案は「児童保護法案」として，戦前からの少年教護法と児童虐待防止法に，新しく保育所の制度化を加えたものとして構想された。

　しかし，政府案は児童保護問題にとりくんできた関係者などから特別児童対策に偏ったものとして批判され，児童に関する総合的な法律の必要性が主張され，「児童福祉法」と名付けた法案がまとめられた。そして国会に提案されて成立，1947年12月に公布される。ここに，すべての子どもを対象とする児童福祉の総合法が誕生したわけである。

　この児童福祉法において，保護者のない児童や，非行児童など当時緊急の課題であった「特別児童」対策が重視されたのは言うまでもないが，特色の第一は，「普通児童」対策を前面にだしたことである。冒頭で"すべて"の児童の健やかな育成をうたう児童福祉の理念を打ち出したこと，妊産婦と乳幼児の保健対策（母子保健）を組み込んだこと，戦前期のような貧困対策で

はなく，父母（特に母親）の労働保障と子どもの健やかな成長の両方を目的
とする新しい時代を象徴する保育施設が，保育所という児童福祉施設として
規定されたこと，児童館や児童遊園など子どもの遊びを保障する児童厚生施
設が児童福祉施設として規定されたこと，などである。

　第二は，児童福祉施設への入所など児童福祉の実施が公的責任で行われ，
費用についても公費負担が定められ，その面からすべての児童の福祉の保障
のしくみができたことである。

●コラム 4 - 1

●保育所は貧困対策だった？

　成立時の児童福祉法における保育所の目的規定には「保育に欠ける」という条
件はなく「保育所は日日保護者の委託を受けて，その乳児又は幼児を保育するこ
とを目的とする」と，すべての乳幼児を対象としていた。目的規定に現在のよう
に「保育に欠ける」が挿入されたのは第五次改正（1951）である。一方，法成
立時から市町村の義務として保育に欠ける乳児・幼児を保育所に入所させて保育
しなければならないと明記されたが，「保育に欠ける」要件は，父母の労働，疾病
等であり，貧富は問われなかった。戦後しばらくの間，保育所が圧倒的に不足し
ていたため，貧困家庭の利用を優先せざるを得ない状況があったが，その後普及
がすすみ，多くの家庭が利用するものとなった。近年いわれている，児童福祉法
の保育所規定は，貧困対策で実情に合わない，という理解は誤りである。

---

❸　その後の変化・発展

　1948 年 4 月に児童福祉法は全面施行された。児童福祉施設の条件を規定
した児童福祉施設最低基準も 1948 年 12 月に公布された。

　その後現在まで，たびたび法改正が行われてきた。児童福祉施設は当初 9
種だったが，施設の種類も増加した。児童福祉法中の母子保健対策の内容
は，1965 年に分離独立して制定された「母子保健法」に移り，強化された。
1997 年には大規模な改正が行われ，2008 年末の改正も多岐にわたるもの
であった。しかし，法の骨格は成立時から今日まで維持されているといって
よい。

　5 章で見るように，その後，いくつかの児童福祉関連法が制定され，児童
福祉法を中心とする児童福祉施策が制度的に整備されてきた。前述の母子保
健法，母子家庭の経済的支援のための児童扶養手当法（1961），一般子育て
家庭の経済的支援のための児童手当法（1971），近年では児童福祉法の児童
虐待対策を補足・強化する児童虐待防止法（2000）の制定などである。

　施設数，利用者数など，児童福祉サービスの量的拡大もその後の発展とし
てあげておきたい。発展の背景に，保育所，学童保育，障害児の施設などに
ついて，保護者の要求運動があったことも戦後の特徴である。特に保育所を

めぐっては，1960年代，働く女性が増え保育所の増加，条件改善を要求する運動が盛んにとりくまれ，それらが国・自治体の施策を変え，保育所の増加，内容の改善を実現させてきた。

　児童福祉の現場や行政で働く，児童福祉を実際に担っている人々の要求や運動が進んだこともあげておかなければならない。これらの人々は困難な問題を抱える親や子どもの代弁者ともなりうる立場であり，児童福祉実践の研究や条件改善の運動が，児童福祉の発展を実現してきた面も注目しておきたい。

7　欧米における児童福祉の歩みーイギリス，アメリカ

　開国，維新を経て封建社会から脱した日本は，欧米列強に追いつくべく，急速な近代産業社会への変貌をとげた。産業革命の進行は，それまでの農業社会において人々の生活と子育てを支えていた家族と地域共同体を崩壊させ，新たな貧困・生活問題を生み出した。この変化は，欧米諸国も数百年をかけて被ったものであるが，数十年で進めた日本の場合は，生み出された問題への対応が著しく遅れた。

　社会的制度としての児童福祉は，このような社会的問題を背景として誕生した。本章2節で述べたように，明治政府はまず徳川時代の各藩の児童保護策を引き継ぐ施策を実施したが，その後は先行する欧米の思想や制度の影響を受けた児童保護制度が創られていった。

　本節では，明治以来，日本の児童福祉に影響を与えてきた欧米諸国のうち，イギリスとアメリカの児童福祉の歴史の概略を述べておきたい。イギリスは産業革命をいち早く達成し，そこから生み出された諸矛盾に立ち向かう長い経過の末に，児童福祉制度を成立させた国であり，アメリカは20世紀初頭以来，今日の児童福祉につながる思想や施策を生み出し，日本の児童福祉への影響が特に強い国である。

❶　イギリスにおける児童福祉の歩み

❶　中世封建社会　－共同体における相互扶助
　資本主義の社会体制が形成される以前の中世封建社会において，農民は領主や地主の所有する土地に縛り付けられ，貧困ではあったが，生活はある程度安定していた。親のない孤児や捨て子たちも，基本的には，それぞれの村落共同体の内部で相互扶助的に養育されていた。

❷　エリザベス救貧法
　しかし，14世紀末以降，封建社会が資本主義的に再編成される過程で，

農民や職人は土地やその他の生産手段を奪われ，生きるすべを失い，また村落共同体やギルドの相互扶助機構（そうごふじょ）に依存することもできなくなった。こうして失業者の大群が，妻子を伴い生活のつてを求めて都市に流入し，乞食や浮浪者，ときには犯罪者になっていった。

　このような事態に直面した時の絶対王政は，貧民の乞食や浮浪を禁止・処罰するとともに，彼等を出生地（農村）に強制的に送還することを目的とした一連の立法措置を講じていった。1531年の乞食と浮浪者の処罰に関する法律，1536年の強壮な浮浪者と乞食の処罰のための法律，1572年の救貧税を規定する法律などである。

　このような諸施策が，1601年の貧困者の救済のための法律−いわゆるエリザベス救貧法−によって再編・統合される。

　ここでは教区を救貧行政の単位とし，その担当者として貧民監督官をおき，財源を教区内の救貧税に求めるという仕組みが形成された。教区はキリスト教の布教のために便宜上（べんぎじょう）設けられた区域であるが，教会の慈善活動の区域でもあり，救貧行政の区域となった。

　救貧法は，自らを養うことができず，生計をたてるための職業をもたない既婚，未婚のすべての人々を就業させること，肢体障害者，高齢者，視覚障害者，労働不能者を救済すること，両親が扶養できない子どもについては**徒弟**にだし，男子は24歳まで，女子は21歳または結婚するまで徒弟を続けさせることを定めた。貧窮児童は7歳までは教区幼児として育児院に収容あるいは教区乳母のもとで養育された。その後は教区の手によって親方のもとに委託され，定められた期間を「教区徒弟」として生活したのである。

　このような初期救貧法を展開してきた絶対王政はやがて資本主義の発展に対応しえなくなり，ピューリタン革命（1640〜1660），名誉革命（1688〜1689）という二つの市民革命を経て崩壊し，議会制をとる近代国家が成立する。こうした状況のなかで，救貧政策は権力の新しい担い手として登場してきた資本家たちの利害の影響を被ることとなる。そのひとつとして，貧民の労働力を有利に利用するという発想から「労役場」（ろうえきじょう）が設立され，成人とともに子どもも収容され過酷な労働を強制された。

　救貧法による公的救済を補完するものとして，民間の**博愛事業**も発展した。

3　新救貧法

　教区徒弟の境遇は，18世紀後半の産業革命の進展と共に大きく変化していった。新発明の紡績機械は水力に依存するもので，北部の渓谷にある工場に，教区徒弟が，3〜4歳の幼児までも送り込まれた。彼らは新しい工場制度の登場のなかで最初の労働者として大量に吸収されていったのである。やがて蒸気機関の発明により工場が都市に建設されるようになり，工場には

徒弟：（とてい）中世ヨーロッパの手工業者養成制度。徒弟は一定期間親方の家に住み込み，雑用の傍ら親方の仕事を見習い腕を磨く。此の身分階層を通過して，初めて職人親方になることが出来た。日本でも年季奉公などの形で存在した。機械制大工業の成立によって衰退した。

博愛事業：（philanthropy）「近代的慈善事業」ともいう。中世の慈善が宗教的動機によったのに対し，現実の困窮者への同情と憐憫を主要な動機とする。18世紀イギリスで生まれ，救貧法と現実のギャップを埋める役割を果たした。市民革命によって社会の主人公となった資本家（ブルジョアジー）が担った。

78

図4－2
イギリスの児童労働

（『HE WHITE SLAVES OF
ENGLAND 』1854
by JOHN C COBDEN
表紙挿絵より）

小舎制：初期の社会福祉
施設は大舎制（利用者が
大きな建物で一緒に居住
し，集団生活をする施設
形態）を採っていた。こ
れは管理がしやすく，費
用も安くすむが，プライ
バシーの尊重や個別的な
ケアは難しい。こうした
弊害を克服するために，
小舎制（小グループで独
立した建物〈小舎〉に居
住させ，ケアする施設形
態）が導入された。

教区徒弟の制約を受けない，一般の貧窮家庭児童が雇用される
ようになる。機械の導入により熟練工の父親は失業し，安価で
従順な子どもが雇用され家族を養うという事態が生み出されて
いった。児童労働の弊害が指摘され，児童労働を規制する最初
の工場法が 1802 年に制定され，その後何回か改定されたが，
規制は遅々として進まなかった。

　さて，産業革命によって確立した資本主義社会は，生活の原
理として自助を強調し，貧窮は個人の責任とされた。それは，
貧窮の公的救済を否定する原理であり，このような時代精神を
反映して，1834 年に新救貧法が成立した。

　新しい救貧法の特徴は，① 救貧行政の全国的統一，② 救済
をうける貧困者の生活水準は，独立自活している最底辺の労働者よりも劣っ
たものでなければならないという「劣等処遇の原則」，③ 救済を受ける貧民
は居宅から離れて労役場に収容され，厳重な規則のもとで耐え難い生活を強
い，それによって救済を受けることを思いとどまらせるというシステムで
あった。

　新救貧法は，子どもも労役場に混合収容する方針をとり，多くの少年少女
が労役場に居住し悪影響を受けていた。このような状況が問題とされ，子ど
もに対する教育の必要性が認識され，子どもは次第に一般混合労役場から分
離収容され，読み書き等の教育が行われるようになった。1850 年以降，都
市近郊には 1000 人以上の児童を収容する「救貧法学園」が多数設立された。
また，街頭に起居していた浮浪児たちへの救済と矯正の取り組みが慈善事業
家たちによって始められ，1854 年には感化院法，1857 年には授産学校並
びに感化院法が制定された。

4　児童問題と児童保護政策

　19 世紀末のイギリスの産業は軽工業から重工業中心に移り，資本主義は
新たな独占資本の段階に移行しつつあった。このようななかで失業や低賃金
が一般化し，その緩和や解決を求める社会運動の発展をもたらした。子ども
の問題についても，救貧法の対象となる貧窮児童の処遇に限られていた関心
が拡大し，子ども一般の生活をとりまく困難を社会問題として認識する態度
が生まれた。

　児童保護の分野では救貧法の大収容施設について，子どもの健康を脅かす
ものとして批判がはじまった。巨大な救貧法学園の設立は下火になり，かわっ
て**小舎制**ホームの導入が図られるようになった。社会事業家バーナードは貧
困児童を保護する施設をまず 1870 年に設立し，1876 年には 13 の小舎か
らなるビレッジ・ホームを設立した。イギリス地方自治庁はバーナードの施

設その他の視察を行い，小舎制ホームが各地に拡大していった。1890 年以降は，孤児についての里子委託が普及していった。

　1872 年に幼児生命保護法が制定されたが，これは虐待等が問題となった営利的里親を規制することを目的としたものであった。また，一般の家庭や事業所において子どもに加えられる虐待の禁止をもとめる社会運動が活発になった。リードしたのは 1883 年にリバプールに児童虐待防止協会を設立したアグニュー等であり，運動は全国的なものになり 1889 年に児童虐待防止並びに保護法が制定された。

　このように児童保護の制度化がすすみ，1908 年に初めての児童総合立法である「児童法」が成立した。それは，従来の「幼児生命保護法」や「児童虐待防止法」を統合し児童への虐待の防止をはかること，少年犯罪者について少年審判所を設け成人とは別に非公開で審判を行い，また 16 歳未満の入獄を廃止し特別の鑑別所や留置所を設けるなど，少年犯罪者を教育的，保護的に扱うこと，等々を内容とする。児童保護政策の大きな前進であったといえる。

5　児童の権利思想と児童福祉の成立

　第一次世界大戦（1914 〜 1918）後の 1922 年，イギリスの児童救済基金団体によって「**世界児童憲章**」が発表された。この憲章は戦争が子どもに重大な影響をもたらしたという認識のもとに，世界の国々の人々が力を合わせて児童の生命を護るよう呼びかけた。これはその後 1924 年の国際連盟の児童の権利に関する**ジュネーブ宣言**の先鞭となるものであった。

世界児童憲章：☞第 3 章参照（p.52）

ジュネーブ宣言：☞第 3 章参照（p.52）

　イギリスは第一次大戦の戦勝国であったが，戦後は長期にわたる不況のなかで失業と貧困に悩まされた。この間救貧法は実質的に廃止され，ベヴァリッジ報告（1942）を実現するかたちで，第二次大戦後に成立する「ゆりかごから墓場まで」の社会保障への地ならしがすすんだ。

　児童については，児童養護の領域におけるカーティス委員会の報告（1946）が重要である。これは，1944 年に里子デニス・オニールが虐待のために死亡するという事件を契機に設置された委員会である。報告は，要保護児童に対する公的な指導と責任を拡大することなどを内容とするものであった。1948 年に制定された児童法は，カーティス委員会の勧告をほとんど取り入れて立法化された。これにより児童福祉に対する公的責任の所在の明確化，行政機構の抜本的な改革と整備がなされた。

2　アメリカ合衆国における児童福祉の歩み

1　植民地時代

　17 〜 18 世紀後半の植民地時代のアメリカは，広大な未開の自然に対して労働力不足であり，勤労・節約がことさら強調された。救貧の制度としては母国の，すなわちほとんどの州ではイギリスのエリザベス救貧法が用いられ，救貧は労働力のないものに厳しく制限された。子どもは未来の労働力として，幼いときから徒弟あるいは農家委託として働く習慣をつけさせられた。

2　慈善事業の組織化

　1776 年の独立宣言後，1787 年にアメリカ合衆国憲法が制定され 1789 年に発効した。アメリカは当時純然たる農業国であったが，急速に工業が発展し資本主義が成立し，一方では西部開拓により男子労働力が不足するなかで，児童労働の雇用はイギリス以上にさかんであった。こうした中で，1800 年代半ばに東部の各州で児童労働の保護法がうまれ，児童労働者に教育を保障することが規定された。

　1800 年代の初頭，アメリカ東部の都市には数多くの民間慈善事業が発生し，貧困児童に衣服やスープを与える活動などが行われた。孤児院も増加し，1850 年には全国で 75 か所になっていた。1853 年にはニューヨーク市にプロテスタントの牧師による「児童救護協会」が創立され，貧困児童の不良化を防止する諸活動が行われた。

3　革新の時代

　南北戦争（1861 〜 1865）の後，1880 年代，アメリカ資本主義の急激な発展とフロンティアの消滅（未開拓の土地がなくなったこと）により，都市には新移民の未組織労働者が住むスラムが数多く形成された。そのスラム街でセツルメント活動が展開された。特に有名なものはジェーン・アダムスらが 1889 年シカゴで開設した「ハルハウス」であり，ここでは少年少女のクラブ活動や，貧しい子どもへの保育事業など新しい児童保護事業が行われた。

　シカゴ市ではまた少年裁判所設置運動が取り組まれ，1899 年少年裁判所が実現した。従来は 10 歳以下の子どもも成人といっしょに裁かれ，監獄に入れられていたが，刑罰よりも治療に重点がおかれるようになったのである。

　1900 年代初期はアメリカの歴史において「革新の時代」「社会改良の時代」と呼ばれ，児童保護もこの時期に大きく進展した。この時期各州で母子家庭における子どもの養育への経済的援助を行う母子扶助制度がはじまり拡大した（1915 年までに 28 州，1931 年段階で 49 州中未発足は 3 州）。

セツルメント：知識人がスラム街に定住 settle し，住民との接触を通して地域の福祉の向上を図る事業。1884 年創立の，英国ロンドンにおけるトインビーホールが最初のものである。

1909年，セオドア・ルーズベルト大統領によって，要救護児童の保護に関する会議として第一回**白亜館**児童会議が招集された。ここでは「家庭生活は，文明の所産のうち最も高い，最も美しいものである。児童に緊急なやむを得ない理由がない限り，家庭生活から引き離されてはならない」という有名な声明がなされた。会議の結果，1912年に連邦政府に児童局が設けられた。

第二回白亜館会議は1919年，ウイルソン大統領のもとで「児童福祉の最低基準の向上，母と児童の保健，特殊の養護を必要とする児童の保護に関して」開催された。第三回会議は，フーバー大統領のもと1930年「児童の保健および保護に関する会議」として開催され，「児童憲章」が採択された。

4　ニューディール政策と児童福祉

1929年にアメリカで勃発した大恐慌は，世界に拡がった。アメリカではそれに続く長期間の不況の中で大量の失業と貧困が生み出され，要保護児童も増加した。こうした事態に対して，1933年以降，フランクリン・ルーズベルト大統領による**ニューディール政策**が展開され，1935年社会保障法が成立した。これは，老齢年金保険と失業保険からなる「社会保険制度」，老齢者・障害者・要扶助児童など貧窮者に対する「公的扶助」，母子保健サービス・肢体不自由児サービス・児童福祉サービスなどからなる「社会福祉サービス」の三部門から成り立つ。児童福祉は，社会保障政策の一環に組み込まれることとなった。　　　　　　　　　　　　　　　　　　　　　（松本）

白亜館：ホワイトハウス（アメリカ大統領官邸）

ニューディール政策：アメリカにおいて大恐慌を乗り切るために，F.ルーズベルト大統領のもとで，1933年より実施された一連の総合的な経済・社会政策

■児童福祉の歴史略年表（1600年〜1950年）

年	一般事項	日本（児童福祉関係法制）	日本（主な施策，施設の設立等）	世界（児童福祉関係）
1600〜	1603　江戸幕府開始 1649　英・ピューリタン革命頂点 1688　英・名誉革命			1601 英・エリザベス救貧法
1700〜	1776　米・独立宣言 1789　仏・フランス大革命	1785（天明5）白河藩育児の制 1792（寛政4）幕府棄児養育料の制度		1762　ルソー『エミール』
1800〜				1802　英・工場法 1816　英・オーウェンにより工場に性格形成学院開設 1834　英・新救貧法 1840　独・フレーベルにより幼稚園開設
	1853　ペリー浦賀へ来航 1854　日米和親条約		1864　小野慈善院（金沢）	1850〜 英・大規模な救貧法学園各地に 1854　英・感化院法
明　治	1868（明 1）王政復古大号令	1868　産婆の堕胎禁止令 1871　棄児養育米給与方 1872　学制／芸娼妓解放，人身売買禁止令 1873　三子出産の貧困者へ養育料給与方 1874　恤救規則 1879　教育令 1886　小学校令	1872　東京府養育院（後東京市） 1876　東京女子師範学校附属幼稚園 1879　福田会育児院（東京） 1884　池上雪枝，大阪で不良少年保護 1885　高瀬真卿の私立予備感化院 1887　石井十次による岡山孤児院	1876　英・バーナードによりビレッジ・ホーム 1883　英・児童虐待防止協会設立
	1890（明23）大日本帝国憲法 1891（明24）濃尾大地震 1894（明27）日清戦争	1899　幼稚園保育及び設備規定 1899　行旅病人及死亡人取扱法	1890　赤沢鍾美による新潟静修学校 1891　石井亮一による滝乃川学園 1899　留岡幸助による家庭学校	1889　米・シカゴにハルハウス 1899　米・シカゴで少年裁判所
1900〜	1904（明37）日露戦争（→ 1905）	1900　感化法 1908　感化法改正 1911　工場法	1900　二葉幼稚園（後，保育園） 1908　感化救済事業講習会開始（内務省） 1909　内務省民間社会事業に国庫補助開始	1900　エレン・ケイ『児童の世紀』 1908　英・児童法 1909　米・第一回白亜館会議
大　正	1914（大 3）第一次世界大戦（→ 1918） 1917（大 6）ロシア革命 1918（大 7）米騒動 1923（大12）関東大震災 1925（大14）治安維持法，普通選挙法	1922　少年法，矯正院法，少年審判所設置令 1926　幼稚園令	1919　大阪市に公立託児所 1920　京都市に公立託児所 1921　東京市に公立託児所 1926　第一回全国児童保護事業会議	1919　米・第二回白亜館会議 1922　英・世界児童憲章 1924　国際連盟・児童の権利に関するジュネーブ宣言
昭　和	1929（昭 4）世界恐慌はじまる 1931（昭 6）満州事変 1932（昭 7）5.15事件 1936（昭11）2.26事件 1937（昭12）日中戦争 1938（昭13）国家総動員法 1939（昭14）第二次世界大戦（→ 1945） 1941（昭16）太平洋戦争 1945（昭20）8月ポツダム宣言受諾	1929　救護法（1932実施） 1933　児童虐待防止法 〃　少年教護法（感化法改正） 1937　母子保護法 〃　保健所法 1938　社会事業法 1941　人口政策確立要綱 〃　国民学校令 1946　旧生活保護法 1947　教育基本法，学校教育法 〃　児童福祉法 1948　文部省「保育要領」 〃　児童福祉施設最低基準	1938　厚生省設置 1944（昭19）学童疎開	1930　米・第三回白亜館会議 1933　米・ニューディール政策 1935　米・社会保障法 1942　英・ベヴァリッジ報告 1950　英・児童法

第5章

児童福祉および
　　関連施策の体系

　先に1章で述べたように，児童福祉の目的はすべての子どもに育ちを保障することである。子どもの育ちを援助する大人の行為としては，まず親や家族による育児とその後の養育がある。さらに，子どもにかかわる所得保障の制度，また社会的・専門的活動として，保健，医療，教育，文化の提供等がある。児童福祉は，これらがすべての子どもに保障されるよう，側面援助に取り組む社会的・専門的活動である。

　とはいえ，児童福祉と他の活動を明確に区分することは難しい。児童福祉法等により，厚生労働省あるいは子ども家庭庁（2023年4月設置）の管轄のもとに実施されることだけが「児童福祉」とはいえない。教育の専門機関である学校においても，医療の専門機関である病院においても福祉的活動がある。また，児童福祉法により実施される援助活動には，保健，医療，教育，文化等，子どもの育ちを援助する様々な要素が含まれる。本章では，これらを「児童福祉および関連施策」として，その全体像を示しておく。

1　児童福祉および関連施策の対象

　子どもがおかれた状況は多様である。子どもとしての共通の児童福祉ニーズとともに，個々の子どもの状況による個別ニーズにも応えなければならない。ニーズに注目して，次のように対象を分類しておきたい。

Ａ　子ども一般

　子ども（児童）という存在そのものが社会福祉の対象であり，児童福祉はすべての児童を対象とする。

　子ども一般を対象とする施策として，遊びの保障・援助，各種の子育て家庭支援策（経済的支援，相談・援助活動等），母子保健施策，国民一般に対する児童福祉意識の啓蒙や人権侵害行為の禁止，などがある。

Ｂ　家庭の養育環境の状況に応じて

　子どもの養育の第一義的責任は家庭にあるが，家庭の養育への社会的援助が必要である。以下のような家庭の状況がある場合は，社会的援助が特に必要である。

❶　労働等のため，父母とも日中の育児ができない場合

　　父母の労働，病気，障害などにより乳幼児の育児を家庭で充分できない場合，この時間帯をカバーする保育の提供等の支援が必要である。

❷　ひとり親家庭の場合

　　父のみ，あるいは母のみというひとり親家庭の場合，父母のいる家庭に比べ，経済的，精神的に子どもの養育に困難を生じやすく，相談，経済的支援，家庭への介護人派遣，住居の提供などが必要である。

❸　保護者がいない場合，保護者としての適性を欠いている場合

　　保護者の死亡，保護者からの遺棄，あるいは保護者が虐待するなど，家庭での養育が困難な場合，子どもの生活の場として，家庭に代わる里親家庭や児童養護施設などを提供する，あるいは家庭での生活を継続する場合，保護者の養育への援助や指導が必要である。

Ｃ　子ども自身の状況に応じて

　すべての子どもが児童福祉の対象であるが，子ども自身が特に以下のような心身の困難を持つ場合，それに応じた児童福祉施策が必要である。

❶　非行（法律や社会規範に反する行為）を犯す，あるいはその虞のある子ども

❷　学校など社会生活への適応に著しい困難のある子ども

❸　心身の障害によって，生活や学習に困難のある子ども

　家庭環境の問題（Ｂ），子ども自身の心身の困難（Ｃ）は，一部の家庭や子どもの特殊な問題ではなく，現代の多くの家庭・子どもが共有するものである。また，ＢとＣは必ずしも明確に区分できるものではない。個々の子どもについてみると，例えば子どもの非行の背景に家庭の問題がある，逆に子どもの不適応が親のストレスを増大させ，家庭崩壊の原因・背景となるなど，相互に関係しあっている。

2 児童福祉および関連施策の諸形態

　施策の内容は，大きく分けて，① 子どもへの直接サービス，② 保護者の養育への支援，③ 国民一般への啓蒙等がある。

　第一の子どもへの直接サービスは，サービスを提供する場所により，援助者が子どもの家庭を訪問して子どもとかかわる**居宅サービス**（例えば訪問保育），子どもが施設などへ通う，あるいは行きたいときに行く**通園・通所・自由利用型サービス**（例えば保育所保育，障害児通園施設，児童館），家庭から離れて施設に入所，あるいは別の家庭に養育を委託する**入所・家庭委託型サービス**（例えば児童養護施設，里親）に分けることができる。

　第二の保護者の養育への支援としては，支援の方法により養育への経済的支援（例えば児童手当）と，保護者の養育に対する相談や指導（例えば児童相談所における相談・指導）に分けられる。

　第三の国民一般への児童福祉に関する啓蒙，児童福祉侵害の禁止としては，児童福祉法34条の禁止行為，児童虐待防止等に関する法律における諸規定，児童買春・ポルノ禁止法における諸規定等があげられる。

3 児童対策にかかわる主な法律（制定順）

　児童対策にかかわる現行の主な法律の名称と概要を，制定順に挙げておく。これらの法律によって，様々な児童福祉および関連施策が実施されている。

　ⓐ　**教育基本法**（1947.3，改正法 2006）

　　日本国憲法の精神にのっとり，わが国の未来を切り拓く教育の基本を定めている。ここでうたわれている教育の機会均等の理念（4条）は，児童福祉の理念として重要である。

　ⓑ　**学校教育法**（1947.3）

　　学校（幼稚園，小学校，中学校，高等学校，中等教育学校，特別支援学校，大学，高等専門学校）の目的や必要条件等について定めている。

　ⓒ　**労働基準法**（1947.4）

　　児童に関連して，労働の最低年齢，年少労働者の保護，女性について妊産婦における危険有害業務の就業制限，産前産後休業，1歳未満児の母親の育児時間について規定している。児童労働の制限・保護，妊産婦と乳児の保護を定めた児童福祉関連法である。

　ⓓ　**児童福祉法**（1947.12）

　　児童福祉の基本法であり，その理念については3章で述べ，内容については6章で詳しく取り上げる。

ⓔ **少年法**（1948.7）

　少年の健全な育成を期し，非行のある少年に対し性格の矯正および環境の調整に関する保護処分を行うとともに，少年および少年の福祉を害する成人の刑事事件について特別の措置を講ずる。

ⓕ **少年院法**（1948.7，改正法 2014.6）

　家庭裁判所から保護処分として送致された者等を収容し，矯正教育を授ける施設である少年院について規定している。

ⓖ **生活保護法**（1950.5）

　（旧）生活保護法（1946.9）を改正したもの。日本国憲法第 25 条に規定する理念に基づき，国が生活に困窮するすべての国民に対し，その困窮の程度に応じ，必要な保護を行い，その最低限度の生活を保障するとともに，その自立を助長する。

ⓗ **社会福祉法**（1951.3）

　社会福祉を目的とする事業の全分野における共通的基本事項を定めている。制定時の名称は「社会福祉事業法」であった。

ⓘ **児童扶養手当法**（1961.11）

　父又は母と生計を同じくしていない児童が育成される家庭の生活の安定と，自立の促進に寄与するため，児童扶養手当を支給し，児童の福祉の増進を図る。2010 年の改正で父子家庭も対象となった。

ⓙ **母子及び父子並びに寡婦福祉法**（1964.7）

　母子家庭等および寡婦の福祉に関する原理を明らかにし，その生活の安定と向上のために必要な措置を講じ，その福祉を図る。制定時の名称は「母子福祉法」であった。2014 年に題名が再改定され，父子家庭も対象となった。

ⓚ **特別児童扶養手当等の支給に関する法律**（1964.7）（「特別児童扶養手当法」と略記）

　精神又は身体に障害を有する児童を監護する父母に「特別児童扶養手当」を支給する。また，精神又は身体に重度の障害を有する児童に「障害児福祉手当」，精神又は身体に著しく重度の障害を有する者に「特別障害者手当」を支給する。

ⓛ **母子保健法**（1965.8）

　母性並びに乳児，幼児の健康の保持増進を図るため，母子保健の原理を明らかにするとともに，母性並びに乳児，幼児に対する保健指導，健康診査，医療その他の措置を講じ，もって国民保健の向上に寄与する。

　従来，児童福祉法に規定されていた母子保健対策が，分離独立し，本法が制定された。

Ⓜ 児童手当法（1971.5）

　　児童の養育者に児童手当を支給することにより，家庭における生活の安定に寄与し，児童の健全育成，資質の向上に資する。

Ⓝ 育児休業，介護休業等育児又は家族介護を行う労働者の福祉に関する法律（1991.5）（「育児休業法」と略記）

　　育児休業および介護休業に関する制度，子の看護休暇に関する制度を設け，子の養育及び家族の介護を容易にするため勤務時間等に関し事業主が構ずべき措置を定める。

Ⓞ 児童買春，児童ポルノに係る行為等の処罰及び児童の保護等に関する法律（1999.5）（「児童買春・児童ポルノ禁止法」と略記）

　　児童に対する性的搾取及び性的虐待が児童の権利を著しく侵害することの重大性にかんがみ，児童の権利の擁護に関する国際的動向を踏まえ，児童買春，児童ポルノに係る行為等を処罰するとともに，これらの行為により心身に有害な影響を受けた児童の保護のための措置を定め，児童の権利を擁護する。

Ⓟ 児童虐待の防止等に関する法律（2000.5）（「児童虐待防止法」と略記）

　　児童虐待が児童の人権を著しく侵害し，その心身の成長及び人格の形成に重大な影響を与え，わが国における将来の世代の育成にも懸念を及ぼすことにかんがみ，児童虐待の防止に関する国および地方公共団体の責務，児童虐待を受けた児童の保護および自立の支援のための措置などを定め，児童虐待の防止に関する施策を促進する。

Ⓠ 配偶者からの暴力の防止及び被害者の保護に関する法律（2001.4）（「DV防止法」と略記）

　　人権の擁護と男女平等の実現をはかるために，配偶者からの暴力（ドメスティック・バイオレンス－ＤＶ）に係る通報，相談，保護，自立支援等の体制を整備し，配偶者からの暴力の防止及び被害者の保護を図るため制定された。配偶者への暴力は同居する子どもへの心理的虐待ともなることから，この法律は児童福祉の法律でもある。

Ⓡ 次世代育成支援対策推進法（2003.7）

　　わが国における急速な少子化の進行並びに家庭および地域を取り巻く環境の変化にかんがみ，次世代育成支援対策に関し，基本理念を定め，並びに国，地方公共団体，事業主および国民の責務を明らかにするとともに，行動計画策定指針並びに地方公共団体および事業主の行動計画の策定その他の次世代育成支援対策を推進するために必要な事項を定めることにより，次世代育成支援対策を迅速かつ重点的に推進し，もって次代の社会を担う子どもが健やかに生まれ，かつ，育成される社会の形成に資する。（時限立法。当初の10年が改正され，2025年3月まで）

⒮ **少子化社会対策基本法（2003.7）**

　　少子化社会において講ずべき施策の基本となる事項その他の事項を定め，少子化に対処するための施策を総合的に推進し，国民が豊かで安心して暮らすことのできる社会の実現に寄与する。

⒯ **発達障害者支援法（2004.12）**

　　発達障害を早期に発見し，発達支援を行うことに関する国及び地方公共団体の責務を明らかにし，学校教育における発達障害者への支援，就労の支援等について定め，発達障害者の自立及び社会参加に資するよう生活全般にわたる支援を図り，福祉の増進に寄与する。

⒰ **障害者の日常生活及び社会生活を総合的に支援するための法律**
　　（2005.11）（「障害者総合支援法」と略記）

　　「障害者自立支援法」として成立したが，2012 年に題名，内容が改正された。障害者及び障害児が基本的人権を享有する個人としての尊厳にふさわしい日常生活又は社会生活を営むことができるよう，必要な障害福祉サービスに係る給付，地域生活支援事業その他の支援を総合的に行う。

⒱ **就学前の子どもに関する教育・保育等の総合的な提供の推進に関する法律（2006.6）（通例にしたがい「認定こども園法」と表記）**

　　わが国における急速な少子化の進行並びに家庭及び地域を取りまく環境の変化に伴い，就学前の教育・保育に対する需要が多様になっているため，幼稚園及び保育所等における教育及び保育ならびに保護者に対する子育て支援の総合的な措置を講じる。

⒲ **子ども・若者育成支援推進法（2009.7）**

　　子ども・若者をめぐる環境が悪化し，深刻な状況にあることを踏まえ，子ども・若者を健やかな育成し，社会生活を円滑に営むことができるようにするための育成支援について定め，総合的な支援施策を 推進することを目的とする。

⒳ **子ども・子育て支援法（2012.8）**

　　わが国における急速な少子化の進行並びに家庭および地域を取り巻く環境の変化に鑑み，児童福祉法その他の子どもに関する法律による施策と相まって，子ども子育て支援給付その他の支援を行う。2015 年施行。

⒴ **子どもの貧困対策の推進に関する法律（2013.6）**

　　子どもの将来がその生まれ育った環境によって左右されることのないよう，貧困の状況にある子どもが健やかに育成される環境を整備し，教育の機会均等を図るため，子どもの貧困対策を総合的に推進することを目的とする。

⒵① **いじめ防止対策推進法（2013.6）**

いじめの防止等のための対策に関し，基本理念を定め，国及び地方公共団体等の責務を明らかにし，並びに，いじめ防止等のための対策を総合的かつ効果的に推進することを目的とする。

ｚ② **成育過程にある者及びその保護者並びに妊産婦に対し必要な成育医療等を切れ目なく提供するための施策の総合的な推進に関する法律（2018.12）**

成育医療等の提供に関する施策に関し，基本理念を定め，国，地方公共団体，保護者及び医療関係者等の責務等を明らかにし，成育過程にある者及びその保護者並びに妊産婦に対し必要な成育医療等を切れ目なく提供するための施策を総合的に推進することを目的とする。

ｚ③ **こども家庭庁設置法（2022.6）**

子ども家庭庁の設置並びに任務及びこれを達成するため必要となる明確な範囲の所掌事務を定めるとともに，その所掌する行政事務を能率的に遂行するため必要な組織を定めることを目的とする。

ｚ④ **こども基本法（2022.6）**

社会全体としてこども施策に取り組むことができるよう，こども施策に関し，基本理念を定め，国の責務等を明らかにし，こども施策の基本となる事項を定めるとともに，こども政策推進会議を設置すること等により，こども施策を総合的に推進することを目的とする。

4 児童福祉および関連施策の全体像

対象ごとに，現在どのような施策が実施されているのかを示したものが，表5－1である。表中の各施策に添えたⓐ～ｚの記号は，前項の児童対策関係法の記号であり，それぞれの施策の根拠法であることを示す。記号のないものは，その他の法令等によるものである。

（松本）

表 5 − 1 主な児童福祉および関連施策

対象 \ 方法・形態	子どもへの直接サービス			親・家族への支援		一般への啓蒙や義務 規制、禁止など
	居宅	通所・通学・自由利用	入所・委託	経済的支援	相談・指導	
Ⓐ 子ども一般（出生前も含む）	妊娠の届出ⓛ 母子健康手帳の交付ⓛ 妊娠中の労働配慮ⓒ 産前産後の休業ⓒ 新生児の訪問指導ⓛ 育児時間の保障ⓒ 育児休業ⓝ 乳幼児健診ⓛ 労働年齢の制限ⓒ	地域子育て支援拠点事業ⓛ 一時預かり事業ⓓ 児童厚生施設ⓒ 病院・診療所 小学校・中学校ⓑ	助産施設ⓓ 病院 子育て短期支援事業ⓓ	税制による支援 児童手当ⓖ 生保・出産扶助ⓖ 生保・教育扶助ⓖ 生保・医療扶助ⓖ 就学奨励助成	妊産婦・配偶者への保健指導ⓛ 乳児家庭全戸訪問事業ⓓ 養育支援訪問事業ⓓ 子育て支援諸施策 成育医療の切れ目のない提供ⓩ②	母子保健知識の普及ⓛ 要保護児童の通告ⓓ 児童虐待行為の禁止ⓓ, ⓟ 児童買春・児童ポルノの禁止ⓞ いじめ防止ⓩ①
Ⓑ 家庭の養育環境 — 日中の育児ができない	訪問保育ⓓ	保育所ⓓ 家庭的保育ⓓ 認定こども園ⓥ 放課後児童健全育成事業ⓓ			児童相談所 福祉事務所 家庭児童相談室 保健所 児童家庭支援センター などでの相談援助ⓙ	
Ⓑ 家庭の養育環境 — ひとり親家庭	介護人派遣	母子福祉センター ⓙ 母子休養ホーム ⓙ	母子生活支援施設ⓓ	児童扶養手当ⓘ 母子福祉資金貸付ⓜ 母子家庭自立支援給付金ⓙ		
Ⓑ 家庭の養育環境 — 要養護		児童家庭支援センター ⓙ	養育里親ⓓ 乳児院ⓓ 児童養護施設ⓓ 小規模住居型児童養育事業ⓓ 児童自立生活援助事業ⓓ			
Ⓑ 家庭の養育環境 — 非行		（児童自立支援施設）ⓓ	児童自立支援施設ⓔⓕ 少年院ⓔ			
Ⓑ 家庭の養育環境 — 不適応		児童心理治療施設ⓓ	児童心理治療施設ⓓ			
Ⓒ 子ども自身の状況 — 病・弱／障・害	低体重児の届出ⓛ 未熟児の訪問指導ⓛ 居宅生活支援事業ⓓ	児童発達支援センター ⓓ 保育所ⓓ 幼稚園ⓑ 特別支援学校ⓑ 特別支援学級ⓑ 一般学校ⓑ	未熟児に対する養育医療ⓛ 障害児入所施設ⓓ	特別児童扶養手当ⓚ 障害児福祉手当ⓚ		

第6章

児童福祉の法制度
―児童福祉法を理解する―

児童館

　2012（平成24）年8月，「子ども・子育て支援法」が制定され，2015（平成27）年に施行された。これに伴って，「児童福祉法」，「就学前の子どもに関する教育，保育等の総合的な提供の推進に関する法律（認定こども園法）」の改正も行われ，子ども・子育て支援法の施行と同時に実施された。また2016年6月の児童福祉法改正では，冒頭の理念および主として社会的養護に関わる制度改正が行われた。

　その後，2019（令和元）年6月，子ども・子育て支援法について"幼児教育・保育の無償化"をうたう改正があり，10月に施行され，「保育」の行政は大きく変化した。また，2022年6月に「こども家庭庁設置法」が制定され2023年4月に施行される。これにより，児童福祉行政の所管は厚生労働省から内閣府の外局「子ども家庭庁」に移ることとなった。

　このような変化があるが，児童福祉の骨格が「児童福祉法」であることには変わりなく，本章では，児童福祉法の理念，内容の理解につとめたい。

1 児童福祉法の構成

　児童福祉法の構成は以下のとおりである。およそどのようなことが定められているか，それらは相互にどのような関係を持っているか，まず全体像をつかんでおきたい。

● 児童福祉法の構成

第一章　総　則
　　1〜3条　児童の権利，児童育成の責任，
　　　　　　　原理の尊重
　　第一節　国及び地方公共団体の責務
　　第二節　定　義
　　第三節　児童福祉審議会等
　　第四節　実施機関
　　第五節　児童福祉司
　　第六節　児童委員
　　第七節　保育士
第二章　福祉の保障
　　第一節　療育の指導等
　　第二節　居宅生活の支援
　　第三節　助産施設，母子生活支援施設及び保育
　　　　　　所への入所
　　第四節　障害児入所給付費，高額障害児入所
　　　　　　給付費及び特定入所障害児食費等給
　　　　　　付費並びに障害児入所医療費の支給

　　第五節　障害児相談支援給付費及び特例障害
　　　　　　児相談支援給付費の支給
　　第六節　要保護児童の保護措置等
　　第七節　被措置児童等虐待の防止等
　　第八節　情報公表対象支援の利用に資する情報
　　　　　　の報告及び公表
　　第九節　障害児福祉計画
　　第十節　雑　則
第三章　事業，養育里親及び養子縁組里親並びに
　　　　施設
第四章　費　用
第五章　国民健康保険団体連合会の児童福祉関係
　　　　業務
第六章　審査請求
第七章　雑　則
第八章　罰　則
附　則

　　まず児童福祉法第一章の「総則」では，最初に児童福祉の理念が記されている。この内容と意義については，本書3章で述べたとおりである。第1節「国及び地方公共団体の責務」は2016年の改正で新設。次いで，用語の定義や，児童福祉に固有の専門機関や専門職員，そして児童福祉施設の主要な職員である保育士の規定が記されている。用語の定義については，表6−1として整理したので参照してほしい。

　　これらの用語は，児童福祉関係法令や行政の中でしばしば使用されるものであり，それぞれが何を意味するかを正確に把握しておくことが児童福祉制度の理解のために必要である。一般的な用法とややずれがあるものもあるので，注意しておきたい。例えば，「乳児」という用語は，保育の現場では，幅広く3歳未満児の意味で使う場合もあるが，児童福祉法および関連制度，行政で「乳児」という場合はあくまでも1歳未満児（0歳児）である。「少年」は，男女を問わず児童のうち小学校就学から18歳に達するまでの長い時期をさすが，これも一般的な「少年」の意味《およそ小学校高学年以上の男児》とは，異なる。

　　第二章の「福祉の保障」は，児童福祉法が規定する福祉サービス（児童福祉施設への入所，居宅生活支援の諸事業等々）の提供について取り上げ，様々な種類のサービスごとに，誰が，どの公共団体が，どのようなサービスを，どのような児童に対して，どんな方法で提供するかについて，それぞれ簡単に記されている。総則における児童育成についての国民の義務，国および地

用　語	定　義
児　　童	満18歳に満たない者（4条）
乳　　児	満1歳に満たない者（4条）
幼　　児	満1歳から小学校就学の始期に達するまでの者（4条）
少　　年	小学校就学の始期から満18歳に達するまでの者（4条）
障　害　児	身体に障害のある児童，知的障害のある児童，精神に障害のある児童（発達障害児を含む），又は障害者総合支援法の政令で定める特殊の疾病の児童。（4条）
妊　産　婦	妊娠中または出産後一年以内の女子（5条）
保　護　者	親権を行う者，未成年後見人その他の者で，児童を現に監護する者（6条）
要 保 護 児 童	保護者のない児童または保護者に監護させることが不適当であると認められる児童（6条の3の⑧）
里　　親	里親とは，厚生労働省令で定める人数以下の要保護児童を養育することを希望する者で，次に掲げる者をいう。（6条の4） 　1　厚生労働省令で定める研修を修了し，その他の要件を満たし，養育里親名簿に登録されたもの（養育里親） 　2　養子縁組によって養親となることを希望し，厚生労働省令で定める研修を修了し，養子縁組里親名簿に登録されたもの（養子縁組里親） 　3　当該要保護児童の父母以外の親族であって，都道府県知事が児童を委託する者として適当と認めるもの
児童福祉施設	12種の児童福祉施設があげられている（7条） 名称，目的については表6-2を参照のこと
事　　業	各種の事業について定義されている（6条の3） その内容については p.99「④児童福祉の事業」を参照のこと

表6－1
児童福祉法における用語の定義（主なもの）

方公共団体の責任について，ここで具体的に規定しているといってよい。

第三章の「事業，**養育里親及び養子縁組里親**並びに施設」は，児童福祉サービスを提供する場である児童福祉施設と里親および各種事業について規定している。

第四章の「費用」は，福祉サービスの提供に必要な費用を国，都道府県，市町村がどのように負担するか，児童福祉施設などの設備費用への公的な補助，利用者からの費用徴収などの財政規定である。第二章，第三章に掲げられた児童福祉サービスを財政面から裏付け，保障しているものである。

第五章「国民健康保険団体連合会の児童福祉法関係業務」

第六章「審査請求」

第七章の「雑則」は，以上の諸規定の補完的な規定であり，第八章の「罰則」は法の規定の違反者に対する罰則である。

養育里親：養育里親の規定は2008年12月公布の児童福祉法改正（2009年4月施行）で加わった。

養子縁組里親：2016年の法改正で，養子縁組里親の規定が加わり，従来から行われていた養子縁組里親が，児童福祉の方法として明確に位置づけられた。

2　児童福祉施設および事業

児童福祉施設は，児童の福祉を保障するための重要な場である。現在児童福祉法では12種の児童福祉施設を定めている。

❶　児童福祉施設の目的

　それぞれの施設は，何を目的にしているのであろう。児童福祉法36条〜44条の2において，一つ一つの施設について，どのような人を対象に，どのような援助を行うことを目的にしているかについて規定している。表6－2は，それを整理したものである。

　対象については，年齢とその他の条件の規定がある。年齢については，「児童」「乳児」「幼児」などの用語に注意して理解する。その他の条件については，それぞれどのように書かれているか内容をよく理解する。

　援助の方法・内容については，まず，利用形態の違いに注目しよう。入所させて，入院させて，という用語が使われている場合，子どもが家庭から離れて，その施設で生活する入所型の施設であることを意味する（児童養護施設等）。また保護者の下から通わせて，とあれば家庭から通所・通園する通所型施設である（保育所等）。さらに，誰でも自由に必要なとき利用できるタイプの施設もある（児童厚生施設）。

　次に，養育する，保育する，遊びを与える，養護する，保護する，治療する，など援助の内容にかかわる用語に注目し，そこでどのような援助が行われるのかについて考えながら施設の目的を理解しよう。なお「治療」は医師による医療行為であり，その施設が児童福祉法による児童福祉施設であると同時に，医療法による病院でもあることを意味している（医療型障害児入所施設，医療型児童発達支援センター）。

❷　児童福祉施設の設置

　児童福祉施設の設置は，国，都道府県，市町村，およびそれら以外の者によって行われる。（児童福祉法35条）

　現在，国が設置する児童福祉施設（国立施設）は，国立病院である医療型障害児施設および，児童自立支援施設2か所，福祉型障害児入所施設1か所である。

　都道府県には，児童自立支援施設の設置義務があり（児童福祉法施行令36条），すべての都道府県に1か所以上の都道府県立児童自立支援施設がある。都道府県は，ほかに児童養護施設など入所型の施設を中心に設置している。市町村は，保育所，児童厚生施設等，通所・利用型の施設を中心に設置している。

　国，都道府県，市町村以外の者（いわゆる**民間**）は，都道府県知事の認可を得て，すべての種別の児童福祉施設を設置することができる。

　表6－3は，児童福祉施設等の設置動向と2020年現在の定員，在所者数である。

民間：民間は社会福祉法人が中心である。しかし，最近の規制緩和で保育所については様々な団体による設置が認められるようになった。株式会社など営利団体の参入も認められたため，そのことが児童福祉の目的を損なうことのないよう注意する必要がある。

施設名 （該当条文）	対　象	援助の方法・内容
助産施設 （36 条）	保健上必要があるが，経済的理由により入院助産を受けられない妊産婦	入所させて助産を受けさせる
乳児院 （37 条）	乳児（特に必要がある場合は幼児を含む）	入院させて養育し，あわせて退院した者について相談その他の援助を行う
母子生活支援施設 （38 条）	配偶者のない女子，またはこれに準ずる事情にある女子とその監護すべき児童	入所させて保護するとともに，自立の促進のために生活を支援し，あわせて退所者の相談その他の援助を行う
保育所 （39 条）	保育を必要とする乳児・幼児	日々保護者の下から通わせて保育を行う
幼保連携型認定こども園 （39 条の 2）	満 3 歳以上の幼児 保育を必要とする乳児・幼児	満 3 歳以上の幼児に対する教育と，保育を必要とする乳児・幼児に対する保育を一体的に行う
児童厚生施設 （40 条）	児童	健全な遊びを与えて，健康を増進し，情操を豊かにする（児童遊園，児童館等）
児童養護施設 （41 条）	保護者のない児童，虐待されている児童，その他環境上養護を要する児童（特に必要のある場合以外は乳児を除く）	入所させて養護し，あわせて退所した者に対する相談その他の自立のための援助を行う
障害児入所施設 （42 条） 1 福祉型障害児入所施設	障害児	入所させて，保護，日常生活の指導及び独立自活に必要な知識技能を与える
2 医療型障害児入所施設	障害児	入所させて，保護，日常生活の指導，独立自活に必要な知識技能を与え，治療を行う
児童発達支援センター （43 条） 1 福祉型児童発達支援センター	障害児	日々保護者の下から通わせて，日常生活における基本的動作の指導，独立自活に必要な知識技能を与え，集団生活への適応のための訓練を行う
2 医療型児童発達支援センター	障害児	日々保護者の下から通わせて，日常生活における基本的動作の指導，独立自活に必要な知識技能を与え，集団生活への適応のための訓練及び治療を行う
児童心理治療施設 （43 条の 2）	家庭環境，学校における交友関係その他の環境上の理由により社会生活への適応が困難になった児童	短期間，入所させ，又は保護者の下から通わせて，社会生活に適応するために必要な心理に関する治療及び生活指導を行い，あわせて退所した者について相談その他の援助を行う
児童自立支援施設 （44 条）	不良行為をなし，又はなすおそれのある児童および家庭環境その他の環境上の理由により生活指導等を要する児童	入所させ，又は保護者の下から通わせて，個々の児童の状況に応じて必要な指導を行い，自立を支援し，あわせて退所した者について相談その他の援助を行う
児童家庭支援センター （44 条の 2）	地域の家庭その他	地域の児童の福祉に関する問題につき相談に応じ，助言を行う。 児童相談所や都道府県の委託をうけて要保護児童等への指導を行う（法 26 条, 27 条）。 児童相談所，児童福祉施設等との連絡調整その他の援助を総合的に行う

表 6 - 2　児童福祉施設の目的

施設種別		施設数			施設種別		施設数	定員	在所者数
児童福祉法	児童福祉施設最低基準	1970	1990	2010	2020				
助産施設		960	635	413	助産施設		388	—	—
乳児院		126	118	125	乳児院		144	3,835	2,812
母子生活支援施設		527	327	262	母子生活支援施設		212	4,470	7,862
保育所		14,101	22,703	21,681	保育所等	幼保連携型認定こども園	5,721	582,959	570,421
						保育所型認定こども園	1,049	118,766	96,007
						保育所	22,704	2,156,391	1,957,907
					地域型保育事業所	小規模保育事業所A	4,467	76,402	71,420
						小規模保育事業所B	794	12,823	11,688
						小規模保育事業所C	87	821	714
						家庭的保育事業所	868	3,735	3,363
						居宅訪問型保育事業所	11	14	82
						事業所内保育事業所	630	14,076	11,557
児童養護施設		522	533	582	児童養護施設		612	30,900	24,841
知的障害児施設	知的障害児施設	315	307	224	障害児入所施設	（福祉型）	254	8,876	6,476
	自閉症児施設	—	8	5					
知的障害児通園施設		96	215	230		（医療型）	220	20,789	7,883
盲ろうあ児施設	盲児施設	32	21	9					
	ろうあ児施設	37	18	10	障害児発達支援センター	（福祉型）	642	19,544	37,730
	難聴幼児通園施設	—	27	23					
肢体不自由児施設	肢体不自由児施設	75	72	56					
	肢体不自由児通園施設	13	73	83		（医療型）	95	3,144	1,951
	肢体不自由児療護施設	—	8	6					
重症心身障害児施設		25	65	116					
情緒障害児短期治療施設		6	13	37	児童心理治療施設		51	2,175	1,452
児童自立支援施設		57	57	58	児童自立支援施設		58	3,468	1,216
児童家庭支援センター		—	—	75	児童家庭支援センター		144	—	—
児童厚生施設	児童館	1,417	3,840	4,345	児童厚生施設	児童館	4,398	—	—
	児童遊園	2,141	4,103	3,283		児童遊園	2,173	—	—

注：2012年児童福祉法改正で，従来の各種障害児施設は障害別から，4種別に改められた。

表6-3
児童福祉施設数等の推移と現況

（厚生労働省「社会福祉施設等調査」2020〈令2〉）

❸　児童福祉施設の設備及び運営に関する基準

　　児童福祉法45条では，「都道府県は児童福祉施設の設備及び運営について，条例で基準を定めなければならない」とし，その基準は「児童の身体的，精神的及び社会的な発達のために必要な生活水準を確保するものでなければな

らない」としている。

　児童福祉施設については，1948 年以来国が「児童福祉施設最低基準」（厚生労働省令）を定め，全国の児童福祉施設がこれに従ってきた。しかし，2012 年 4 月施行の児童福祉法改正により，上記のように施設の設備と運営の基準は都道府県ごとに定められることとなった。地方自治を重視し，地方の実情に即した児童福祉を実施するためである。

　とはいえ，各都道府県が全く自由に基準を定めるということではない。国は，「児童福祉施設の設備及び運営に関する基準」（厚生労働省令，「児童福祉施設最低基準」から題名改正）を定めている。都道府県が条例を定めるに当たっては，次の事項については国の基準に従うものとし，その他の事項については国の基準を参酌するものとされる。（児童福祉法 45 条）

> 一　児童福祉施設に配置する従業者及びその員数
> 二　児童福祉施設の居室及び病室の床面積，その他児童福祉施設の設備に
> 　　関する事項であって，児童の健全な発達に密接に関連するもの
> 三　児童福祉施設の運営に関する事項で，児童の適切な処遇の確保及び秘
> 　　密の保持，妊産婦の安全の確保，児童の健全な発達に密接に関連するもの

　なお，里親については，「厚生労働大臣は，里親の行う養育について，基準を定めなければならない」（児童福祉法 45 条の 2）とし，「里親が行う養育に関する最低基準」（厚生労働省令）が定められている。

　児童福祉施設の設備及び運営に関する基準（厚生労働省令）では，児童福祉法による児童福祉施設のそれぞれについて，設備，職員，運営の基準が示されている。表 6 − 4 はそのうち，職員の基準について整理したものである。

> ●助産施設（児童福祉施の設備及び運営に関する基準 15，17 条）
> 　　第一種助産施設＝医療法による病院または診療所⇒医療法に規定する職員
> 　　第二種助産施設＝医療法による助産所⇒医療法に規定する職員のほか 1 人以上
> 　　の専任または嘱託の助産師，嘱託医は産婦人科医
>
> ●乳児院（21 条）
> 　　小児科医師または嘱託医，看護師，個別対応職員，家庭支援専門相談員，栄養士，
> 　　調理員
> 　　看護師は乳児及び満 2 歳に満たない幼児 1.6 人に 1 人以上，2 歳 2 人に 1 人以上，
> 　　3 歳以上 4 人に 1 人以上
> 　　看護師は保育士または児童指導員をもって代えることができる。ただし，乳幼
> 　　児 10 人の乳児院には 2 人以上，10 人増すごとに 1 人以上看護師を置かなけれ
> 　　ばならない
>
> ●母子生活支援施設（27,28 条）
> 　　母子支援員（保育士，社会福祉士有資格者他），嘱託医，少年を指導する職員，
> 　　調理員
>
> ●保育所（33 条）
> 　　保育士，嘱託医，調理員
> 　　保育士の数は乳児 3 人に 1 人以上，1・2 歳児 6 人に 1 人以上，3 歳児 20 人に
> 　　1 人以上，4 歳以上 30 人に 1 人以上
> 　　（認定こども園である保育所については別の規定がある）

表6−4
児童福祉施設の設備及び運営に関する基準に定められた配置職員

（赤字は，保育士を必置職種とするもの，または保育士有資格者であれば可とする職種）

●児童厚生施設（38条）
　児童の遊びを指導する者（保育士，社会福祉士，学校教諭有資格者他）

●児童養護施設（42条）
　児童指導員,嘱託医,保育士,個別対応職員,家庭支援専門相談員,栄養士,調理員,乳児が入所している施設は看護師
　看護師の数は，乳児1.6人に1人以上
　児童指導員及び保育士の総数は，通じて2歳未満児1.6人に1人以上，2歳児2人に1人以上，3歳以上の幼児4人に1人以上，少年5.5人に1人以上

●主として知的障害のある児童（自閉症児を除く）を入所させる福祉型障害児入所施設（49条の1，3）
　嘱託医，児童指導員，保育士，栄養士，調理員，児童発達支援管理責任者
　児童指導員及び保育士の総数は，通じて児童4人に1人以上

●主として自閉症児を入所させる福祉型障害児入所施設（49条の4，6）
　児童指導員，嘱託医，保育士，栄養士，調理員，児童発達支援管理責任者，医師，看護職員
　児童指導員及び保育士の総数は，通じて児童4人に1人以上

●主として盲ろうあ児を入所させる福祉型障害児入所施設（49条の9，11）
　嘱託医，児童指導員，保育士，栄養士，調理員，児童発達支援管理責任者
　児童指導員及び保育士の総数は，通じて児童4人に1人以上

●主として肢体不自由のある児童を入所させる福祉型障害児入所施設（49条の12，13）
　嘱託医，児童指導員，保育士，栄養士，調理員，児童発達支援管理責任者，看護職員
　児童指導員及び保育士の総数は通じて児童3.5人に1人以上

●主として自閉症児を入所させる医療型障害児入所施設（58条の1，2）
　医療法に規定する病院として必要な職員のほか，児童指導員，保育士，児童発達支援管理責任者
　児童指導員及び保育士の総数は，通じて児童6.7人に1人以上

●主として肢体不自由のある児童を入所させる医療型障害児入所施設（58条の3，5）
　医療法に規定する病院として必要な職員の他，児童指導員，保育士，児童発達支援管理責任者，理学療法士又は作業療法士
　児童指導員及び保育士の総数は通じて乳・幼児10人に1人以上，少年20人に1人以上

●主として重症心身障害児を入所させる医療型障害児入所施設（58条の6）
　医療法に規定する病院として必要な職員のほか，児童指導員，保育士，児童発達支援管理責任者，理学療法士又は作業療法士，心理指導を担当する職員

●福祉型児童発達支援センター（主として難聴児，重症心身障害児を通わせるものを除く）（63条の1，2）
　嘱託医，児童指導員，保育士，栄養士，看護職員（医療ケアを行う場合），調理員，児童発達支援管理責任者，機能訓練担当職員（機能訓練を行う場合）
　児童指導員，保育士，機能訓練担当職員，看護職員の総数は，通じて児童4人に1人以上

●主として難聴児を通わせる福祉型児童発達支援センター（63条の4，6）
　嘱託医，児童指導員，保育士，栄養士，調理員，児童発達支援管理責任者，機能訓練担当職員，看護職員，言語聴覚士
　児童指導員，保育士，言語聴覚士，機能訓練担当職員および看護職員の総数は，通じて児童4人に1人。ただし，言語聴覚士の数は4人以上

●主として重症心身障害児を通わせる福祉型児童発達支援センター（63条の7，9）
　嘱託医，児童指導員，保育士，栄養士，調理員，児童発達支援管理責任者および看護職員のほか，機能訓練担当職員（機能訓練を行う場合）
　児童指導員，保育士，看護職員，機能訓練担当職員の数は，通じて児童4人に1人以上。ただし，機能訓練担当職員の数は1人以上

- 医療型児童発達支援センター（69条）
  医療法に規定する診療所として必要な職員のほか，児童指導員，保育士，看護師，理学療法士又は作業療法士，児童発達支援管理責任者

- 児童心理治療施設（73条）
  医師，心理療法を担当する職員，児童指導員，保育士，看護師，個別対応職員，家庭支援専門相談員，栄養士，調理員
  児童指導員及び保育士の総数は通じて児童4.5人に1人以上

- 児童自立支援施設（80条）
  児童自立支援専門員，児童生活支援員（保育士有資格者他），嘱託医および精神科医師または嘱託医，個別対応職員，家庭支援専門相談員，栄養士，調理員
  児童自立支援専門員及び児童生活支援員の総数は，通じて児童4.5人に1人以上

- 児童家庭支援センター（88条の3）
  児童福祉法44条の2の1項に規定する業務（支援）を担当する職員。法13条第2項各号の児童福祉司任用資格に該当する者

  ＊職員配置数の「児童○人に対して1人以上」はすべて"おおむね"である。その他詳細については，基準そのものをみてほしい。

　設備や運営の基準は，施設を利用しあるいは里親家庭で生活する子どもたちの心身の発達に必要な生活水準を確保するものであり，施設の設置者および里親はこの基準を遵守しなければならない。そして，後にとりあげる児童福祉施設の費用保障は，基準の維持に必要な費用が算定の基礎となり，児童福祉施設の実際の運営を条件づける重要な意味をもっている。また，児童福祉法46条では，都道府県知事に，児童福祉施設及び里親に対する監督規定を定めている。ここでは，定められた基準に達していないなどの場合の改善勧告や改善命令について定め，基準に達せず，児童福祉に著しく有害と認められるような場合には，都道府県児童福祉審議会の意見を聴いた上で，事業停止命令をだす権限を規定している。

④　児童福祉の事業

　児童福祉法に定められ，国からの補助金の対象となる事業は現在14種ある。それぞれの定義は，児童福祉法6条の3に示されている。

① 児童自立生活援助事業
　児童養護施設等の措置を解除された満20歳未満の義務教育終了児童等が，共同生活を営む住居（自立援助ホーム）における相談，日常生活上の援助，生活指導を行う。20歳に達するまで児童自立生活援助が行われていた大学の学生等は，22歳に達する日の属する年度の末日まで援助の対象となる。
② 放課後児童健全育成事業
　小学校就学児童で，保護者が労働等により昼間家庭にいないものに，授業終了後に児童厚生施設等を利用して，適切な遊び及び生活の場を与えて，その健全な育成を図る事業。
③ 子育て短期支援事業
　保護者の疾病等により家庭での養育が一時的に困難となった児童について，児童養護施設その他の施設に入所させ保護する事業。
④ 乳児家庭全戸訪問事業
　市町村（特別区を含む）の区域内のすべての乳児のいる家庭を訪問し，子育てに関する情報の提供，乳児とその保護者の心身の状況および養育環境を把握し，相談，助言，その他の援助を行う事業。

児童自立生活援助事業：2016年の児童福祉法改正で大学卒業までを事業の対象とすることとなった。

特別区：東京都の23区。特別地方公共団体の一種。原則として市と同じ扱いを受ける。"区市町村"という場合の"区"は，特別区のこと。単に「市町村」とされていても特別区が含まれている。

⑤　養育支援訪問事業
　　　乳児家庭全戸訪問事業その他により把握した要支援児童若しくは保護者に監護させることが不適当であると認められる児童，および出産後の養育について支援を行うことが特に必要と認められる妊婦について，要支援児童等の居宅において，養育の相談，指導，その他必要な支援を行う事業。

⑥　地域子育て支援拠点事業
　　　乳児又は幼児及びその保護者が相互の交流を行う場所を開設し，子育てについての相談，情報の提供，助言その他の援助を行う事業。

⑦　一時預かり事業
　　　家庭において保育を受けることが一時的に困難となった乳児又は幼児について，主として昼間，保育所，認定こども園その他の場所で一時的に預かり，必要な保護を行う事業。

⑧　小規模住居型児童養育事業
　　　要保護児童の養育に関し相当の経験を有する者の住居において，要保護児童の養育を行う事業。

⑨　家庭的保育事業
　　　一　保育を必要とする乳児・幼児であって満三歳未満のものについて，家庭的保育者（区市町村長が行う研修を修了した保育士その他の者で，区市町村長が適当と認める者）の居宅その他の場所で，家庭的保育者による保育を行う事業（利用定員は5人以下）。
　　　二　地域の事情を勘案し，保育を必要とする満三歳以上のものについて，家庭的保育者による保育を行う事業。

⑩　小規模保育事業
　　　一　保育を必要とする乳児・幼児であって満三歳未満のものについて，保育を目的とする施設（利用定員は6人以上19人以下）において，保育を行う事業。
　　　二　地域の事情を勘案し，保育を必要とする満三歳以上のものについて，「一」に規定する施設において保育を行う事業。

⑪　居宅訪問型保育事業
　　　一　保育を必要とする乳児・幼児であって満三歳未満のものについて，当該乳児・幼児の居宅において家庭的保育者による保育を行う事業。
　　　二　地域の事情を勘案し，保育を必要とする満三歳以上のものについて，当該児童の居宅において家庭的保育者による保育を行う事業。

⑫　事業所内保育事業
　　　一　保育を必要とする乳児・幼児であって満三歳未満のものについて，事業主，事業主団体，共済組合等が，雇用する労働者，組合構成員の乳児，幼児を対象に，自ら設置する施設，あるいは委託をうけて保育を実施する施設において，保育を行う事業。
　　　二　地域の事情を勘案し，保育を必要とする満三歳以上のものについて，「一」に規定する施設において，保育を行う事業。

⑬　病児保育事業
　　　保育を必要とする乳児・幼児又は保護者の労働，疾病その他の事由により家庭において保育を受けることが困難となった小学校就学児童であって疾病にかかっているものについて，保育所，認定こども園，病院，診療所その他において保育を行う事業。

⑭　子育て援助活動支援事業
　　　次に掲げる援助のいずれか又は全てを受けることを希望する者と，援助希望者（個人に限る）との連絡，調整，援助希望者への講習の実施その他必要な支援を行う事業。
　　　一　児童を一時的に預かり，必要な保護（宿泊を含む）を行うこと。
　　　二　児童が円滑に外出することができるよう，その移動を支援すること。

●ワーク6−1

●自分が住む区市町村について，市町村，区内にある児童福祉施設，事業について調べてみよう

3　児童福祉の機関と児童福祉実施のしくみ

❶　国及び地方公共団体の責務

　2016年の児童福祉法改正で，国及び地方公共団体の責務についての条文が加わった。まず，国及び地方公共団体の責務として，すべての子どもに家庭的養育環境を保障することがうたわれた（第3条の2）。次に，市町村，都道府県，国それぞれの役割と関係が次のように規定された。

> 第3条の3　市町村（特別区を含む。以下同じ。）は，児童が心身ともに健やかに育成されるよう，基礎的な地方公共団体として，〈中略〉この法律に基づく児童の身近な場所における児童の福祉に関する支援に係る業務を適切に行わなければならない。
> ②　都道府県は，市町村の行うこの法律に基づく児童の福祉に関する業務が適正かつ円滑に行われるよう，市町村に対する必要な助言及び適切な援助を行うとともに，児童が心身ともに健やかに育成されるよう，専門的な知識及び技術並びに各市町村の区域を超えた広域的な対応が必要な業務として，〈中略〉この法律に基づく児童の福祉に関する業務を適切に行わなければならない。
> ③　国は，市町村及び都道府県の行うこの法律に基づく児童の福祉に関する業務が適正かつ円滑に行われるよう，児童が適切に養育される体制の確保に関する施策，市町村及び都道府県に対する助言及び情報の提供その他の必要な各般の措置を講じなければならない。

　すなわち，市町村（特別区を含む）は基礎的な地方公共団体として，身近な場所における支援を行い，都道県は市町村の業務にたいする必要な助言・援助を行うとともに，専門的な知識，技術，広域的な対応が必要な業務を行う。国は市町村及び都道府県の業務が適正，円滑に行われるような施策や，助言及び情報の提供等を行う，とされる。市町村，都道府県の業務の内容については法10，11条で規定しており，❷で述べる。

❷　児童福祉の機関

　児童福祉法は，法の施行（児童福祉の実施）について各機関の業務をおよそ次のように規定している。

● 市町村の業務（10条）
　　児童及び妊産婦の福祉に関する実情の把握，情報の提供，家庭からの相談に応じ調査，指導を行い，また必要な支援を行う。これらに当たり，必要に応じ，児童相談所の援助・助言を求め，判定を求める。

● 都道府県の業務（11条）
　　①市町村の業務の実施に関し，必要な援助を行う。
　　②児童及び妊産婦の福祉に関し，イ，市町村の区域を超えた広域的な見地から実情の把握に努める。ロ，児童に関する家庭その他からの相談のうち，専門的な知識，技術を必要とするものに応じる。ハ，児童とその家庭について，調査，判定を行う。ニ，調査，判定に基づいて児童およびその保護者に対して専門的な指導を行う。ホ，児童の一時保護を行う。ヘ，児童の権利の保護の観点から，一時保護解除後の環境の調整，児童の安全を確保。ト，里親に関する普及啓発，里親への援助，里親の選定などの業務を行う。チ，養子縁組に関する者についての援助を行う。
　　③児童及び妊産婦の福祉に関し，広域的な対応が必要な業務，専門的な知識及び技術を必要とする支援を行う。

● 児童相談所（12条）
　　都道府県が設置し，児童の福祉に関する都道府県の業務（前条の①，②のロ〜チ及び③），並びに障害者総合支援法に規定された業務を行う。

● 児童福祉司（13条）
　　都道府県により，児童相談所に都道府県知事の補助機関である職員としておかれる。児童相談所長の命を受けて，児童の保護その他児童の福祉に関して，相談に応じ，専門的技術に基づいて指導を行う。

● 福祉事務所
　　市町村（都道府県）の設置する福祉事務所は，児童福祉法に定める事務のうち市町村（都道府県）が処理するとされているものをつかさどる。（社会福祉法14条）

● 保健所（12条の6）
　　児童福祉法の施行に関し，次の業務を行う。①児童の保健について衛生知識の普及，②児童の健康相談，健康診査，保健指導，③身体に障害のある児童，疾病により長期療養を必要とする児童の療育についての指導，④児童福祉施設に対し，栄養，衛生について助言を与える。

● 児童委員（16，17，18条）
　　市町村の区域に置かれ，民生委員法の民生委員（都道府県知事の推薦により，厚生労働大臣が委嘱）が充てられる。厚生労働大臣は，児童委員のうちから主任児童委員を指名する。
　　児童委員の職務は，児童及び妊産婦について，その生活および環境の状況を把握すること，保護，保健その他の福祉に関し，情報の提供，援助，指導を行うこと，福祉事業経営者などと連携し，事業や活動を支援すること，児童福祉司又は福祉事務所の社会福祉主事の行う職務に協力することなど。主任児童委員は，児童委員の職務について児童の福祉に関する機関と児童委員との連絡調整，児童委員の活動に対する援助，協力を行う。
　　児童委員は担当区域内の児童又は妊産婦について，児童相談所長又は市町村長に状況を通知し，意見を述べる。

● 児童福祉審議会等（8条）
　　都道府県に児童福祉に関する審議会その他の合議制の機関を置く。調査・審議の事項は，児童及び知的障害者の福祉を図るため，芸能，出版物等を推薦する（8条9項），都道府県知事が要保護児童についての措置をとる等の場合意見を聴く（27条6項），都道府県知事は，審議会の意見を聴き，設備や運営が最低基準に達しないなどの場合，児童福祉施設の設置者に対し，事業の停止を命ずることができる（46条4項），都道府県知事は，認可外施設について審議会の意見を聴き，事業の停止，施設の閉鎖を命ずることができる（59条5項），等。

❸　児童福祉実施のしくみ

　児童福祉法第2章「福祉の保障」において，それぞれのサービスごとに，上記の諸機関や機関の長，その他が，どのような関係をもって実施するかについて規定している。ここでは，そのうち保育の実施および，要保護児童の保護のしくみを具体例としてみておきたい。

Ⓐ　保育の実施

　子ども・子育て支援法（以下，「支援法」と略記）による新制度（2015年実施）では，児童福祉法39条の保育所の目的は「保育を必要とする乳児・幼児を日々保護者の下から通わせて保育を行うことを目的とする施設」となり，長らく使用されてきた「保育に欠ける」という用語がなくなった。

　子ども・子育て支援法の支援制度は，複雑で解りにくいが，まず「子ども・子育て支援給付」として「子どものための現金給付」，「子どものための教育・保育給付」および，2019年の法改正で加えられた「子育てのための施設等利用給付」がある。（支援法8条）現金給付は児童手当法による児童手当の支給である。教育・保育給付として施設型給付（保育所，幼稚園，認定こども園），地域型保育給付（家庭的保育，小規模保育，居宅訪問型保育及び事業所内保育）がある。

　教育・保育給付をうける，つまり保育所等を利用するためには，保護者は市町村に申請し，給付を受ける資格があることと，以下の三区分について認定を受けなければならない。支給認定証には区分と保育必要量が記載される。（支援法19，20条）

区分1　満三歳以上の小学校就学前子ども（区分2該当子どもを除く）（1号認定こども）

区分2　満三歳以上の小学校就学前子どもであって，家庭において必要な保育を受けることが困難であるもの（2号認定こども）

区分3　満三歳未満の小学校就学前子どもであって，家庭において必要な保育を受けることが困難であるもの（3号認定こども）

　保育を必要とする子ども（区分2，3の認定を受けた子ども）の保育に関する市町村の責務については，新制度の児童福祉法で次のように改められた。

> 児童福祉法24条1項
> 　市町村は，この法律及び子ども・子育て支援法の定めるところにより，保護者の労働又は疾病その他の事由により，その監護すべき乳児，幼児その他の児童について保育を必要とする場合において，次項に定めるところによるほか，当該児童を保育所（中略）において保育しなければならない。

24 条は，続いて 2 ～ 7 項で，市町村が保育を必要とする子どもについて，認定こども園や家庭的保育事業等の利用の便宜をはかることについて定めている。

支援法施行により，保育は児童福祉法と支援法の二法の定めによる複雑なしくみとなった。制度の内容を法令に基づき基本的なところで理解しておくことが必要である。ここではそのために支援法による給付の種類としくみを整理しておきたい。

●施設型教育・保育給付

まず，保育所，認定子ども園，幼稚園が対象となる「施設型教育・保育給付」についてみておこう。

支援法 27 条 1 項では　市町村は，教育・保育給府認定子どもが，教育・保育給付認定の有効期間内において，市町村長（特別区の区長を含む）が施設型給付費の支給に係る施設として確認する教育・保育施設（特定教育・保育施設）から当該確認に係る教育・保育（中略）を受けたときは，内閣府令で定めるところにより，当該教育・保育給付認定子どもに係る教育・保育給付認定保護者に対し，当該特定教育・保育に要した費用について施設型給付費を支給する，とある。

支援法 27 条 3 項によれば，施設型給付の額は，① 小学校就学前子どもの区分，保育必要量，当該特定教育・保育施設の所在する地域等を勘案して算定される内閣総理大臣が定める基準により算定した費用の額（公定価格）から，② 政令で定める額を限度として，当該教育・保育給付認定保護者の属する世帯の所得の状況その他の事情を勘案して市町村が定める額（利用者負担額＝保育料）を控除して得た額である。

②の「政令」は支援法施行令（2019 年 5 月 31 日政令 17 号）であり，その 4 条 1 項には，教育・保育給付認定子どものうち，「満 3 歳以上教育・保育給付認定子ども」に係る教育・保育給付認定保護者についての「政令で定める額は，零とする」とある。つまり，3 歳以上は利用者負担ゼロとしている。

図 6 ― 1
施設型給付実施のしくみ
（保育所）

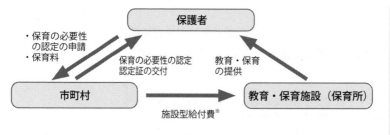

施行令 4 条 2 項は満 3 歳未満保育認定子どもに係わる利用者負担額を最高額 10 万 4 千円から所得段階別に示し，住民税非課税世帯についてのみ「零」としている。

以下にみていく地域型保育給付も，施設等利用給付も「無償化」の対象は3歳以上であり，3歳未満児の無償化は住民税非課税世帯に限定されている。

　図6-1は施設型給付（保育所）の仕組みである。「施設型給付費」について支援法27条1項は保護者に支給されるとしているが，実際には，市町村が施設に支払う「法定代理受領」となっている。また，保護者からの保育料の徴収は市町村が行う。

●地域型保育給付

「地域型保育給付」（家庭的保育，小規模保育，居宅訪問型保育，事業所内保育）については支援法29条1項で，市町村は，満3歳未満保育認定子どもが，教育・保育給付認定の有効期間内において，市町村長が地域型保育給付費の支給に係る事業を行う者として確認する地域型保育を行う事業者（特定地域型保育事業者）から当該確認に係る地域型保育（特定地域型保育）を受けたときは，内閣府令で定めるところにより，当該満3歳未満保育認定子どもに係る教育・保育給付認定保護者に対し，当該特定地域型保育に要した費用について，地域型保育給付費を支給する，とある。

　29条3項では，地域型保育給付費の額は，① 地域型保育の種類ごとに，保育必要量，当該地域型保育の種類に係る特定地域型保育の事業を行う事業所の所在する地域等を勘案して算定される当該特定地域型保育に通常要する費用の額を勘案して内閣総理大臣が定める基準により算定した費用の額（公定価格）から，② 政令で定める額を限度として当該教育・保育給付認定保護者の属する世帯の所得の状況その他を勘案して市町村が定める額（利用者負担額＝保育料）を控除して得た額である。

　②の「政令」は支援法施行令であり，その9条には，施行令4条2項で定める額を準用するとある。地域型保育給付は3歳未満児を対象としており，利用者負担は基本的には従来とかわりなく，住民税非課税世帯のみ「零」である。

　図6-2は地域型保育給付の仕組みである。地域型給付費は市町村が事業所に支払う法定代理受領である。保育料は保護者が事業所に支払う。

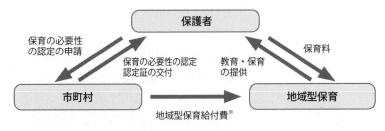

図6-2
地域型給付実施のしくみ

●子育てのための施設等利用給付

　子育てのための施設等利用給付は，2019年の支援法改正で加わった制度

である。支援法30条の4では，子育てのための施設等利用給付は，① 満3歳以上の小学校就学前のこども（②，③に該当するものを除く），② 満3歳に達し最初の3月31日以降の保育を必要とする子ども，③ 満3歳に達し最初の3月31日までの間にある子どもであり，保育を必要とする子どものうち住民税非課税世帯の子ども，の保護者に対しその子どもの特定子ども・子育て支援の利用について行う，とする。

上記区分①～③の子どもの保護者は，子育てのための施設等利用給付を受けようとするときは，市町村に対し申請し「施設等利用給付認定」を受ける。（支援法30条の5，支援法施行規則28条の3）

具体的にはどのような施設・事業が対象となるのか，支援法30条の11第1項は次のように定めている，

市町村は，施設等利用給付認定子どもが，施設等利用給付認定の有効期間内において，市町村長が施設等利用費の支給に係る施設又は事業として確認する子ども・子育て支援施設等（特定子ども・子育て支援施設等）から，当該確認に係る教育・保育その他の子ども・子育て支援（特定子ども・子育て支援）を受けたときは内閣府令で定めるところにより，施設等利用給付認定保護者に対し，当該特定子ども・子育て支援に要した費用について，施設等利用費を支給する。

子ども・子育て支援施設等として，① 認定こども園，② 幼稚園又は特別支援学校，③ 支援法7条10項の4～8号に掲げる施設等，が示されている。③の施設等は，以下の通りである。

- 7条10項4は，児童福祉法59条の2第1項に規定する施設（児童福祉法6条の3第9項から12項までに規定する業務〈家庭的保育，小規模保育，居宅訪問型保育，事業所内保育〉，または39条1項に規定する業務〈保育〉を目的とする施設であって，都道府あるいは市町村からの認可を受けていない），つまり認可外の施設であるが，内閣府令（支援法施行規則1条の1）で定める基準を満たすものである。
- 7条10項4のハは，仕事と子育て両立支援事業として，支援法59条の2の1項に規定される施設（企業主導型保育事業）であると，政令（支援法施行令1条）において定められた。
- 7条10項5は，認定こども園，幼稚園，特別支援学校で，これらの施設等の在籍児で1日当たりの時間及び期間の範囲外で家庭において保育をうけることが一時的に困難となったこどもに行われるものを提供する事業で，支援法施行規則1条の2で定める基準をみたすもの。（預かり保育）
- 7条10項6は，児童福祉法6条の3第7項に規定する「一時預かり事業」である。

- 7条10項7は，児童福祉法6条の3第13項に規定する「病児保育事業」のうち，支援法施行規則1条の3で定める基準を満たすもの
- 7条10項8は，児童福祉法6条の3第14項に規定する「子育て援助活動支援事業」（ファミリーサポートセンター）で，支援法施行規則1条の4で定める基準を満たすもの

　このように「子育てのための施設等」として，指導監督基準を満たしていない認可外施設や，問題が指摘されてきた企業主導型保育施設も容認され，無償化の対象とされた。保育の質を軽視し，こどもの健やかな成長を阻むものとなるのではないかという危惧が，2019年の改正法案の国会審議のなかでも野党議員から示されている。今後も，施設の条件改善など実施状況を注視していく必要がある。

図6−3
施設等利用給付実施のしくみ

　図6−3は施設等利用給付の仕組みである。

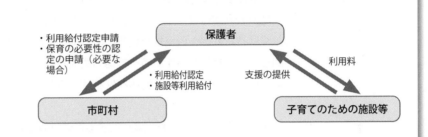

B　要保護児童の保護

　要保護児童とは先にみたように「保護者がない児童または保護者に監護させることが不適当であると認められる児童」であるが，この場合は保護者からの分離を行うこともある。保護のあり方が子どもの人権にかかわるものであり，とりわけ迅速かつ慎重な対応が必要とされる。

図6−4
要保護児童の保護のしくみ

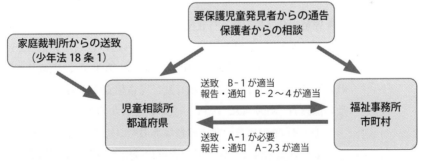

A　都道府県／児童相談所が実施
1　法27条の措置
　①　児童または保護者への訓戒，誓約書を提出させる。
　②　児童または保護者を児童福祉司または児童委員が指導する，または児童家庭支援センター等に指導委託する。
　③　小規模住居型児童養育事業，里親への委託，乳児院，児童養護施設，知的障害児施設等への入所
　④　家庭裁判所の審判に付することが適当である場合，家庭裁判所に送致。
2　その他
　児童自立生活援助の実施（義務教育終了児童）
3　児童虐待の防止等に関する法律による
　一時保護，出頭要求，立ち入り調査等の実施

B　市町村／福祉事務所が実施
1　福祉事務所の知的障害者福祉司又は社会福祉主事が指導する
2　障害福祉サービス（法21条の6）の提供又は提供委託
3　保育の実施
4　子育て短期支援事業，養育支援訪問事業の実施

注：都道府県と児童相談所，市町村と福祉事務所の関係については，煩雑さを避け，本図では一体のものとして示した。（町村の場合は，福祉事務所が設置されていない場合が多い）

25条の通告は守秘義務に優先：この規定は2016年の児童福祉法改正で付け加えられた。

●要保護児童発見者の通告義務　（25条）

要保護児童を発見した者は，福祉事務所か児童相談所に直接，あるいは児童委員を介して通告しなければならない，とある。これは児童福祉法2条に掲げられたすべての者が，児童の健やかな育成に努めなければならないという理念を実行する具体的な行為のひとつである。自分の子どもの育成に責任をもつだけではなく，例えば棄て児を発見したら，あるいは虐待されている子どもに気づいたら，見て見ぬふりをするのではなく，その子どもの福祉のために，しかるべき機関に連絡しなければならない，ということである。守秘義務の法律規定は通告を妨げるものではない。

●要保護児童対策地域協議会（25条の2）

地方公共団体は，単独で又は共同して，要保護児童の保護，要支援児童若しくは特定妊婦への支援を図るため，関係機関，関係団体及び児童の福祉に関連する職務に従事する者その他の関係者により構成される要保護児童対策地域協議会を置くように努めなければならない。

●通告や相談を受けた児童に対する市町村の措置　（25条の7）

市町村は相談を受けたり通告のあった要保護児童等に対する支援の実施状況を把握し，必要があるときは児童相談所に送致する。市町村の設置する福祉事務所の知的障害者福祉司または社会福祉主事に指導させる。児童自立生活援助の実施が適当である児童については，都道府県知事に報告する。児童虐待の防止等に関する法律の規定による調査，保護等が必要な時は，都道府県知事または児童相談所長に通知する。

●児童相談所長の採るべき措置　（26条）

25条の通告を受けた児童，市町村から送致された児童（25条の7），警察官から送致された児童（少年法6条の6第1項），家庭裁判所から送致された児童（少年法18条第1項），及び児童相談所において相談に応じた児童，その保護者，妊産婦について，次のいずれかの措置をとる。

① 　27条の措置を要する者は都道府県知事に報告する。
② 　児童又はその保護者を児童相談所その他の関係機関もしくは関係団体の事業所等に通わせ，又は児童，保護者の住所，居所において，児童福祉司もしくは児童委員に指導させる。又は児童家庭支援センター等に指導を委託する。
③ 　児童及び妊産婦の福祉に関し，情報を提供，専門的な知識及び技術を要するものを除く相談，調査，指導その他の支援を行うことを要する者は市町村に送致する。

④　福祉事務所の措置が適当であるばあいは福祉事務所に送致する。

⑤　保育の実施等が適当である場合は，それに係わる都道府県又は市町村の長に報告または通知する。

⑥　児童自立生活援助の実施が適当である場合は，都道府県知事に報告する。

⑦　21 条の 6 の規定による措置（障害福祉サービス）が適当である場合は，その措置に係わる市町村の長に報告または通知する。

⑧　放課後児童健全育成事業，子育て短期支援事業，養育支援訪問事業，地域子育て支援拠点事業，子育て援助活動支援事業，子ども・子育て支援法 59 条第 1 号に掲げる事業，その他市町村が実施する事業の実施が適当である場合は，その事業の実施に係る市町村の長に通知する。

●都道府県の採るべき措置　（27 条）

児童相談所長から 27 条の措置を要するとして報告のあった児童，少年法 18 条 2 項の規定による送致のあった児童について次のいずれかの措置をとる。これらの措置は，実際には知事の権限を委任された児童相談所長が行っている。

①　児童又はその保護者に訓戒を加え，誓約書を提出させる。

②　児童又はその保護者を児童福祉司，知的障害者福祉司，社会福祉主事，児童委員若しくは当該都道府県が設置する児童家庭支援センター若しくは相談支援事業に係わる職員に指導させる。又は当該都道府県以外の者が設置する児童家庭支援センター若しくは相談支援事業を行う者に指導を委託する。

③　児童を小規模住居型児童養育事業を行う者もしくは里親に委託し，又は乳児院，児童養護施設，知的障害児施設，知的障害児通園施設，盲ろうあ児施設，肢体不自由児施設，重症心身障害児施設，児童心理治療施設，児童自立支援施設に入所させる。

④　家庭裁判所の審判に付することが適当であると認める児童は，家庭裁判所に送致する。

●ワーク 6 − 2

●児童福祉法 25 条には，要保護児童を発見した場合，児童相談所，福祉事務所に直接，あるいは児童委員を介して通告しなければならない，とある。しかし，自分の地域のこれらの機関がどこにあるのか，知っている人はむしろ少ない。児童福祉の実際的勉強の一つとして，自分が住む地域を管轄する児童相談所，福祉事務所の名称，所在地，区域の児童委員，主任児童委員の氏名を調べてみよう。

4 児童福祉の財政

児童福祉を実際を支えるのは財政である。ここでは，児童福祉法と子ども・子育て支援法により実施される保育等の費用がどのように定められ，国・都道府県・市町村と保護者がそれをどのように負担するのか，制度のしくみを整理する。

❶ 児童福祉法における公費支出の規定

まず，国，都道府県，市町村がそれぞれ，支弁（支払い）の責任をもつ児童福祉サービスが明らかにされている。

例えば，国は要保護児童のうち国立施設に入所させた児童の保護に要する費用を支弁（49条の2）する。都道府県は，要保護児童の保護措置として児童養護施設等に入所させた児童の保護に要する費用等を支弁する（50条）。市町村は，私立保育所における保育の実施に要する費用等を支弁する（51条）等。

なお，児童福祉施設入所児の保護，保育に必要な費用とは，児童福祉施設の設備及び運営に関する基準を維持するために要する費用であり，国により毎年その基準額が算定されている。

次に，都道府県，市町村が支弁する経費に対して，国，都道府県の義務負担が定められているものがある。例えば，都道府県が支弁する児童養護施設などの入所にかかわる費用の，二分の一を国庫が負担する（53条）。市町村が支弁する私立保育所における保育の費用について，国庫がその二分の一，都道府県がその四分の一を負担する（53条，55条）。

❷ 児童福祉法における利用者からの費用徴収

以上のように，児童福祉サービスは公費負担が前提とされているが，利用者からの費用徴収もできることになっている。

例えば，児童養護施設等に入所させ，費用を支弁した都道府県は「本人又はその扶養義務者から，その負担能力に応じ，その費用の全部又は一部を徴収することができる」（56条②），保育所の保育費用を支弁した市町村は「本人又はその扶養義務者から，当該保育費用をこれらの者から徴収した場合における家計に与える影響を考慮して保育の実施に係る児童の年齢等に応じて定める額を徴収することができる」（56条③）とある。

❸ 子ども・子育て支援法における費用のしくみ

子ども・子育て支援新制度は，社会全体で子ども・子育てを支えるという

考え方のもと，様々な支援の費用のしくみを一本化し，市町村が実施する，というものである。一般事業主は拠出金納付が義務づけられ，これは児童手当等の財源に充てられる。

　支援法6章は費用について，国，都道府県，市町村それぞれの支弁や負担，事業主からの拠出金などについて定めている。その内容は内閣府の説明資料に基づく表6－4，図6－5を参照していただきたい。

●子ども・子育て支援給付

●児童手当等交付金

児童手当法等に基づく児童手当，特例給付の給付

【国：2/3　都道府県：1/6　市町村：1/6 等】

●子どものための教育・保育給付

支給認定を受けた小学校就学前の子どもが，認定こども園，幼稚園，保育所等において特定教育・保育などを受けた場合の給付等

【国：1/2，都道府県：1/4，市町村：1/4 等】

- 施設型給付費……幼稚園，保育所，認定こども園
  ＊公立幼稚園/保育所は市町村 10/10
- 地域型保育給付費……家庭的保育，小規模保育，居宅訪問型保育，事業所内保育

●子育てのための施設等利用給付

支給認定を受けた子どもが，子育て支援施設等で支援を受けた場合の利用料の給付

【国：1/2，都道府県：1/4，市町村：1/4】

●その他の支援

●地域子ども・子育て支援事業

「市町村子ども・子育て支援事業計画」に基づいて実施される利用者支援事業，放課後児童健全育成事業，一事預かり事業等の地域子ども・子育て支援事業

【国：1/3，都道府県：1/3，市町村：1/3】

●仕事・子育て両立支援事業

- 企業主導型保育事業　【国 10/10】
- 企業主導型ベビーシッター利用者支援事業　【国 10/10】

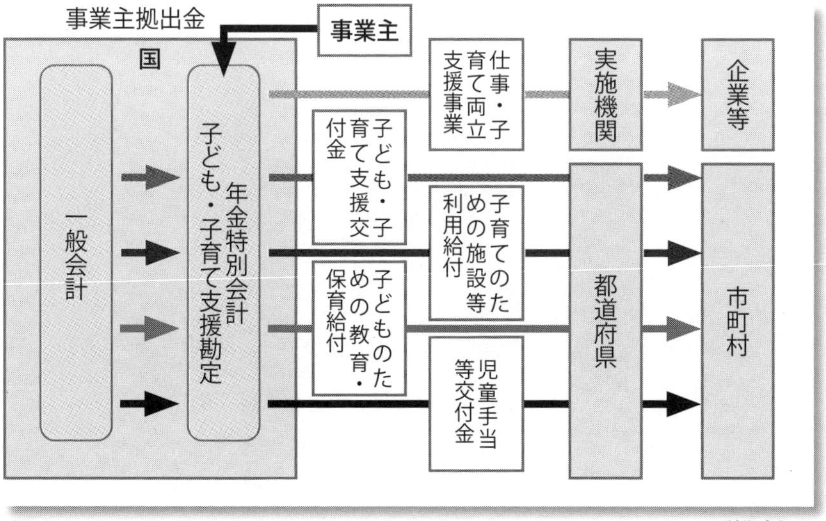

表6－4
子ども・子育て支援新制度給付・事業の全体像

（内閣府子ども・子育て本部「令和2年度における子ども・子育て支援新制度に関する予算案の状況について」2020〈令2〉所収の「子ども・子育て支援新制度の給付・事業の全体像」を一部修正して作成）（https://www8.cao.go.jp/shoushi/shinseido/administer/setsumeikai/r020221/pdf/s1-1.pdf）2022/12/05 閲覧

図6－5
国から市町村への資金交付のイメージ

（内閣府子ども・子育て本部「令和2年度における子ども・子育て支援新制度に関する予算案の状況について」2020〈令2〉所収の「国から市町村への資金交付のイメージ」により作成

（松本）

第7章

保　　育

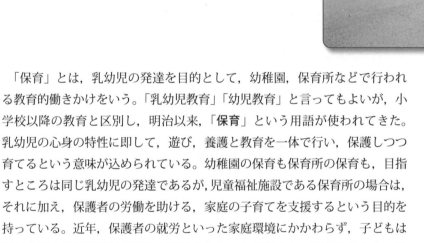

　「保育」とは，乳幼児の発達を目的として，幼稚園，保育所などで行われる教育的働きかけをいう。「乳幼児教育」「幼児教育」と言ってもよいが，小学校以降の教育と区別し，明治以来，**「保育」**という用語が使われてきた。乳幼児の心身の特性に即して，遊び，養護と教育を一体で行い，保護しつつ育てるという意味が込められている。幼稚園の保育も保育所の保育も，目指すところは同じ乳幼児の発達であるが，児童福祉施設である保育所の場合は，それに加え，保護者の労働を助ける，家庭の子育てを支援するという目的を持っている。近年，保護者の就労といった家庭環境にかかわらず，子どもは同じ内容の幼児教育及び保育を受けられることが望ましい等の考えから，幼稚園と保育所の「幼保一元化」が提唱され，すべての子どもがどこに生まれても質の確保された幼児教育や保育が受けられるよう，幼児教育，保育の総合的な提供（幼保一体化）を含めて，子どもや子育て家庭の視点に立った制度改革を進めることなどについての議論がなされてきた。

　2012年8月「子ども・子育て支援法」が成立し，それに関連して児童福祉法改正，就学前の子どもに関する教育，保育等の総合的な提供の推進に関する法律（認定こども園法）改正が成立した（2015年施行）。2019年の子ども・子育て支援法改正により，満3歳以上について保育・教育の"無償化"が行われた。幼稚園，保育所，認定子ども園その他〈全て〉といってよい保育施設・事業を対象とした「保護者の経済的負担の軽減」（改正で支援法第

保育：明治以来，幼稚園における活動は「保育」と呼ばれてきた（例えば，1899年文部省令「幼稚園保育及び設備規程」）。現行の学校教育法22条における幼稚園の目的規定も「幼稚園は……幼児を保育し，幼児の健やかな成長のために適当な環境を与えて，その心身の発達を助長することを目的とする」とある。

２条に加えられた文言）の実施である。しかし，深刻な３歳未満児の保育の不足・経済的負担についての対応はなかった。また，この時の改正で「子育てのための施設等利用給付」が制度化され，幼稚園等の預かり保育，病児保育等について保護者への利用費給付が実施されるようになったが，認可外施設や問題が指摘されている企業主導型保育も支給対象となり，保育の質を低いままに認めることが，かけがえのない成長・発達の時期をすごす子どもの利益に反するのではないかという危惧もある（詳細は６章③）。本章では，児童福祉分野における保育の実施状況，子ども・子育て支援制度に基づき法定化された事業，児童福祉施設に追加された幼保連携型認定こども園やそれ以外の３つの認定こども園，その他の保育サービスをについて述べる。

1 保育をめぐる状況

　今日の社会における家族のあり方は，都市化，核家族化などを背景として様々に変化してきている。女性の高学歴化，それに伴う社会進出の拡大，ひとり親の増加など保護者が求める保育の需要状況は変わってきた。これらについては，第２章の③子育てをめぐる問題で子育てに悩む親の現状，就労と子育ての両立の困難，ひとり親の問題について詳しく述べているので参照してほしい。

　保育制度については，わが国では，就学前の子どもたちを保育する施設として，保育所と幼稚園が併存し，それぞれ法令や所轄官庁，目的など異なる形態で存続してきた。幼稚園・保育所制度がスタートした終戦直後から，すべての子どもに差別のない保育を保障することを理念として，制度の一元化を求める声があったが，二元体制は続いてきた。近年では保育所・幼稚園とも普及がすすみ，小学校入学前にほとんどの児童が，保育所，幼稚園のいずれかの保育を受けるという状況になった。

　しかし，1990年代に入ると少子化の影響を受け，幼稚園の園児の減少が進んだ。それを背景に，従来とは異なる経済合理性の視点から，幼保の一元化が主張されるようになり，幼稚園・保育所の共用化，一体化が政策として考えられるようになっていった。1998年に「幼稚園と保育所の施設の共用化等に関する指針」（2005年に改訂）が出され，幼稚園・保育所の共用化，一体的運営に関する方針が打ち出された。政府は，「骨太方針2003」に「就学前の教育・保育を一体として捉えた一貫した総合施設」という提案を盛り込んだ。

　また，以前から多くの幼稚園で“預かり保育”が行われていたが，1998年に改訂告示された「幼稚園教育要領」において，護者の希望に応じて，4時間を標準とする幼稚園の教育時間の前後や土曜・日曜，長期休業期間中に，

幼稚園において「預かり保育」教育活動が初めて位置付けられた。 幼稚園教育要領上では，「教育課程に係る教育時間の終了後に希望する者を対象に行う教育活動」と表現されている。「預かり保育」のニーズの背景には，少子化，都市化で子どもが同年代，異年齢の仲間と遊ぶ場・機会が減少していることや，核家族化や男女共同参画社会の進展によって親からの託児ニーズが増加していることがあげられる。近年は，政府の少子化社会対策の中で，待機児童解消策の一環として推進されてきた側面もあった。

　2010年には，少子化対策から子ども・子育て支援へと考え方を転換した「子ども・子育てビジョン」が策定され，さらに幼保一体化を含む新たな次世代育成支援のための包括的・一元的なシステムの構築について検討を行う「子ども・子育て新システム検討会議」が設置され，長い議論がなされた。その結果，2012年，子ども・子育て支援制度が成立し，2015年から新たなシステムが始まった。

2　子ども・子育て支援制度

1　子ども子育て支援制度の成立と意義

　子ども・子育て支援法は第一条で「この法律は，我が国における急速な少子化の進行並びに家庭及び地域を取り巻く環境の変化に鑑み，児童福祉法その他の子どもに関する法律による施策と相まって，子ども・子育て支援給付その他の子ども及び子どもを養育している者に必要な支援を行い，もって一人一人の子どもが健やかに成長することができる社会の実現に寄与することを目的とする」とうたっている。

　「子ども・子育て支援制度」は，この子ども・子育て支援法と関連する児童福祉法，認定こども園法等に基づく制度のことをいう。

2　子ども子育て支援給付

　本制度により，子育てに関するさまざまな社会資源をできる限り一元化してまとめ，保育・子育て支援サービスを中心に給付する仕組みが創設された。給付は，「子ども・子育て支援給付」として，子どものための「現金給付」（児童手当）と，「子どものための教育・保育給付」が提供されることになった。2019年の改正で「子育てのための施設等利用給付」が加わった。「子どものための教育・保育給付」は，保育所，幼稚園，認定こども園を提供する「施設型給付」と，都市部における待機児童解消とともに，子どもの数が減少傾向にある地域における保育機能を確保するための「地域型保育給付」の家庭的保育，小規模保育，居宅訪問型保育，事業所内保育に分けられる（図7－1）。

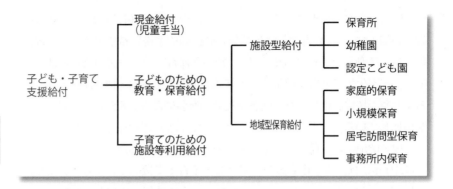

図7－1
子ども子育て支援給付の
体系

3　教育・保育給付の利用

　では，保護者が教育・保育給付を受けて，子どもを保育所や認定こども園，幼稚園にいれる，あるいは家庭的保育などを利用するためにはどうしたらよいだろうか。

1　利用のための認定区分

　保育の必要性の認定は，1号認定（教育標準時間認定：満3歳以上で学校教育のみ利用），2号認定（満3歳以上の保育認定），3号認定（満3歳未満の保育認定）の3つに区分された。認定されると支給認定証が保護者に交付される（表7－1）。

表7－1
利用のための認定区分

（内閣府「子ども・子育て
新制度について」2016〈平
28〉）

認定区分	対象（就学前児童）	利用先
1号認定 教育標準時間認定	満3歳以上で，教育を希望する場合	認定こども園，幼稚園
2号認定 保育認定	満3歳以上で，「保育を必要とする事由」に該当し，保育所などでの保育を希望する場合	認定こども園，保育所
3号認定 保育認定	満3歳未満で，「保育を必要とする事由」に該当し，保育所などでの保育を希望する場合	認定こども園，保育所，地域型保育事業

2　保育を必要とする事由

　保育を希望する場合の保育認定（2号認定，3号認定）にあたっては，次の3点が考慮される。保育の利用方式は，市町村が国の定める客観的基準に基づき，保育の必要性を認定する仕組みとされている。認定の事由は，それまでの「保育に欠ける」要件より幅を広げ，求職活動，就学や虐待，DVのおそれがある場合等を含む10項目が規定された（子ども・子育て支援法施行規則第1条の5）。

　第19条第1項第2号の内閣府令で定める事由は，小学校就学前子どもの保護者のいずれもが次の各号のいずれかに該当することとする。

一 一月において，48 時間から 64 時間までの範囲内で月を単位に市町村が定める時間以上労働することを常態としていること。
二 妊娠中であるか又は出産後間がないこと。
三 疾病にかかり，若しくは負傷し，又は精神若しくは身体に障害を有していること。
四 同居又は長期入院等している親族や家族を常時介護していること。
五 震災，風水害，火災その他の災害の復旧にあたっていること。
六 求職活動（起業準備を含む）を継続的に行っていること。
七 学校教育法に規定する学校，専修学校，各種学校その他これらに準ずる教育施設に在学，職業能力開発促進法に規定する職業訓練校等における職業訓練を受けていること。
八 虐待や DV のおそれがあること。
九 育児休業取得時に，既に保育を利用している子どもがいて継続利用が必要であること。
十 その他，上記に類する状態として市町村が認める場合。

❸ 保育の必要量（利用時間）

保育の必要量として，「保育標準時間」と「保育短時間」利用に区分される（表 7 － 2）。「保育標準時間」の利用は，フルタイム就労を想定した，1 日あたり最長 11 時間までの利用が可能となる。「保育短時間」の利用は，パートタイム就労を想定した，1 日あたり最長 8 時間までの利用が可能である（子ども・子育て支援法施行規則第 4 条）。

必要量の区分	対　象
「保育標準時間」利用	フルタイム就労を想定した利用時間（最長 11 時間）
「保育短時間」利用	パートタイム就労を想定した利用時間（最長 8 時間・就労時間の下限は 1 か月あたり 48 時間）

表 7 － 2
保育の必要量

（内閣府「子ども・子育て新制度について」2016〈平 28〉）

3 保育所・認定こども園 － 教育・保育給付

❶ 施設型給付の対象施設

子ども・子育て支援制度により，施設型給付の対象となる施設は，保育所，幼稚園，認定こども園の 3 類型となった。表 7—3 は，従来の保育所と幼稚園に加え，認定こども園の制度を比較したものである。根拠法，所轄官庁をはじめとする，それぞれの制度の違いを確認しておきたい。

	保育所	幼稚園	幼保連携型認定こども園
根拠法	児童福祉法	学校教育法	児童福祉法 就学前の子どもに関する教育，保育等の総合的な提供の推進に関する法律（認定こども園法）
所轄官庁	厚生労働省	文部科学省	厚生労働省・文部科学省・内閣府
目　的	保育を必要とする乳児・幼児を日日保護者の下から通わせて保育を行うこと（法第39条）	幼児を保育し，適当な環境を与えて，その心身の発達を助長すること（法22条）	満3歳以上の子どもに対する教育並びに保育を必要とする子どもに対する保育を一体的に行い，その心身の発達を助長するとともに，保護者に対する子育ての支援を行うこと（児童福祉法39条の2）（認定子ども園法第2条第7項）
対　象	0歳から就学前の保育を必要とする児童（法第39条）	満3歳から就学の始期に達するまでの幼児（法第26条）	3歳以上の幼児及び保育を必要とする乳児・幼児（児童福祉法第39条の2） 満3歳以上の子ども及び3歳未満の保育を必要とする子ども（認定こども園法第11条）
保育内容の基準	保育所保育指針	幼稚園教育要領	幼保連携型認定こども園教育保育要領
1日の保育時間	8時間を原則とする（児童福祉施設の設備及び運営に関する基準第34条）	教育時間は4時間を標準とする（教育要領第1章第3の3）＊	標準的な教育時間は4時間，保育を必要とする園児に対する教育及び保育の時間は8時間を原則とする（幼保連携型認定こども園の学級の編成，職員，設備及び運営に関する基準第9条第1項2，3）
年間の保育時間	特に規定なし	39週以上（教育要領第1章第3の3）	教育週数は39週以上（同上基準第9条第1項1）
保育者の数	乳児3人に1人以上，1，2歳児6人に1人以上，3歳児20人に1人以上，4歳以上30人に1人以上（設備及び運営に関する基準第33条）	1学級の幼児数は35人以下（幼稚園設置基準第3条）各学級に専任の教諭等を1人以上（同第5条）	3歳以上の園児については学級を編成し，1学級の園児数は35人以下を原則（同上基準第4条）教育及び保育に直接従事する職員は4歳以上30人に1人以上，3歳児20人に1人以上，1，2歳児6人に1人以上，0歳児3人に1人以上（同上基準第5条3）
保育者の名称・資格	保育士（法第18条の4～6）	幼稚園教諭（法第27条）（教育職員免許法）	保育教諭（認定こども園法第14条，15条）

＊保護者の希望に応じて，4時間を標準とする幼稚園の教育時間の前後や土曜・日曜，長期休業期間中に，幼稚園において「預かり保育」教育活動を行っている。（幼稚園教育要領上は，「教育課程に係る教育時間の終了後に希望する者を対象に行う教育活動」と表現されている。

表7-3
保育所と幼稚園，認定こども園の制度の比較

❷　保　育　所

❶　保育所の目的

　保育所は厚生労働省の管轄する児童福祉施設の一つで，0歳から就学前の「保育を必要とする乳児・幼児を日々保護者の下から通わせて保育を行うこと」を目的としている（児童福祉法39条）。また，地域の住人に対し，その保育所が行う保育に関し情報を提供し，保育に関する相談に応じ，助言を行うよう努めなければならない（同法48条の3）。

　保育所には，市町村が都道府県に届け出て設置する公立保育所と，その他の民間団体（社会福祉法人等）が都道府県の認可を得て設置する私立保育所がある。

❷　保育需要の増加

　図7-2は，保育所の施設数，在所児童数の推移を示すものである。施設数，在所児童数とも，戦後1980年頃まで増えつづけたことがわかる。施設数はその後停滞し，児童数は減少したが，1990年代半ばより増加に転じている。依然として少子化は続いているが，近年保育所利用の需要が増加しているに

もかかわらず施設数は不足しており，保育所に入れない待機児童の存在が大きな社会問題になっていた。さまざまな対策の結果，2010 年以降は保育所数と在所児童数ともに増加している。

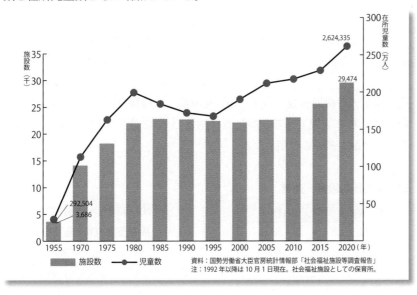

資料：国勢労働省大臣官房統計情報部「社会福祉施設等調査報告」
注：1992 年以降は 10 月 1 日現在。社会福祉施設としての保育所。

図 7 − 2
保育所の施設数，在所児童数の推移

（厚生労働省「社会福祉施設等報告」）

❸　待機児童

　保育需要の増加により，多くの待機児童が生じている。2012 年の調査（表 7 −4）に見られるように，保育所を利用している世帯のうち，入所を希望してから 3 か月以内に入所できた世帯は 23.5％にすぎず，多くがそれ以上待って入所しているのが実情である。こうした状況に対して，政府は 2001 年に「待機児童ゼロ作戦」を提起し，2002 年から 2004 年までの

区　　分	世帯数	％
3 か月未満	70,518	23.5
3 〜 6 か月	92,746	30.8
6 〜 9 か月	32,296	10.7
9 〜 12 か月	41,662	13.9
12 か月以上	21,512	8.8
不　　　詳	36,966	12.3
計	300,700	100.0

表 7 − 4
希望する時間から入所までの待機時間

（厚生労働省「地域児童福祉事業等調査」2012〈平 24〉）

3 年間で 15 万人の受け入れ増加を図ったが，待機児童解消には及ばなかった。2005 年から「**子ども・子育て応援プラン**」がスタートし，2008 年の「新待機児童ゼロ作戦」により 10 年後までに保育所などの受け入れ児童を現在の 200 万人から 300 万人に増やすことを目指すこととした。2013 年度から始まった待機児童解消加速化プラン（目標：5 年間で約 50 万人）や2018 年度からの子育て安心プラン（目標：3 年間で約 32 万人）により，保育を必要する児童の受け皿がさらに拡大され保育所数の増加がみられるが，依然として保育需要の充たすまでに至っていない。2021 年度から新子育て安心プラン（目標：4 年間で約 14 万人）が待機児童の解消に向けてさらに策定された。子ども・子育て支援制度創設の主要な目的は，このような待機児童問題解消にあったとも言える。しかし，新制度による打開策は，幼

子ども・子育て応援プラン：2009 年度の目標のひとつとして待機児童の多い市町村を中心に保育所受け入れ児童数を 215 万人に拡大。

	2020 年度利用児童		2020 年度待機児童	
低年齢児（0〜2歳）	1,105,335	40.3%	4,935	87.6%
うち0歳児	146,361	5.3%	476	8.5%
うち1・2歳児	958,974	35.0%	4,459	79.1%
3歳児以上	1,636,736	59.7%	699	12.4%
全年齢児計	2,742,071	100.0%	5,634	100.0%

（注）利用児童数は，全体（幼稚園型認定こども園等，地域型保育事業を含む）。

表7－5
年齢区分別の利用児童数・待機児童数

（厚生労働省「保育所等関連状況取りまとめ」2021〈令3〉）

稚園の認定こども園化，あるいは従来の認可外保育施設を地域型保育給付対象施設として組み込むことで量的拡大を図るものであり，保育の質の低下をもたらすのではないかという批判や危惧もある。

2020年度の年齢区分別の利用児童数・待機児童数（表7－5）をみると，待機児童の87.6％を占めるのは0から2歳児である。特に育休明けの1，2歳児の待機児童の割合が79.1％と最も多いことがわかる。

❹ 保育所の設備・運営

	年　齢	児　童	保育士
職　員（保育士）	0歳児	3人	1人以上
	1歳・2歳児	6人	1人以上
	3歳児	20人	1人以上
	4歳児以上	30人	1人以上
設　備（施　設）	2歳児未満	乳児室	1.65㎡/人
		ほふく室	3.3㎡/人
		医務室，調理室，便所の設置	
	2歳児以上	保育室又は遊戯室	1.98㎡/人
		屋外遊戯室	3.3㎡/人（保育所以外の公園などでも代替可）
		調理室，便所の設置	
保育時間		1日につき8時間原則	

表7－6
保育所の基準の概要

保育所の設備・運営については「児童福祉施設の設備及び運営に関する基準」（32〜36条）により，設備基準，職員配置，保育時間，保育の内容等が規定されている。

職員配置基準は，保育士，嘱託医，調理員（すべての調理業務を外部に委託する施設は除く）である。保育士については表7－6にみられるように，児童の年齢別に最低必要人数が定められている。保育の内容については，「基準」で簡単に触れているほか，具体的内容は「保育所保育指針」に年齢別に示されている。

保育所の保育時間は，保護者の労働時間と通勤時間をカバーする必要がある。「基準」では，1日につき8時間を原則としているが，利用者のニーズや地域性を考慮し，独自に保育時間を設定する保育所が多い。表7－7にみるように開所時間の弾力化が図られているが，10時間半超の開所時間を希望する家庭が多い。

表7－7
開所時間別保育所

（厚生労働省「社会福祉施設等調査」2020〈令2〉）

総　数	9時間以下	9時間超9時間半以下	9時間半超10時間以下	10時間超10時間半以下	10時間半超11時間以下	11時間超11時間半以下	11時間半超12時間以下	12時間超
27,137（園）	165	64	261	33	7,310	798	14,603	3,903
100.0（%）	0.8	0.2	0.9	0.1	26.9	2.9	53.8	14.4

　児童福祉施設の設備及び運営に関する基準における保育所の人員配置や施設・設備の基準は，1948 年に「児童福祉施設最低基準」が制定された当時の戦後まもない厳しい経済状況を反映した低い水準で決められたものである。その後，これまでに一部改正はされているが，大きくは変わっていない。「基準」に規定されていない，例えばホールなどの子どもの共有スペースや事務室，職員室など充分に整備されていない施設が多い。また，職員配置について，園長や主任，フリーの保育士も「基準」には規定されていない。保育サービスの質を落とさずに，保育需要の多様化に対応するためには，「基準」のさらなる見直しが求められる。

❸　認定こども園

　認定こども園制度は，2006 年に公布された「就学前の子どもに関する教育・保育等の総合的な提供の推進に関する法律」に基づいてスタートした。施設型給付の対象となる認定こども園は，① 幼保連携型，② 幼稚園型，③ 保育所型，④ 地方裁量型の 4 類型に大別された。

　2012 年には子ども・子育て支援制度にむけて法改正が行なわれ，特に幼保連携型認定こども園は幼保一体型の単一の施設として認可され，指導監督が一本化された。そして，幼保連携型認定こども園は学校であり，児童福祉施設としても法的な位置づけをもたせるため，認定こども園法と児童福祉法に以下のように規定された。設置主体は，国，自治体，学校法人，社会福祉法人のみとされる。また，それ以外の幼稚園型や保育園型などの類型も存続させた。

> ● 認定こども園法　第二条七
> 　この法律において「幼保連携型認定こども園」とは，義務教育及びその後の教育の基礎を培うものとしての満三歳以上の子どもに対する教育並びに保育を必要とする子どもに対する保育を一体的に行い，これらの子どもの健やかな成長が図られるよう適当な環境を与えて，その心身の発達を助長するとともに，保護者に対する子育ての支援を行うことを目的として，この法律の定めるところにより設置される施設をいう。

> ● 児童福祉法第三十九条の二
> 　幼保連携型認定こども園は，義務教育及びその後の教育の基礎を培うものとしての満三歳以上の幼児に対する教育（教育基本法第六条第一項に規定する法律に定める学校において行われる教育をいう。）及び保育を必要とする乳児・幼児に対する保育を一体的に行い，これらの乳児又は幼児の健やかな成長が図られるよう適当な環境を与えて，その心身の発達を助長することを目的とする施設とする。

	幼保連携型 認定こども園	幼稚園型 認定こども園	保育所型 認定こども園	地方裁量型 認定こども園
法的性格	学校かつ児童福祉施設	学校 （幼稚園＋保育所機能）	児童福祉施設 （保育所＋幼稚園機能）	幼稚園機能＋保育所機能
職員の性格	保育教諭（注） （幼稚園教諭＋保育士資格）	満3歳以上➡両免許・資格の併有が望ましいがいずれかでも可 満3歳未満➡保育士資格が必要	満3歳以上➡両免許・資格の併有が望ましいがいずれかでも可満3歳未満➡保育士資格が必要 ＊ただし，2・3号子どもに対する保育に従事する場合は保育士資格が必要	満3歳以上➡両免許・資格の併有が望ましいがいずれかでも可 満3歳未満➡保育士資格が必要
給食の提供	2・3号子どもに対する食事の提供義務 自園調理が原則・調理室の設置義務（満3歳以上は，外部搬入可）	2・3号子どもに対する食事の提供義務 自園調理が原則・調理室の設置義務（満3歳以上は，外部搬入可） ＊ただし，基準は参酌基準のため，各都道府県の条例等により，異なる場合がある。	2・3号子どもに対する食事の提供義務 自園調理が原則・調理室の設置義務（満3歳以上は，外部搬入可）	2・3号子どもに対する食事の提供義務 自園調理が原則・調理室の設置義務（満3歳以上は，外部搬入可） ＊ただし，基準は参酌基準のため，各都道府県の条例等により，異なる場合がある。
開園日・ 開園時間	11時間開園，土曜日が開園が原則（弾力運用可）	地域の実情に応じて設定	11時間開園，土曜日が開園が原則（弾力運用可）	地域の実情に応じて設定

注：一定の経過措置あり

表7－8
幼保連携型認定こども園とその他の認定こども園の比較（主なもの）

（内閣府「子ども・子育て支援制度について」認定こども園　2016〈平28〉）

　　幼保連携型認定子ども園とその他の認定子ども園の法的性格，職員の性格，給食の提供，開園日・開園時間は共通する点もあるが，各認定子ども園によって法的性格が異なる点もあるので確認しておきたい（表7－8）。

　　認定こども園の認定件数は，2008年では229件，2012年では762件，2014年では1,360件と，制度開始時に見込まれた2,000件には及ばなかった。その他の幼稚園型，保育所型，地方裁量型の認定こども園の施設体系は，現行どおりであるが，財政措置は幼保連携型を含め，すべて「施設型給付」に一本化された。その結果，認定件数は2021年では8,585件となり大きく増加してきている（表7－9）。

表7－9
認定こども園の認定件数

（内閣府「認定こども園に関する状況について」2021〈令3〉）

認定件数	公私の内訳		種類別の内訳			
	公　立	私　立	幼保連携型	幼稚園型	保育所型	地方裁量型
8,585	1,325	7,260	6,093	1,246	1,164	82

（2021年4月1日）　　件

● コラム 7 － 1

　赤ちゃんを育てる保護者を対象とした雑誌「ひよこクラブ」（2015 年 9 月 15 日号）に，「私のまちの『子育て支援制度』を上手に活用しよう」という内閣府の記事広告が掲載された。内閣府のホームページからも見ることができる。インターネットを使って子育て情報を収集する母親が増加していることから，ネットを通じて子育て支援制度を理解し，広く活用してもらうことがねらいである。

　子どもが 8 か月になり，そろそろ働きたいが不安のある新米ママに対して，先輩ママが子ども・子育て支援制度のしくみについて具体的にアドバイスして利用を勧める様子が描かれている。子ども・子育て支援制度により，保育施設利用者の枠が広がったことや，利用できる施設，事業，サービスや入園申し込み手続きなど，漫画を使ってわかりやすく紹介されている。

4 地域型保育給付

　地域型保育給付の対象となる事業は，家庭的保育，小規模保育，居宅訪問型保育，事業所内保育の４つがあり，市町村による認可事業として児童福祉法に位置付けられた。地域型保育事業の対象となるためには，市町村の認可基準を満たし，支給確認を受けることが必要である。これまで事業所内保育や居宅保育には公的な支援はなかったが，個人給付により利用者に支援がいくようになった。小規模保育事業の定員は６人から19人まで，家庭的保育は定員５人までとなっている。地域型保育事業の４つの事業類型における，職員数，職員資格，保育室等の環境，給食についての認可基準は，表７－10のとおりである。以下でそれぞれの事業について述べる。

事業類型		職員数	職員資格	保育室等	給食
小規模保育事業	A型	保育所の配置基準＋１名	保育士（＊1）	0・1歳児：1人当たり 3.3m^2 2歳児：1人当たり 1.98m^2	• 自園調理（連携施設等からの搬入可） • 調理設備・調理員（＊3）
	B型	保育所の配置基準＋１名	1/2以上が保育士（＊1） ＊保育士以外には研修を実施。		
	C型	0～2歳児3：1（補助者を置く場合，5：2）	家庭的保育者（＊2）	0～2歳児： 1人当たり 3.3m^2	
家庭的保育事業		0～2歳児3：1（家庭的保育補助者を置く場合，5：2）	家庭的保育者（＋家庭的保育補助者）	0～2歳児： 1人当たり 3.3m^2	
事業所内保育事業		定員20名以上…保育所の基準と同様 定員19名以下…小規模保育事業A型，B型の基準と同様			
居宅訪問型保育事業		0～2歳児1：1	必要な研修を修了し，保育士，保育士と同等以上の知識及び経験を有すると市町村長が認める者	－	－

• 小規模保育事業について，小規模かつ0～2歳児までの事業であることから，保育内容の支援及び卒園後の受け皿の役割を担う連携施設の設定を求めている。
• 連携施設や保育従事者の確保等が困難な離島・へき地に関しては，連携施設等について，特例措置を設けている。
• 給食，連携施設の確保に関して，移行にあたっての経過措置を設けている。
（注）
＊1 保健師，看護師又は准看護師の特例を設定（平成27年4月1日からは准看護師も対象）
＊2 市町村長が行う研修を修了し，保育士，保育士と同等以上の知識及び経験を有すると市町村長が認める者とする。
＊3 家庭的保育事業の調理員について，3名以下の場合，家庭的保育補助者を置き，調理を担当することも認める。

表７－10
地域型保育事業の認可基準

（内閣府・文部科学省・厚生労働省「『子ども・子育て支援新制度』ハンドブック」2015〈平27〉）

❶ 家庭的保育 （児童福祉法第六条の三⑨家庭的保育事業）

　保育者が自宅で，少人数の児童を保育するサービスである。保育所不足対策として，各自治体が以前から，保育ママ，家庭福祉員等の名称で実施していたが，2000年度より「家庭的保育」という名称で，国の補助事業となった。2008年の児童福祉法改正で，児童福祉法による事業として位置づけられた。保育所を補完する役割が児童福祉法第24条に明記されて，2010年より実施され，2015年から地域型保育給付に組み込まれることになった。

　家庭的保育は，保育を必要とする満 3 歳未満児の乳幼児を，家庭的保育者の居宅その他の場所（乳幼児の居宅は含まない）において，家庭的保育者による保育を行う事業である。必要に応じ，満 3 歳以上の幼児も保育できる。家庭的保育者ならびに家庭的保育補助者については，研修の修了を求めることとされている。保育所不足対策という消極的意味のみではなく，家庭的環境の中で個別保育ができる点に，保育所保育とは異なる優れた面もある。

❷　　小規模保育（児童福祉法第六条の三⑩小規模保育事業）

　保育を必要とする満 3 歳未満児の乳幼児を，利用定員が 6 人以上 19 人以下の施設で保育する事業である。必要に応じ，満 3 歳以上の幼児も保育できる。待機児童解消加速化プランに取り組む自治体を支援するため，子ども・子育て支援制度に先行して実施された。A 型（分園型），B 型（中間型），C 型（グループ型）の 3 種類がある。A 型の保育者の配置基準は現行の保育所と同様にし，B 型の場合は保育者のうち半数以上が保育士であることを条件とする。C 型は家庭的保育者が条件である。保育士の資格を有しない者は，原則として，子育て支援員（地域保育コース）研修受講が要件となる。

　本制度により，児童福祉法の保育所を設置することが困難なへき地に設置されていた，へき地保育所は，小規模保育事業に移行することになった。

❸　　居宅訪問型保育（児童福祉法第六条の三⑪居宅訪問型保育事業）

　保育を必要とする満 3 歳未満児の乳幼児を，当該乳幼児の居宅において家庭的保育者による保育を行う事業である。必要に応じ，満 3 歳以上の幼児も保育できる。住み慣れた居宅において，1 対 1 を基本とする，きめ細かな保育を実施する保育サービスである。地域型保育事業としての居宅訪問型保育対象児童の状況としては，障害児や小児慢性疾患に罹患している乳幼児のうち個別のケアが必要であると考えられる場合への対応，ひとり親家庭で夜間の宿直勤務がある場合，離島・へき地等で利用できる保育サービスが存在しない場合等があげられる。

❹　　事業所内保育（児童福祉法第六条の三⑫事業所内保育事業）

　保育を必要とする満 3 歳未満児の乳幼児を，事業主がその雇用者の乳幼児のために設置した施設等において保育を行う事業である。これまでは，事業所内保育として従業員の子どもを預かっていたが，その他に，地域の保育を必要とする子どもも預かることが可能になり，地域枠については，1 人以上から利用定員の 3 分の 1 ないしは 4 分の 1 程度以上となるよう，定員規模に応じて人数を規定している。必要に応じ，満 3 歳以上の幼児も保育できる。設置基準は，利用定員が 19 人以下については小規模保育事業との，

20人以上については保育所との整合性が図られることが求められる。

5 その他の保育施設

　これまでみてきた認可保育所や認定こども園，地域型保育事業以外にも，ベビーホテルや認証保育所，企業主導型保育事業（2016年創設）による保育所など，様々な認可外保育施設がある。

　1981年の児童福祉法改正により，ベビーホテル等の認可外保育施設に対する行政庁の報告徴収及び立ち入り調査の権限が規定され（法第59条），これに基づき都道府県等の指導監督が実施されるようになった。指導監督の目的と実施方法は「認可外保育施設に対する指導監督の実施について」（2001年3月，厚生労働省雇用均等・児童家庭局長通知）に示されている。指導の対象となる施設は，児童福祉法第39条に規定する保育所の業務を目的とする施設であって，都道府県知事の認可を受けていないものであった。しかし，子ども・子育て支援制度に伴い，児童福祉法第59条は改正され，認可施設の範囲が広がった。従来，認可外保育施設であったものも，市町村の認可をうけた地域型保育施設として，児童福祉法の認可施設となった。

　なお，2001年より始まった東京都の認証保育所のように，地方自治体が，独自の制度により設置している保育施設がある。これも認可外保育施設のひとつであり，東京都では，駅前に設置することを基本として大都市特有の多様なニーズに応えるA型（駅前基本型）と，保育室制度からの移行による小規模で家庭的な保育を目指すB型（小規模・家庭的保育）がある。東京都は認証保育所の制度を維持し，新制度の施設への転換は行わない。

　2019年3月現在の認可外保育施設の現況は，表7－11のとおりである。このうち「ベビーホテル」とは，①夜8時以降の保育，②宿泊を伴う保育，③一時預かりのいずれかを常時運営している施設である。2019年3月の調査では，新制度実施後，ベビーホテル，認可外保育施設，ともに減少している。

	施設数 （か所）	入所児童数 （人）	指導監督基準に 適合しているもの
ベビーホテル	1,261	18,835	856か所中 395か所（46.1％）
その他の認可外 保育施設	4,114	103,788	3,151か所中 1,780か所（56.5％）

（2019年3月現在）

表7－11
認可外保育施設等の状況

（厚生労働省「認可外保育施設の現況とりまとめ」2019〈令1〉）

　また，2016年には，子ども・子育て支援法の改正で「仕事・子育て両立支援事業」が新設され，新たな待機児解消策として，企業主導型保育事業が創設された。保育の受け皿を40万人から50万人に増加するにあたり，新たな施策として，企業による保育所整備を行うことになった。すでに新制度には事業所内保育事業が存在するが，さらに企業による保育所整備を容易に

し，新制度の小規模保育事業並みに助成するという。ただし企業主導型保育事業は，その他の認可外保育に位置づけられる。企業の従業員の利用だけではなく，定員の 50% は地域枠を設定して，地域住民の子どもを受け入れることが出来る。また，複数の企業が共同設置することもできる。具体的には，企業の負担により，従業員の多様な働き方（夜間利用，休日利用，短時間等の非正規社員の利用等）に応じた柔軟な事業所内保育を支援することになった。利益が最優先される企業にとって，経営が悪化した時は，保育所の運営に影響が及ぶ可能性もあり，行政による指導監督など子どもの安全の視点からも，今後の展開に注目したい。

6 地域子ども・子育て支援事業

　1994 年 12 月に「今後の子育て支援のための施策の基本的方向について（エンゼルプラン）」（文部・厚生・労働・建設四大臣合意）及び「当面の緊急保育対策等を推進するための基本的考え方（緊急保育対策等五か年事業）」（大蔵・厚生・自治三大臣合意）が発表された。これらは少子化対策として様々な子育て支援施策を提案し，特に保育所における多様な保育サービスに期待を示した。これをうけて 1995 年以来，国の施策として保育所における様々な「特別保育事業」が開始された。

　子ども・子育て支援制度では，地域子ども・子育て支援事業が創設され，これまであった事業と，新しく制度化されたものも含め，❶ 利用者支援事業，❷ 地域子育て支援拠点事業，❸ 妊婦健康診査，❹ 乳児家庭全戸訪問事業，❺ 養育支援訪問事業，❻ 子育て短期支援事業，❼ 子育て援助活動支援事業（ファミリー・サポート・センター事業），❽ 一時預かり事業，❾ 延長保育事業，❿ 病児保育事業，⓫ 放課後児童健全育成事業（放課後児童クラブ），⓬ 実費徴収に係る補足給付を行う事業，⓭ 多様な主体が本制度に参入することを促進するための事業の 13 の事業が提供されることになった（子ども・子育て支援法第 59 条）。ここでは，保育に関連する事業を取り上げ説明する。

1 利用者支援事業

　子どもや保護者の身近な場所で，教育・保育施設や地域の子育て支援事業等の利用について情報収集を行うとともに，それらの利用に当たっての相談に応じ，必要な助言を行う事業。

2 地域子育て支援拠点事業（児童福祉法第六条の 3 ⑥）

　家庭や地域における子育て機能の低下や，子育て中の親の孤独感や負担感の増大等に対応するため，地域の子育て中の保護者の交流促進や育児相談等

を保育所，地域子育て支援センター等で行う事業。

❸ 子育て援助活動支援事業（ファミリー・サポート・センター事業）（児童福祉法第六条の3⑭）

これまでは非保育所型保育サービスとしてファミリー・サポート・センターは機能していたが，「地域子ども・子育て支援事業」に位置付けられた。乳幼児や小学生等の児童を有する子育て中の労働者や主婦等を会員として，児童の預かり等の援助を受けることを希望する者と当該援助を行うことを希望する者との相互援助活動に関する連絡，調整を行うものである。ファミリー・サポート・センターが行う相互援助活動には次のものがある。

- ●急な残業の場合に子どもを預かる。
- ●保育施設までの送迎を行う。
- ●保育施設の開始前や終了後又は学校の放課後，子どもを預かる。
- ●保護者の病気や急用等の場合に子どもを預かる。
- ●冠婚葬祭や他の子どもの学校行事の際，子どもを預かる。
- ●買い物等外出の際，子どもを預かる。

❹ 一時預かり事業（児童福祉法第六条の3⑦）

家庭において一時的に保育を受けることが困難になった乳幼児について，保育所，認定こども園，幼稚園その他の場所で一時的に預かり，必要な支援や保護を行う事業。

❺ 延長保育事業

保育認定を受けた子どもについて，通常の利用及び利用時間以外の日及び時間において，保育所等で引き続き保育を実施する事業。

❻ 病児保育事業（児童福祉法第六条の3⑬）

保育を必要とする乳児・幼児等疾病にかかっているものについて，保育所，認定こども園，病院，診療所その他，厚生労働省令で定める施設において，保育を行う事業。2016年の子ども子育て支援法の改正で，病児保育の拠点施設，病児保育センターに看護師等を配置し，保育所等において保育中に体調が悪くなった体調不良児を送迎し，病児を保育するために必要となる看護師雇上費等が補助されることになり，子育て世帯のニーズが高い病児保育事業の普及を図られた。 （森）

第**8**章

児童養護問題

　本章では，なぜ要保護児童（保護を必要とする子ども）が生み出されてしまうのか，その社会的背景を理解する。それらの要保護児童に関する相談を取り扱う相談機関についても把握したい。相談の中で児童虐待は，1970年代初頭から増え続けている。社会問題にもなっている児童虐待の実態と虐待が引き起こされる要因などについて取りあげる。そして，保護されてから子どもが生活することになる社会的養護の現状と課題についても考えたい。

1　社会的養護のしくみ

　本来，子どもは家庭において保護者により成人するまで養育されることが基本とされる。大多数の子どもはこの家庭における養護のもとで生活している。しかし現実には，父母の行方不明や養育拒否，虐待，親の精神疾患や入院などの理由で親と共に暮らす事のできない子どもたちがいる。地震や台風などの自然災害によって多くの命が奪われることもある。1995年の阪神・淡路大震災では，震災で両親もしくは一人の親を亡くした子どもが573人発生した。2011年の東日本大震災では地震と津波により岩手県，宮城県，福島県等に甚大な被害をもたらし，240人の子どもたちが親を失った。そのような時にも社会的養護は重要な受け皿となる。

　これらの児童養護問題が発生した時は，児童相談所，福祉事務所，家庭児

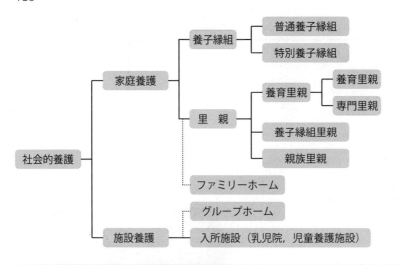

童相談室，児童家庭支援センターなどの相談機関が援助を行う。相談機関は地域の子育て支援や市区町村の保健センターなどの可能な社会資源を利用して子どもが家庭で養育されるよう支援する。しかし，そうした支援によっても家庭での子どもの養育が困難な場合は，国および地方公共団体が子どもを保護し，保護者に代わって養育する社会的養護を保障しなければならない。

社会的養護の体系は，子どもを家庭的な環境の中で養育する家庭養護

図8−1
社会的養護の体系

表8−1
児童福祉施設の在籍人員
里親委託児童数の構成比

（厚生労働省「福祉行政報告例」2020（令2）

	児童数（人）	構成比（%）
施設収容児童総数	26,115	77.2
乳児院	2,481	7.3
児童養護施設	23,634	69.9
家庭養護児童数	7,707	22.8
里親	6,019	17.8
ファミリーホーム	1,688	5.0

（2020年度末）

と，乳児院や児童養護施設などの施設養護の大きな2本柱からなっている。家庭養護は個別的養護である養子縁組と里親養護があげられる。里親は役割の異なる養育里親，親族里親，養子縁組里親，および養育里親に含まれる専門里親の4種類の里親がある。施設養護は集団生活での養護となる。近年，グループホームやファミリーホームなど，地域で生活できるような家庭養護と施設養護の中間的な養護の形態も増えている（図8−1）。

2017年「新しい社会的養育ビジョン」により，家庭養育優先の理念が規定され，家庭養護児童数は少しずつ増加している（表8−1）。

要保護児童への援助の中心的な役割を担っているのが，児童相談所である。児童相談所では，相談内容が比較的軽微である場合は，児童福祉司や**児童心理司**，医師等から，相談の内容に応じた助言をする在宅指導を行っている。相談内容によっては，適切な保健，医療などの専門機関や他機関の斡旋や紹介などをする。また，1回の通所で終了できない場合は，子どもや保護者を定期的に児童相談所に通わせる等の方法で，相談や心理療法，家庭環境調整などの継続的な指導をしている。

それに対し，子どもを養育する者がいない場合や，在宅での支援によっても保護者が子どもに適切な養育をできない場合には，里親に委託するか児童

家庭児童相談室：家庭児童福祉に関する相談指導業務を充実・強化することを目的に，福祉事務所の中に設けられた任意設置機関。

児童家庭支援センター：1998年から制度化された利用型の児童福祉施設。児童・家庭などからの相談に応じ，必要な支援を行う。児童養護施設等に附置されている。

市区町村保健センター：地域保健法により法定化（任意設置）され，地域住人の保健ニーズに応えながら，乳幼児健診などの母子保健事業を通じて，地域の子育て支援の役割も担っている。

児童心理司：児童相談所において心理学の専門知識に基づく心理判定業務に携わる職員。

福祉施設に入所させる措置がとられる。児童虐待の場合は，図 8 - 2 のようなシステムで対応される。

　すなわち，虐待通告を受けると，子どもの安全確認のために関係機関から情報を集め調査を行う。親が児童相談所の調査を拒否した場合は，立入調査を行い，引き離す必要がある場合は，一時保護を行う。調査，診断などをもとに，会議で子どもの処遇方針を決める。以前は，虐待通告は児童相談所のみになされていたが，虐待通告の急激な増加により，2004 年の児童虐待防止法及び児童福祉法の改正で，市区町村が通告先に加わった。2016 年に成立した児童福祉法改正では，児童相談所から市区町村への事案の引継ぎが可能になった。また，児童相談所の体制を強化するために，児童心理司，医師または保健師が配置され，弁護士の配置か準ずる措置を講ずるとされた（2016 年 10 月 1 日施行）。

図 8 - 2
児童相談所における児童虐待の法的対応と流れ

（東京都福祉保健局「児童相談体制の強化」）

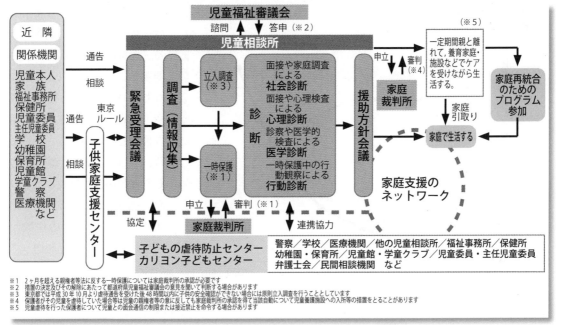

※ 1　2 ヶ月を超える親権者等法に反する一時保護については家庭裁判所の承認が必要です
※ 2　措置の決定及びその解除にあたって都道府県児童福祉審議会の意見を聞いて判断する場合があります
※ 3　東京都では平成 30 年 10 月より虐待通告を受けた後 48 時間以内に子供の安全確認ができない場合には原則立入調査を行うこととしています
※ 4　保護者がその児童を虐待していた場合等は児童の親権者等の意に反しても家庭裁判所の承認を得て当該自動について児童養護施設への入所等の措置をとることがあります
※ 5　児童虐待を行った保護者について児童との面会通信の制限または接近禁止を命令する場合があります

② 要保護児童の動向

　要保護児童は「保護者のない児童又は保護者に監護させることが不適当であると認められる児童」（児童福祉法第 6 条の 3 の 8）と規定されている。児童相談所における要保護児童に関する相談のうち，養護相談件数は，1995 年度から 2000 年度で倍増し，その後も増加を続けている（表 8 - 2）。養護相談を受けたうち，約 85％は面接指導などで終了しているが，2.6％の

要保護児童：第 6 章（p.102）参照

年度	総　数	傷　病	家　出 (失踪含む)	離　婚	死　亡	家族環境		その他
						虐　待	その他	
1995	29,788	5,985	2,243	2,168	541	2,722	8,769	7,110
2000	52,851	6,897	1,875	1,904	417	17,725	13,199	10,834
2005	75,668	7,443	1,299	1,391	401	34,531	20,653	9,950
2010	99,068	7,165	812	808	398	55,924	21,863	12,098
2015	162,119	8,697	694	630	572	103,915	30,801	16810
2020	280,985	6,572	558	319	484	206,301	43,693	23,058

注：同ケースについて処理が2つ以上行われた場合は複数計上している。　　　　　（件）
　　 1995年には養護相談内容に棄児という項目が設けられ250人が計上されていた

表8－2
児童相談所における養護相談の処理件数

（厚生労働省「福祉行政報告例」1996〈平8〉～ 2020〈令2〉）

表8－3
児童相談所における養護相談の種類別対応件数

（厚生労働省「福祉行政報告例」2020〈令2〉）

	総　数	児童福祉施設入所	里親委託	面接指導	その他
件　数	280,985	5,998	1,648	237,118	36,221
（%）	100.0	2.1	0.5	84.4	12.9

子どもは児童福祉施設や里親に委託される（表8－3）。

近年もっとも多い養護相談は，虐待に関する相談である。児童虐待は，徐々に社会問題として注目されるようになり，1990年から児童相談所の養護相談のうち虐待の相談件数と内容が報告されるようになった。虐待相談で対応した件数の推移を表したものが，図8－3である。1990年の1,101件の対応件数から，年々増加の一途を辿っている。

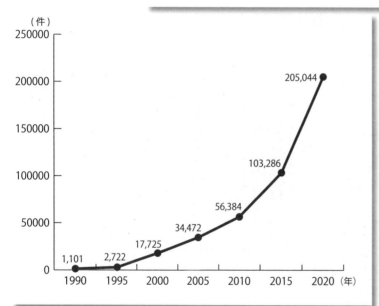

図8－3
児童相談所における児童虐待相談対応件数の推移

（厚生労働省「福祉行政報告例」）

3　児童虐待

1　児童虐待とはなにか

児童虐待とは，①加害者が親またはこれに代わる保護者であり，②児童に加えられた暴行などが非偶発的である（事故ではない）家庭内で生じる児童虐待を意味する。

児童虐待防止法第2条で，児童虐待は以下の4つの行為類型として規定されている。

① 児童の身体に外傷が生じ，又は生じる恐れのある暴行を加えること。
② 児童にわいせつな行為をすること又はわいせつな行為をさせること。
③ 児童の心身の正常な発達を妨げるような著しい減食又は長時間の放置その他の保護者としての監護を著しく怠ること。
④ 児童に著しい心理的外傷を与える言動を行うこと。

　2000年に「児童虐待防止法」が施行されてから，虐待の通報は堰(せき)を切ったように増加していった。しかし児童虐待は，近年のみの社会現象ではない。古来より世界中に，親または大人による暴力や不適切な対応を受け，苦しんだ子どもたちはいた。子どもを遺棄(いき)する『捨て子』という虐待は，世界の神話の中にも数多く存在している。1812年に発行された代表的な伝承文学のひとつである**グリム童話**には，200編収録した中の約30の話に子どもへの虐待と思われる内容が含まれている（橋本　2004　p.50）。

　わが国でも江戸時代まで，親が口べらしのために生まれた子どもを殺す「間引き」が，慣習的に行われていた。江戸時代には多くの子どもが捨て子にされ，幕府から繰り返し「捨て子禁止令」が出されている。親だけでも生き残ることが困難な時代にあっては，命の大切さや子どもの権利は二の次であった。この時代に出された捨て子禁止令は，子どもの人権を守るという発想から作られたものではなく，農家の労働力不足を防止することなどを目的にしていた。

　昭和戦前期1933年に「児童虐待防止法」が制定された。当時は貧困による親子心中や人身売買，間引き，子殺し，捨て子などの児童虐待が多発し，法律で禁止しなければならなかったのであろう。

　児童虐待への対策は，戦後，児童福祉法を基本として児童相談所を中心に施策が講じられてきた。1970年代初めから家庭内で起こる虐待が増加し始め，児童虐待が社会的問題となり，さらなる対応の強化を目的に，2000年「児童虐待防止等に関する法律（児童虐待防止法）」が制定された。

　2004年に児童虐待防止法及び児童福祉法の改正が行われ，児童虐待の定義に，「児童の前で配偶者間暴力（ドメスティック・バイオレンス）が行われていた場合，間接的であっても児童への被害は虐待に含まれる」と規定され，虐待の範囲が広げられた。2016年に公布された改正児童虐待防止法では，「親権者は児童のしつけに際して，監護・教育に必要な範囲を超えて児童を懲戒してはならない」（第14条）と，しつけを名目とした児童虐待の禁止が明記された。

　2022年の児童福祉法の改正により，子ども家庭総合支援拠点と子育て世代包括支援センターの双方の機能を維持した上で組織を見直し，一体的な相談支援を行う「こども家庭センター」を2023年に設置してその全国展開を図ることになった。

グリム童話：例えば実父と継母から森に捨てられる話の「ヘンデルとグレーテル」や，実母からひどい虐待を受ける話である「兄妹」など，グリム童話全体の15％に虐待の内容が含まれている。

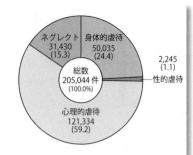

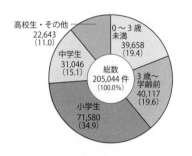

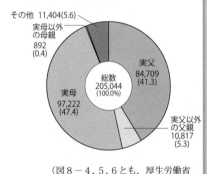

（図8－4，5，6とも，厚生労働省「福祉行政報告例」2020）

図8－4（上）
虐待の内容別相談件数
（2020）

図8－5（中）
被虐待児童の年齢構成
（2020）

図8－6（下）
主たる虐待者（2020）

2　児童虐待の状況

　昨今，子どもへの虐待による事件が頻繁に新聞に載るようになり，内容も後にあげる三郷・2歳児遺棄致死傷事件のように凄惨な事件が起きている。まず，全国の児童相談所が対応した児童虐待の報告をみていくことにしよう。

1　虐待の内容別相談件数

　2021年度に児童相談所が対応した児童虐待の内容別相談件数の割合は，図8－4のようであった。心理的虐待が最も多く59.2％（121,334人）で，次いで身体的虐待24.4％（50,035人），ネグレクト15.3％（31,430人），性的虐待1.1％（2,245人）となっている。最近の相談の特徴として，心理的虐待の範囲が広がったこともあり心理的虐待が最も多く，次いで身体的虐待やネグレクトの件数の増加が目立つ。ネグレクトや身体的虐待に心理的虐待や性的虐待が伴っているなど，複数の虐待が重複して発生しているケースも多い。

2　被虐待児童の年齢別件数

　児童虐待の対象となった児童を年齢階層で分類すると，0～3歳未満が19.4％（39,658人），3歳～学齢前児童が19.6％（40,117人），小学生が34.9％（71,580人），中学生が15.1％（31,046人），高校生・その他が11.0％（22,643人）であった。対象児の約74％が0歳から小学生までの児童である（図8－5）。

3　主たる虐待者

　図8－6で虐待を行った主たる者をみると，実父が41.3％（84,709人）に対して実母が47.4％（97,222人）で，実母や実父からの虐待が全体の88.7％を占めている。子育て支援につながれない保護者がまだ多くいることがうかがい知れる。

3　児童虐待の背景

　児童虐待の背景にあるものは何であろうか。近年，虐待など子育てをめぐる問題が顕在化し，増加しているが，そこには以下のような社会の変化が影響している。

①　子育て環境の悪化や孤立化の進行により，親は子どもを地域で遊ばせることが減り，子ども同士，親同士の育ちあいの機会が乏しくなった。

② 子育ての習俗や文化に基づく子育てがなされるのではなく，個々の家庭における母親の努力にまかされるようになり，それに伴い子どもの体験や育ちの違いが大きくなるなど，子育ての格差が広がっている。

③ 競争社会への適応を強いられる父親たちの生き方の影響もあり，夫の助けや支えを得にくくなっている。

④ 女性のライフスタイルや意識の変化に伴い，母親たちの育児に対する考え方が変わりつつある，など（垣内　2002）。

児童虐待の増加には，上記のような社会的背景があることを理解しておきたい。

虐待をした親側の要因としては，親自身が子どもの頃に虐待を受けていたり，親が若年齢で情緒的・社会的に未熟な状態である場合や，経済的に苦しい，近所から孤立していることなどがあげられる。

一方，子どもの側の要因としては，よく泣く，なだめにくい，その他のいわゆる「手のかかる子」「育てにくい子」や慢性疾患，障害を有する等，子ども自身の要因（柏女　2001）が指摘されている。被虐待児 277 人のうち 128 人が注意欠陥多動性障害（ADHD）などの**発達障害**であったという調査報告（杉山　2006）もある。虐待は，親の持つ社会的，経済的，心理的要因と子どもの要因が複合的に結びつき，発生に至るといわれている。

発達障害：第 10 章「主な発達障害の定義」参照（p.171）

今日では，都市化や核家族化が進み，孤立し，閉塞感と負担感を抱えたまま，子育てをしている親は少なくない。少子化の進行に伴い，子育てを身近に経験することも周りから助けを得ることもできないため，親たちは，どのように子どもを育ててよいのか戸惑うようになった。その例として 2008 年 3 月に起きた三郷・2 歳児遺棄致死傷事件がある。

この事件は，長男と双子の次男・長女の幼児 3 人が置き去りにされ，次男（当時 2 歳）が死亡，長女が負傷したというものである。同居していた祖父母は，子どもたちが母から置き去りにされていたことに気がつかなかったという。母である A 被告（30 歳）は，「保護責任者遺棄致死傷」の罪に問われ，8 月に初公判が行われた。事例 8 － 1 は，公判の際の検察側の指摘と弁護側の主張を紹介したものである。親からどんなにひどい状況におかれても親を責めることもせず，自分が悪かったからと受け止めようと苦悶する子どもの姿を，この事件から知ることができる。

●事例8−1

●三郷・2歳児遺棄致死傷事件

　事件当時6歳だった長男が1日数十回，「弟や妹が泣いている」と（母であるA被告に）電話で助けを求めたが，（A被告は）せいぜい1日1〜2回，子どもたちのいる祖父母宅の玄関先に行って，ハンバーガーなど出来合いの食べ物を長男に渡すだけで，おむつ交換などをしなかったと（検察側は）指摘。児童相談所職員などとの面会も拒み続け，「20歳前半から育児に追われていたので，一人の女として自由になりたい」と供述したという。一方，弁護側は，Oちゃんが夜泣きがひどかったことや内縁の夫や実母らの支えもなく，「育児放棄になりやすい状況だった」と主張。「交際を始めたばかりの男性に癒しを求め，育児放棄がエスカレートした」と述べた。（中略）検察側が長男の供述を紹介すると，（A被告は）あふれる涙をこらえることはできなかった。「ママが作ったシチューやカレーが大好き」という長男。母親が去った感想を検察官が聞くと「さびしかったよ。何度も電話したけど全然出ない」と答えたという。ゴミが散乱する部屋で出来合いのパンやお菓子を買い与えられる日々。「残っていたご飯を食べようとしたら腐っていた」。当時2歳の妹と弟を一生懸命笑わせようとしたが，長女が笑っても「弟（Oちゃん）はずっと泣いていた」という。Oちゃんの死を目の前にしたA被告は「お前はクビだ」と長男を平手で一発たたいたという。それでも長男は「本当に全部ボクが悪い。面倒みろと言われていたのに，全然お菓子とかあげないで」と母をかばったという。（2008年8月21日付朝日新聞）

　注：新聞に掲載されていた母と次男の実名は仮名にした。文脈上主語がわかりにくい箇所は，筆者が（　）で補足した。

4　社会的養護の現状

　社会的養護の必要な要保護児童に対して，社会は家庭に代わる環境を与え，健全な育成を図り，その自立を支援しなければならない。児童福祉法で，家庭に代わる環境として乳児院，児童養護施設，児童自立支援施設，小規模住居型児童養育事業，里親が規定されている。

　表8−4は要保護児童の養護問題発生理由（2019年）である。

　養護問題発生理由の主なものは，里親委託児の場合には「父母の養育拒否」17.7％，「父母の虐待」21.3％であり，養護施設児の場合には「父母の虐待」44.3％，「父母の放任」12.1％，乳児院の場合には「父母の精神疾患」21.1％，「父母の虐待」21.2％となっている。

　一般的に「虐待」とされる「放任・怠だ」「虐待・酷使」「棄児」「養育拒否」を合計すると，里親委託児は全体の48.2％，養護施設児60.8％，乳児院児41.6％を占めている。

　2011年社会保障審議会児童部会社会的養護専門委員会は「社会的養護の課題と将来像」で，施設等の小規模化及び家庭養護の推進を打ち出し，将来に向け施設養護3分の1，グループホーム3分の1，里親委託等3分の1を目指すことになった。

区　分	里　親		乳児院		児童養護施設	
	（人）	（%）	（人）	（%）	（人）	（%）
父母の死亡	116	6.2	9	0.5	84	1.8
父母の行方不明	48	2.6	16	0.8	28	0.6
父母の離婚	12	0.6	17	0.9	59	1.3
父母の不和	16	0.9	27	1.4	56	1.2
父母の拘禁	54	2.9	62	3.2	142	3.0
父母の入院	74	3.9	79	4.1	171	3.7
父母の就労	28	1.5	40	2.1	86	1.8
父母の精神障害	199	10.6	410	21.1	402	8.6
父母の放任怠惰	153	8.2	229	11.8	564	12.1
父母の虐待	400	21.3	411	21.2	2,074	44.3
棄　児	19	1.0	11	0.6	6	0.1
父母の養育拒否	332	17.7	155	8.0	202	4.3
破産等の経済的理由	109	5.8	154	7.9	107	2.3
児童の問題による監護困難	76	4.1	－	－	247	5.3
その他	238	12.7	322	16.6	452	9.7
計	1,874	（100.0）	1,942	（100.0）	4,680	（100.0）

表 8 － 4
養護児童等の養護問題発生理由別児童数（2019）

（厚生労働省「社会的養育の推進に向けて」2019〈令 1 〉）

❶　施　設　養　護

　1997 年の児童福祉法改正により，それまでの「養護施設」は「児童養護施設」となり，「教護院」は「**児童自立支援施設**」に改称した。それぞれの施設の目的に自立支援が追加された。児童養護の基本理念が保護から自立支援へと転換された。それに伴い児童自立支援計画の策定が求められることになった。児童自立支援計画には学校や地域の民生委員，保健センターなどの関係機関との連携や家庭環境の調整の項目が盛り込まれ，それらの重要性が明確にされた。

　2004 年の児童福祉法改正では，施設の目的に，児童養護施設や児童自立支援施設などを退所した者に対する相談やその他の援助を行うことが加えられた。施設養護は施設入所から退所後に渡って長期的な支援が必要であることが認識されてきたといえよう。

　2008 年の児童福祉法の改正では，「被措置児童等虐待の防止等」に関する条文（33 条の 10 ～ 17）が新設された。この法律は，乳児院や児童養護施設，知的障害児施設，児童自立支援施設等に入所している，あるいは里親に委託されている児童への職員等からの虐待を防止するためのものである。児童福祉施設内の虐待の発見者に通告を義務付け，通告した職員らに対する解雇などの不利益な扱いは禁じられた。子ども同士の暴力の放置も虐待とみなし，子ども本人も直接訴えられるとした。

　2011 年には児童福祉施設最低基準（改定後，児童福祉施設の設備及び運

児童自立支援計画：児童の自立を支援するために，児童が入所している施設が，児童相談所の援助指針を受けて，児童及びその保護者の意向と関係機関の意見をふまえて作成する，児童及びその家庭への援助の計画。

～乳児院の子どもたちの一日～

（二葉乳児院の子どもたちの一日を紹介します）

6：00　起床　〝おはよう！！　今日もみんなよくねむれたね～〟

子どもたちはみんな早起き。
1人目覚めると起きた子の声で次々と目覚めます。
お互いに〝おはよう！〟と声をかけあっているようです。

8：00　朝食　〝今日の朝ごはんはなんだろう？　みんなそろっていただきます！〟

朝はみんなお腹がぺっこぺこ。
自分で椅子に座って，〝早く～〟と
ご飯を催促しています。
〝ちょっとまってね～〟
職員はてんてこ舞いです。

10：00　午前の活動　〝いいお天気だね～。　さあ，お散歩にでかけよう！〟

乳児院の近くには，公園がたくさんあります。
〝今日はどこに行く？〟〝こっちー！〟子どもたち
行きたい方へ今日も出発～！

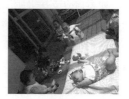

11：30　昼食　〝いっぱい遊んだから，おなかすいたね！〟

12：30　入浴　〝お風呂に入ってさっぱりしよう！〟

入浴は，昼食後か午睡後，又は夜寝る前にします。
職員も一緒に入ります。大切なスキンシップの時間
です。みんなお風呂大好きですよ。

13：20　午睡　〝おなかいっぱい，体もさっぱりしておやすみ～〟

午前中に，いっぱい活動して，ご飯も沢山食べ，
お風呂にも入ってみんな大満足！
布団に横になると，あっという間に眠ってしまいます。

15：30　午後の活動

午後は乳児院の中で過ごす事が多いですが，
読み聞かせや，手遊び，絵画のボランティアさんが来てくださったり，
お部屋でお誕生会をしたり，午後も楽しい事がいっぱいです。

17：00　夕　食

19：00　就寝準備　〝パジャマに着替えて。そろそろ，ねむくなってきたな～〟

順番にパジャマに着替えて寝る準備。
出ている布団に自分で行ってごろごろしたり，
〝まだまだ眠くないもん〟と
元気になる子もいます。

20：00　就　寝　〝今日も楽しかったね。明日は何して遊ぼうか？おやすみなさ～い〟

保育士　谷川裕香・橋爪主税

注：「二葉乳児院だより」第 7 号　2008 年 7 月発行より転載

営に関する基準）が改正され，乳児院，児童養護施設，知的障害児施設などでの直接処遇の職員配置の引き上げや家庭支援専門員，心理専門職，個別対応職員の設置が義務化され，居室面積及び居室定員が引き上げられた。母子生活支援施設の母子指導員の名称は母子支援員に改められた。

　以上を踏まえ，乳児院，児童養護施設，児童自立支援施設，およびこれらを退所後の児童自立生活援助事業について概観したい。

1　乳児院

　乳児院は，「乳児（保健上，安定した生活環境の確保その他の理由により，特に必要のある場合には，幼児を含む）を入院させて，これを養育」することを目的とする施設である（児童福祉法第 37 条）。

　乳児院は，2020 年 3 月 31 日現在全国に 144 か所あり，乳児院で暮らしている子どもの数は，全国で 2,760 人である。乳児院への入所理由は，未婚の母や母親の疾病，精神病，ノイローゼ等などが多く，家庭の養育機能の脆弱化を顕著にあらわしている。

　乳児院は，乳児の児童養護施設ともいうべきものであるが，乳児は，とくに年齢も幼いので，一般児童よりも疾病にかかりやすく，昼夜を通して 24 時間養護することが必要となる。そのため，医学的管理を重視して児童養護施設とは別に施設を設け，医師，看護師，保育士等を中心とする養護ができるようにしてある。乳児院で 2 歳を過ぎても家庭に戻ることが難しい場合は，児童養護施設か里親家庭に生活の場を移さなければならない。

　2000 年度以降，児童の早期家庭復帰を支援するための相談，指導にあたる**家庭支援専門相談員**が配置され，子どもたちが親または保護者のもとで生活できるよう支援している。乳児院は従来，おおむね 2 歳未満の子どもを措置する施設であったが，2004 年 12 月の児童福祉法改正で，子どもの障害・病気，きょうだいが一緒に入所しているなどの理由がある場合は，2 歳を超えても入所継続ができるようになった。2011 年の児童福祉施設最低基準の改正により，居室面積が一人当たり 1.65㎡ から 2.47㎡ に引き上げられた。

　134 - 135 頁は，ある乳児院での子どもたちの一日の様子である。家庭から離れての生活であるが，職員の愛情に包まれ，子どもたちが楽しい毎日を過ごしていることがうかがえる。

家庭支援専門相談員：（ファミリーソーシャルワーカー）乳児院，児童養護施設，情緒障害児短期治療施設および児童自立支援施設に配置され，児童相談所等との連携のもとに家族再統合に向けて相談・援助等により児童およびその家族への支援を行っている。

2　児童養護施設

　児童養護施設は，「保護者のない児童（乳児を除く。ただし，安定した生活環境の確保その他の理由により特に必要のある場合には，乳児を含む。以下この条において同じ。），虐待されている児童その他環境上養護を要する児童を入所させて，これを養護」し，あわせてその自立を支援することを目的とする施設である（児童福祉法第41条）。2020年3月31日現在，全国に612の施設があり，24,539人の児童が生活している。

　施設によって規模や運営は異なる。1つの大きな建物で全員が生活する施設（大舎制）のところもあれば，まだ数多くはないが，少人数で生活する施設（施設分園型グループホーム）を取り入れているところもある。1つの建物で20人以上が暮らす施設は，全体の約5割を占めている。

　子どもたちの生活全般は，児童指導員や保育士たちによりサポートされる。2歳未満では，子ども1.6人につき保育士または児童指導員1人以上，2歳では2人に1人以上という職員配置である。3歳から就学までは，子ども4人に1人以上，小学生以上では，子ども5.5人に1人以上を配置することが，児童福祉施設の設備及び運営に関する基準第42条で規定されている。2011年の改正により，一室の定員が従来の15人以下という大部屋収容を認めていた基準から「4人以下」に改善された。また，居室面積が一人当たり3.3㎡から4.95㎡以上（乳幼児のみの居室は3.3㎡以上）に引き上げられた。

　1992年より，入所中の高年齢児を対象に，退所後に自立した生活ができるように生活訓練が行われている（**児童養護施設分園型自活訓練事業**）。対象となった子どもは，おおむね1年間，施設外に設けた独立家屋またはアパートなどのグループホーム型の分園で生活する。また，義務教育終了後に就職する予定で，引き続き施設での生活指導や職場の人間関係等についての助言が必要と認められる子どもには，おおむね6か月入所措置を継続することが認められている。

児童養護施設分園型自活訓練事業：児童養護施設に入所しており，社会的自立を予定している高年齢児（おおむね中学3年生以上）を対象に，退所前の一定期間（おおむね1年間），本園との連携のもとにグループホーム型の分園で退所後の自立生活の促進を図るための生活訓練を行う事業。専任職員1名以上が配置される。

3　児童自立支援施設

　児童自立支援施設は，児童の不良性を取り除き，社会に適応した人間にすることを目的として，生活指導，学習指導及び職業指導を行う施設である（児童福祉法第44条）。しかし，不良行為をする児童の背景には，養護問題が見え隠れすることがある。1997年の児童福祉法の改正で対象として付け加えられた「生活指導を要する児童」とは，保護者の養育放棄などにより家庭での基本的な生活習慣が習得されていない児童などを意味している。家庭で監護することが困難と判断された児童が，一時親から離れて生活し，個々の状況に応じた指導を受け，自立に向けて支援することを目的としている施設

児童自立支援施設：第9章「非行問題」（p.145）参照

でもある。

　児童自立支援施設には，施設長，児童自立支援専門員，児童生活支援員，嘱託医，栄養士等の職員が配置されている。児童自立支援専門員，児童生活支援員の数は，おおむね児童 4.5 人につき 1 人とされている。児童自立支援施設の在所期間は，通常 1 ～ 2 年程度である。

❹　児童自立生活援助事業

　施設退所後の子どもの社会的自立に向け「児童自立生活援助事業」が実施されている（児童福祉法第 6 条の 3）。事業の実施施設である自立援助ホームの職員は，子どもに対して就職先の開拓や継続して仕事が続けられるよう助言をしたり生活指導などさまざまな支援を行っている。さらに 2016 年の児童福祉法改正により，自立までの継続的な支援をするために，入所中に大学等に就学している場合には，22 歳に達する日の属する年度末日までが支援の対象となった（2017 年 4 月施行）。

❷　　家　庭　養　護

年　次	里　親		
	登録里親数 （世帯）	児童が委託されている里親数 （世帯）	里親に委託されている児童数 （人）
1955 年度末	16,200	8,283	9,111
1975 年度末	10,230	3,225	3,851
1995 年度末	8,056	1,940	2,377
2015 年度末	10,679	3,817	4,973
2020 年度末	14,401	4,759	6,019

表 8 － 5
里親数，里親委託児童数

（厚生労働省「福祉行政報告例」）

❶　里親養護

❶　里親制度について

　児童福祉法において里親とは要保護児童を養育することを希望する者であって，都道府県知事が適当と認めたものである（第 6 条の 4）。

　1955 年には 9,169 人もの児童が里親家庭で生活していたが，1962 年をピークに里親登録数は減少し始め，1995 年には委託児童数もピーク時の 4 分の 1 近くまで減少した。厚生労働省が里親委託率を 2014 年度までに 16 ％引き上げること等を目標として掲げたこともあり，最近は増加傾向にある（表 8 － 5）。

　「子どもの権利条約」の前文には，「児童が，その人格の完全なかつ調和のとれた発達のため，家庭環境の下で，幸福，愛情及び理解のある雰囲気の中で成長すべきである」と述べられている。保護が必要な児童は，可能な限り家庭的環境の中で養育されることが望ましいと明文化された。しかし日本では，里親養護は，保護が必要な児童の約 15 ％しか行われていなかった。2002 年に厚生労働省令「里親が行う養育に関する最低基準」および「里親の認定等に関する省令」が発せられ，里親保護が，ようやく児童福祉の制度として整えられた。2008 年の法改正で，養育里親が養子縁組里親を含む里親一般と区別して定められ，養育里親と専門里親の里親手当を倍額に引き上

げ，さらに里親研修を充実させた。2016 年の法改正で，家庭における養育環境と同様の養育環境において継続的に養育されるよう必要な措置を講じなければならない（児童福祉法第 3 条の 2）と，家庭養育の重要性が明記された。その結果，里親委託率は，22.8％（2020 年 3 月末）まで上昇している。

❷ 里親の種類

　里親は，2008 年の法改正により養育里親，親族里親，養子縁組里親の 3 つに大別され，専門里親は養育里親に含まれることになった。

　養育里親は，要保護児童が家庭復帰できるまで，あるいはその児童が 18 歳になるまで家庭に引き取り，養育する里親である。専門里親は，虐待を受けた子どもに対し，個別的で親密な人間関係を保障し，きめ細やかな養育を提供する里親である

　養子縁組里親は，養子縁組によって養親になることを希望する里親である。親族里親は，両親が児童を養育できない時に，できるだけ養育環境が変わらないよう児童の親族が代わって養育できるようにする制度である（表 8 − 6）。この 4 類型の里親の登録数や委託されている里親数，委託児童数は，表 8 − 7 の通りである。

	役　　割
養育里親	保護者のない児童又は保護者に監護させることが不適当であると認められる児童（要保護児童）を養育する里親として認定を受けた者で，数ヶ月以上数年間ないし長期の年数にわたって里子を受託し，ケアする里親
専門里親	2 年以内の期間を定めて，児童虐待等の行為によって心身に有害な影響を受けた児童に対するケアの専門性を有し，かつ委託の要件が付され，手当の加算等が配慮されるべき里親. 次のいずれかの要件を満たし，専門里親研修の課程を修了した者 • 養育里親として 3 年以上の養育経験者 • 3 年以上児童福祉事業に従事した者 　（例）施設職員，児童福祉司，心理判定員，保健師，教員，家庭調査官，少年院教官等
養子縁組里親	養子縁組によって養親となることを希望する里親
親族里親	次に掲げる要件を満たす要保護児童を養育する里親として認定を受けた者 ①当該親族里親の三親等以内の親族であること ②両親その他要保護児童を現に監護する者が死亡，行方不明又は拘禁等の状態となったことにより，これらの者による養育が期待できないこと

表 8 − 6
里親の種類

区　分	総　数	養育里親	専門里親	親族里親	養子縁組里親
登録里親数 （世帯）	14,401	11,853	715	610	5,619
委託里親数 （世帯）	4,759	3,774	171	565	353
委託児童数 （人）	6,019	4,621	206	808	384

表 8 − 7
4 類型の登録里親，委託されている里親，委託児童数

（厚生労働省「福祉行政報告例」2020〈令 2〉）

愛着：(attachment) 愛着とは人もしくは動物がほかの特定の固体や集合体に対して形成する情愛の絆のことをいう。とくに，乳幼児と母親との情緒的結びつきについて用いることが多い。愛着の概念を，人間のもつ自然な欲求の一つとして，未熟さの含みをもち依存とは区別したのがボウルビィ（Bowlby,J.）である。（「カウンセリング辞典」ミネルヴァ書房　1999）

● コラム 8 − 1

● ネグレクトされた子どもと親子になる

　里親家庭に委託された子どもは，生みの親から適切な養育を受けられず，親との愛着関係の絆を築けなかった子どもが多い。そのため，里親養育は，一般の子育てよりも負担が大きいと言われている。里親夫婦が非血縁の里子を委託されてから親子関係が成立するまでは，3 段階の時期に分けて考えることができる。通常は，「見せかけの時期」と「試しの時期」を経て，「親子関係成立の時期」を迎える（岩崎 1998）。事例 8 − 2 はネグレクトの児童を養育した里親の事例である。親子関係ができるまでの経過について考えよう。

● 事例 8 − 2

● ネグレクトされた児童の里親委託

【見せかけの時期】
　乳児院から家庭に迎えた 3 歳の S ちゃんは，児童相談所からは知的遅れがあると言われていた。里親は近所に S ちゃんを連れて家族の一員になったことを挨拶して回った。家にきた直後はおとなしい子ですぐに慣れ，施設でやっていたように決まった時間に寝起きし，衣服もたたんだりする手がかからない子だった。

【試しの時期】
　3，4 日過ぎるとだんだん里母に対して殴る，蹴る，噛むという怒りを表すようになった。家では里母に命令口調で話すようになり，哺乳瓶で牛乳を飲み，偏食過食をするようになった。3 か月はまったく歩かずおんぶに抱っこ，トイレもお風呂も里母にべったりくっついていた。施設では排泄はしっかり自立していたのに，おもらしをするようになった。

【親子関係成立の時期】
　里親は S ちゃんの言う事を受け入れるようにしていたら，1 か月くらいたつと少し離れられるようになってきた。里親がほっとできるようになったのは 8 か月過ぎてからだった。

　里親家庭にきたばかりの子どもは，里親が本当に自分を受け入れてくれるのかどうかを見ており，「良い子」をしている。里親が「受け入れてくれる人」だとわかると，数日して試しの時期に入る。それまでできていたことをことごとく放棄して手のかかる，言うことをきかない子どもに変わっていく。里親にとってはまさに試練の時期となる。

　S ちゃんの心の中にある試しのテストに里親がパスしていくことで，S ちゃんは徐々に里親から離れられるようになり，偏食，過食その他の問題行動は消えていった。年齢が高い子どもや被虐待児の場合は，執拗に，里親の怒りを引き出すような挑発的な行動を取り，試しの時期が長期間（数年）におよぶこともある。そのため，親子関係が成立するまでの子どもの行動の理解と，関係機関の里親への手厚い支援が必要になる。

2 グループホーム

児童福祉施設には，2種類のグループホーム型事業がある。

1 児童養護施設分園型自活訓練事業

学校卒業等にともない退所が予定されている施設入所児童が退所する前に，地域の中で生活体験や必要な訓練を行い，社会人として必要な知識・能力を高め社会的自立の促進を図ることを目的とする事業である。実施場所は施設内または施設外に，通常の生活に必要な設備を持った住居を用意し，1施設あたり6人程度，おおむね1年位の期間で適切な職員の支援を受けながら家庭生活訓練，社会適応訓練を行い，退所後に備える。

2 地域小規模児童養護施設（施設分園型グループホーム）

主として長期にわたり家庭復帰が見込めない児童を対象に，地域の民間住宅等を活用し小規模な施設（定員6名）を設置し，近隣住民との適切な関係を保持しつつ入所児童の社会的自立を促進するものである。本体児童養護施設と一体的に運営するものである。職員は児童指導員又は保育士の有資格者で，原則として男女各1人の専任職員とされている。子どもたちは買い物や食事の準備，片付けを一緒に行う。職員と衣食住を共にし，家庭的な雰囲気の中で暮らしている。

2つの事業共に従来の施設養護と家庭的養護の中間的形態として，本体の児童養護施設機能を補完し，家庭的な養護形態を提供することが目的となっている。

3 小規模住居型児童養育事業（ファミリーホーム）

2008年の児童福祉法改正で「小規模住居型児童養育事業」が新設された。要保護児童の養育に関し，相当の経験を有する者その他の厚生労働省令で定める者の住居において，養育を行うものである。この事業を行う住居をファミリーホームといい，事業者の家庭において児童間の相互作用を活かしつつ，児童の自主性を尊重し，基本的な生活習慣を確立するとともに，豊かな人間性及び社会性を養い，児童の自立を支援することを目的としている。委託児童の定員は，おおむね5人又は6人とする。里親養育とファミリーホームの比較をしたものが表8-8である。

表8-8 里親とファミリーホームの比較

（厚生労働省「社会的養護の現状」2022〈令4〉）

	里　親	ファミリーホーム
形　態	家庭養護（養育者の家庭に迎え入れて養育を行う）	
位置づけ	個　人	第2種社会福祉事業（多くは個人事業者。法人形態も可能）
措置児童数	1～4名	定員5～6名
養育の体制	里親（夫婦又は単身）	養育者と補助者があわせて3名以上（措置費上は，児童6人の場合，常勤1名＋非常勤2名）
措置費	里親手当 養育里親 90,000円 （2人目以降も90,000円を加算）	上記の人件費に基づく事務費を委託児童数に応じて算定
		賃借による場合は，自治体により異なる措置費（国基準：1か月10万円）で算定
	児童の一般生活費（約52,370円），各種の教育費，支度日等は共通	

里親養育の位置づけとしては，里親が個人で行うのに対して，ファミリーホームは多くの場合，個人事業者が第2種社会福祉事業としての位置づけとなる。また，養育の体制は里親養育が里親のみで行うのに対し，ファミリーホーム養育は措置児童数が多いため，養育者と補助者を合わせて3名以上で養育にあたる。

ファミリーホームには以下の3つの形態がある。

❶ 自営型ファミリーホーム

① 養育里親（専門里親を含む）の経験者が行うもの
委託児童の養育の経験を有する里親が事業者となり，自らの住居をファミリーホームとして家庭生活を提供するものである。

② 施設職員の経験者が施設から独立して行うもの
児童養護施設等の職員の経験を有する者が事業者となり，自らの住居をファミリーホームとして家庭生活を提供するものである。

❷ 法人型ファミリーホーム

施設を経営する法人が，その職員を養育者・補助者として行うものである。

5 児童養護問題の今後の課題

2008年の児童福祉法改正では，児童養護施設入所児童等，被措置児道への虐待の防止のための規定が加えられた。施設内での体罰や性的暴行に歯止めをかけ，子どもが安心して過ごせる生活の場にするため，施設内の改善として1歩前進したといえる。2016年の児童福祉法改正では，児童虐待について発生予防から自立支援までの更なる強化等を図るため，児童福祉法の理念を明確化するとともに，子育て世代包括支援センターの法定化，市町村及び児童相談所の体制の強化，里親委託の推進等の措置が講じられた。しかし，それらの実現のためには，まだ多くの課題が残されている。

課題の1点目として，家庭における養育環境と同様の環境に向けて，施設の小規模化とグループホームへの移行，またファミリーホームをさらに推進していくことがあげられる。家庭生活の経験の乏しい子どもたちにとって，施設での体験を生活モデルにすることができるよう，施設での生活単位を小規模化し，ケアの質を高めることが必要である。また子どもたちが施設内だけでなく地域の一員として生活できるよう，グループホームやファミリーホームが地域に積極的にかかわるなどの取り組みや理解，養育への支援が必要である。また，児童養護施設やグループホーム等で生活する子どもたちへの退所年齢の延長と退所後の支援の充実が求められよう。

　2点目は，社会的養護のうち家庭養護で生活する児童数を増やすことになったが，その際の支援についての問題である。2016年の児童福祉法の改正によって，子どもに対する権利の主体，社会的養護の充実と家庭養育優先の理念，実親による養育が困難な場合の特別養子縁組による永続的解決，および里親による養育の推進が明確にされた。また，2017年厚生労働省から新たな社会的養育の在り方に関する検討会が作成した「新しい社会的養育ビジョン」が出され，乳幼児の家庭養育原則の徹底と年限を明確にした取り組み目標等が重視されることになり，少しずつではあるが里親養育を含む家庭養育委託の方向に進んでいっている。しかし，虐待やネグレクトを受け，愛着障害を抱えた子どもの養育は通常の子育てより数倍手がかかり，里親には忍耐が求められる。家庭に迎えた後の親子関係の構築が大きな課題となる。日本では，家庭養護が児童福祉の重要なサービスであるという社会認識の低さに加え，「親子＝血のつながり」という考えが根強い。社会の理解を求めるとともに，里親家族に長期的に寄り添いサポートできる相談支援体制づくりが求められている。

　3点目は，2016年の児童福祉法改正により児童虐待防止対策の強化を図るため，中核都市，特別区（一般の市町村と同じ基礎自治体で中核市と同等の人口規模を有している等）が児童相談所を設置できるようになり新規に開設されているが，施設設備，人材確保・専門家育成の支援など多くの課題に取り組む必要がある。そして虐待や家庭の問題などにより施設養護の中で暮らしている子どもたちのことも改善していかなければならない。児童福祉施設職員の勤務形態では，多くが2交代制または3交代制で行われており，家庭のような個別や一貫性のある対応，例えば「いってらっしゃい」「おかえりなさい」と同じ職員が子どもを迎入れる等難しいこともあり，子どもの愛着形成やパーマネンシーケアの観点からも職員の勤務体制の整備や工夫が求められている。また，子どもの情緒・行動面への対応などで精神的負担を強く感じている職員も少なくない。職員の精神的負担を軽減させるための精神的サポートの充実，専門性の向上に向けた取り組み等を行っていくことが施設で暮らす子どもたちの最善の利益を保障し，ケアの質を高めることに繋がるといえよう。　　　　　　　　　　　　　　　　　　　　　　　　（森）

パーマネンシー・ケア：
永続的な人間関係が保障
できる環境整備（才村
2005 p.48）

第9章

非 行 問 題

本章では，時代により非行のあり方が変化してきたことや，現代の非行の現状と社会的政策についてみていく。はじめに，非行とはどのような行為を意味するのか，共通理解をしておきたい。非行の歴史的変遷，非行が行われる背景と法制度，処遇について把握した上で，少年の自立にむけた福祉的対応とはどのようなことなのかを学びたい。

1 非 行 と は

非行とは「道義にはずれた行い，不正の行為。特に青少年の，法律や社会規範に反した行為」（「広辞苑」岩波書店）をさす。

では，具体的にどのような行為を非行というのであろうか。警察庁生活安全局「少年の補導及び保護の概況」によると，非行の具体例には表9－1のようなものがある。また表9－2に見るように，刑法犯少年のうち過半数が窃盗犯である。不良行為には，深夜徘徊（はいかい），喫煙，飲酒，家出，薬物乱用などがある。不良行為少年の補導件数の中で最も多いものは，表9－3に見るように深夜徘徊で，次いで喫煙である。

表9－1
非行の具体例

（警察庁生活安全局「少年の補導及び保護の概況」）

凶 悪 犯	殺人，強盗，放火，強姦
粗 暴 犯	暴行，傷害，脅迫，恐喝，凶器準備集合
窃 盗 犯	侵入盗（空き巣，事務所荒し）乗り物盗（自動車，オートバイ，自転車），万引き，車上ねらい，ひったくり，自動販売機ねらい）
知 能 犯	詐欺，横領，偽造
風 俗 犯	賭博，わいせつ
特別法犯	覚醒剤，大麻取締法，不正アクセス禁止法，軽犯罪法，銃刀法

表9−2
刑法犯少年の包括罪
種別検挙状況

（警察庁生活安全局「少年の
補導及び保護の概況」2021
〈令3〉）

表9−3
不良行為少年の態様別
補導状況

（警察庁生活安全局「少年の
補導及び保護の概況」2021
〈令3〉）

非行予防エクササイズ：
（押切　2006　p.207−
215）

	総　計	凶悪犯	粗暴犯	窃盗犯	知能犯	風俗犯	その他	占有離脱物横領
人数	14,818	410	2,815	7,421	923	469	2,780	1,051

区　分	総　計	深夜徘徊	喫　煙	飲　酒	不健全娯楽	粗暴行為	家　出
人数	308,563	158,202	92,786	13,815	12,829	5,904	3,694
区　分	怠　学	不良交友	暴走行為	無断外泊	金品持ち出し	不健全性的行為	その他
人数	3,642	2,924	1,771	1,077	820	810	10,289

「不良行為少年の態様別補導人員の推移」をもとに作成

　非行予防教育の方法として，「**非行予防エクササイズ**」の取り組みがある。そこで使われるエクササイズ「犯罪（非行）さがし」のワークシートからどのような行動が犯罪や非行にあたるのかを考えてみよう。

● エクササイズ

● 次にあげる行動例について，「ア．悪くないこと」「イ．悪いこと」「ウ．悪いことの中でも犯罪（非行）にあたること」に分けてみよう。

❶ みんなが待ち並んでいる列に，こっそりと割り込む。（　　　）
❷ 相手が頭にくることを言ったので，殴る。（　　　）
❸ お年寄りが目の前に立ったのに，電車で席をゆずらない。（　　　）
❹ 高熱があったので，大切なテストを休む。（　　　）
❺ 駅前に何日も放ってあった誰かの自転車を，勝手に持って帰る。（　　　）
❻ 友達の万引きがうまくいくよう見張りをする。（　　　）
❼ 困っている人がいたのに，急いでいたから知らんぷりをする。（　　　）
❽ スポーツの試合で，わざとではなく相手とぶつかり，ケガをさせる。（　　　）
❾ 用もないのにナイフを持ち歩く。（　　　）
❿ 青信号で横断していたら，急に車が曲がってきて，ひかれそうになる。（　　　）

　上記の中で，犯罪（非行）になるものは，❷，❺，❻，❾である。犯罪の種類は以下の通りである。

❷ ➡ 相手がケガをすれば傷害罪，ケガをしなくても暴行罪となる。

❺ ➡ 放置自転車の乗り逃げは占有離脱物横領罪，持ち主のはっきりしている自転車をとった場合は窃盗罪となる。

❻ ➡ 実際に手をださなくても，一緒に盗みをすると意識して見張りをすれば窃盗罪になる。

❾ ➡ 業務その他正当な理由による場合を除いて，刃体の長さが6センチメートルをこえる刃物を持ち歩いた場合は，銃刀法違反の罪になる。6センチメートルをこえなくても，刃物を隠し持てば，軽犯罪法違反の罪となる。

❶, ❸, ❼は道徳的な議論となり, ❹, ❽, ❿は「悪くないこと」に分類する人が多いであろう。他にも日常生活の中で起こりうる犯罪（非行）にあたる行動例を考えてみよう。

2 少年非行の歴史的動向

法務省「犯罪白書」（2015 年版）によると, 過去の刑法犯少年の検挙人員, 人口比は, 3つの山を形成しながら増減を繰り返してきたという。その増減には, その時代の社会情勢等が反映しているという。一つ目は 1951 年の 16 万 6,433 人をピークとする山, 二つ目は 1964 年の 23 万 8,830 人をピークとする山, 三つ目は 1983 年の 31 万 7,438 人をピークとする山である。それ以降, 少子化が進み, 刑法犯少年の検挙人数そのものは減少しているが, 人口比をみると, 2000 年以降に四つ目の山を形成している。2003 年度の 20 万 3,684 人をピークとして, 近年減少傾向にあり, 2014 年の検挙数は戦後最少の 7 万 9,499 人となっている。

村尾（2008）は, 元家裁調査官としての臨床実践から, 非行の特徴を, 時代背景から説明している。図9－1のように, 戦後から現在までを5期に分け, 少年非行の形態をまとめている。

● **第1期（1946 年から 59 年）「貧困型非行」**

  非行少年の7割が低所得層であるため,「貧困型非行」と言われる。1950 年の朝鮮戦争を境に経済復興が始まり, 各家庭にテレビが普及, 高校進学率が 50％を超えた。性非行や進学問題にからむ非行が増加し始めた時期である。

● **第2期（1960 年から 75 年）「反抗型非行」**

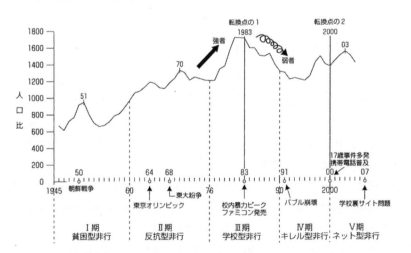

注：グラフは少年人口比を示す。少年人口比とは, 10 歳以上 20 歳未満の少年人口 10 万人当たりの少年刑法犯検挙人員の比率である。

図9－1
現代非行の特質と非行形態の移り変わり

（村尾　2008　p.17）

1965 年以降，学園紛争が起き，大学生，高校生が既成の権威や権力に反抗を示した時期である。1960 年の所得倍増政策を契機に，高度経済成長が進んだ。殺人や強盗などの凶悪事件が，戦後最も多発した。

● **第 3 期（1976 年から 89 年）「学校型非行」**

1970 年代後半は，物を盗むこと自体が「遊び」であるような非行が続出し，遊び型非行とも言われる。全国の中学校で校内暴力が頻発した時期である。

校内暴力：学校における生徒間の暴力事件，教員に対する生徒による暴力行為，学校内の器物破損など

● **第 4 期（1990 年から 99 年）「キレル型非行」**

バブル経済が崩壊し，少子高齢化社会の到来などいろいろな面で価値観の転換を迫られた時期である。いじめが重大な事件につながったり，1997 年の「酒鬼薔薇事件」や，1998 年には栃木黒磯市の 13 歳少年による女性教師刺殺事件に示されるように，「普通の子」が突然キレて起こした重大事件が続いた。

● **第 5 期（2000 年から現在）「ネット型非行」**

凶悪重大事件：佐賀バスジャック事件，愛知豊川主婦殺人事件，岡山母親バット撲殺事件など。

2000 年には 17 歳前後の少年による**凶悪重大事件**が多発した。殺人や強盗など凶悪事件を起こした非行少年たちには，過去に補導歴や非行歴がなく，「よい子の非行」とも言われる。1980 年代以降のＩＴ革命により，パソコンやインターネットが急速に普及した。2007 年現在，小学生の 3 割が携帯を所持しているとの報告もある。2003 年頃からネット集団自殺や出会い系サイトに関連した非行が起きるようになった。学校裏サイトを利用した，陰湿ないじめや非行が多発している。

3 　非行少年保護にかかわる法制度

1 　児童福祉法と少年法

非行児童は，児童福祉法における「要保護児童」のひとつである。通告や相談，他機関からの送致により児童相談所に持ち込まれた非行児童ケースについては，児童福祉法と少年法という二つの法律により，年齢や非行の程度等を考慮した様々な対応がなされる。非行児童保護を目的とする児童福祉施設としては「児童自立支援施設」がある。

少年法は，「少年の健全な育成を期し，非行のある少年に対して性格の矯正及び環境の調整に関する保護処分を行うとともに，少年及び少年の福祉を害する成人の刑事事件について特別の措置を講ずることを目的とする」（少年法第 1 条）法律である。「少年」とは，20 歳に満たない者をいう（第 2 条）。

少年法における非行とは，14 歳以上 20 歳未満の少年による犯罪行為，

14歳未満の少年による触法行為，20歳未満のすべての少年による虞犯行為の総称である（表9－4）。

少年法第3条第2項および児童福祉法第25条第1項の規定により，罪を犯した14歳以上の少年は家庭裁判所に通告される。14歳未満の場合は犯罪とは言わず「触法」として，児童相談所に通告される。これは刑法第41条で「14歳に満たない者の行為は，罰しない」と定められていることとかかわる。14歳未満の者の場合は，自身の責任能力等が十分でないことを考慮し，かわりに保護者の責任を問うことを優先し，保護を行うことこそ適切な処遇であると位置づけているからである。

	犯罪少年	14歳以上20歳未満の少年による犯罪行為
非行少年	触法少年	14歳未満の少年による触法行為（刑罰法令に触れる行為）
	虞犯少年	20歳未満の性格，行状等から判明して将来罪を犯し，又は刑罰法令に触れる行為をするおそれのある少年

表9－4
非行少年の分類

❷　少年法の改正と罰則化

2000年に少年法が改正され，少年への厳罰化がなされた。具体的には，14歳以上であれば刑事処分を可能とした（少年法第20条1項）ことや，16歳以上の少年が故意に犯罪行為により人を死亡させた時は，検察官送致を原則とした（同法第20条2項）ことなどがあげられる。

さらに，2007年の少年法改正では，少年院の収容対象年齢が14歳以上から「おおむね12歳」へと引き下げられ，小学生でも少年院に送致される可能性がでてきた。1997年の神戸連続児童殺傷事件の後，長崎の幼児突き落とし事件，佐世保の女子児童殺害事件など，14歳未満の触法少年の殺人事件が続けて発生し，少年犯罪の「凶悪化」「低年齢化」が強く印象づけられた。このことが，少年法の改正に影響したとみられる。

ただし，1957年からの触法少年による凶悪事件の推移（図9－2）をみ

図9－2
触法少年による凶悪事件の推移

（警視庁「犯罪統計書」）

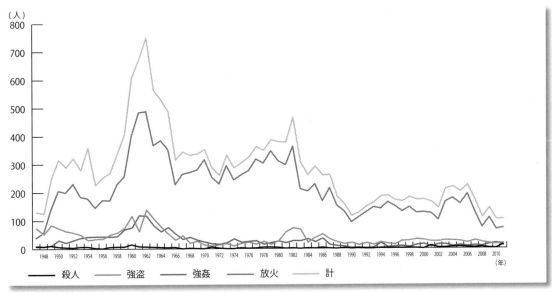

ると，殺人，強盗，強姦，放火などの凶悪事件の総計は，1962年の750件をピークに減少傾向が続いている。1998年からは，若干の増減をしながら横ばい状態にある。少年による重大な事件が連続して発生すると，より際立った印象を受けるが，長期的統計をみるかぎり，触法少年が「凶悪化している」と単純には言いきれないであろう。

2008年からは，少年審判の傍聴制度の創設，記録の閲覧，家庭裁判所の審判状況の被害者説明制度の創設など，被害者の権利を認める方向で改正は進められた。2014年の改正では，罪を犯した少年に対して言い渡せる「最長で懲役（禁固）15年まで」としている少年法の有期刑の規定を20年に引き上げた。少年審判への検察官の関与ができる範囲，少年審判手続きに付された少年に対して，弁護士である国選付添人を伏すことが出来る範囲を傷害，窃盗，詐欺，過失運転致死傷などの事件にまで拡大された。

2022年の少年法改正では，主に3つの点が改正された。1点目は，18，19歳の「特定少年」の取り扱いである。18，19歳も引き続き少年法が適用され，全件が家庭裁判所に送られ，家庭裁判所が処分を決定する。ただし，原則逆送対象事件の拡大や逆送決定後は20歳以上の者と原則同様に取り扱われるなど，17歳以下の者とは異なる取扱いがされることになった。

2点目は原則逆送事件が拡大されたことである。原則として逆送決定がされる原則逆送対象事件に，18歳以上の少年（特定少年）のとき犯した死刑，無期または短期（法定刑の下限）1年以上の懲役・禁固に当たる罪の事件（厳重建造物等放火罪，強盗罪，強制性交等罪，組織的詐欺罪等）が追加されることになった。

3点目は実名報道の解禁である。少年のとき犯した事件については，犯人の実名・写真等の報道が禁止されているが，18歳以上の少年（特定少年）のとき犯した事件について起訴された場合（略式手続きの場合は除く）には，禁止が解除される。

一方では，はたして厳罰を科すことによって犯罪（非行）はなくなるのか，という疑問の声が上がっている。児童福祉法では，非行少年を保護が必要な児童と位置づけている。少年法は，少年の健全な育成を期し，非行のある少年に対して性格の矯正及び環境の調整をするという教育的配慮を処遇理念とする。非行少年の真の更生に向けて，さらなる慎重な議論が必要であろう。

4　少年非行への対応

❶　臨床機関と手続き

　非行少年を扱う臨床機関として，警察の少年相談，児童相談所，**家庭裁判所，少年鑑別所**，児童自立支援施設，保護観察所，少年院，少年刑務所がある。それぞれの概要は表9－5のとおりである。

　非行少年に対する手続きの流れは，図9－3に示された通りである。犯罪（非行）を起こした少年は，家庭裁判所に送致される。14歳未満の少年については，都道府県知事または児童相談所長からの送致が必要となる。家庭裁判所の調査官は，少年が犯した非行の背景，生育歴などを，少年，保護者，

家庭裁判所：1923年に少年犯罪について保護処分を行う機関として行政官庁たる少年審判所が設けられ，48年に家庭事件を専門に取り扱う家事審判所が地方裁判所の特別支部として設置された。健全・平和な家庭環境と少年の不良化防止とは密接な関係にあることから，これを総合的に処理するために，家事審判所と少年審判所とを統合した裁判所として，家庭裁判所が49年に設置された。

表9－5
公的な非行臨床機関の概要

臨床機関	臨床機関の特徴等
●警察の少年相談 （警察署の生活 安全課少年係）	20歳未満の少年の，非行問題やいじめ，犯罪被害等に関する少年問題に関して警察官や少年相談員が相談を受け，非行・犯罪被害からの立ち直りに向けた支援をしている。 また合わせて，電話相談窓口（ユーステレホンコーナー）の設置による対応や，学校で行う各種非行防止教室，保護者や地域関係者等を対象として行う講演等，少年の非行を未然に防止し，規範意識を醸成していくために必要な啓発活動を行っている。
●児童相談所 （都道府県，指定 都市に義務設置）	相談の種別には，養護相談，保健相談，心身障害相談，非行相談，育成相談がある。 0歳から17歳の児童（児童福祉法4条）を対象に，①児童に関する問題について，家庭や学校などからの相談に応じる。②児童及びその家庭につき，必要な調査並びに医学的，心理学的，教育学的，社会学的及び精神保健上の判定を行う。③児童及びその保護者について，必要な指導を行なう。④児童を一時保護し，その後親に戻すか，児童養護施設などに預けるかを決定する。
●家庭裁判所 （地方裁判所に対応 しておかれる）	少年（未成年者）が犯罪を犯した時（非行）に，非行の事実を確認した上で，非行の内容や少年の問題性に応じた処分（少年院送致，保護観察，不処分，審判不開始など）を決める。少年の再非行防止，健全育成を目的としている。また，調停事件，審判事件，人事訴訟事件など，家庭内の紛争等を解決するための手続きを行う。
●少年鑑別所 （法務省所管， 全国52施設）	非行のあった少年は，家庭裁判所の行う審判に付され，処遇される。ここでは，①家庭裁判所の求めに応じ，鑑別対象者の鑑別を行う，②観護の措置が執られて少年鑑別所に収容される者等に対し，健全な育成のための支援を含む観護処遇を行う，③地域社会における非行及び犯罪の防止に関する援助を行うことを業務とする。
●児童自立支援施設 （国立2，公立54， 法人立2施設）	職員と児童が共に生活し育ちあう，「共生共育」を基本理念として，職員と寝食を共にしながら職員と子どもたちとの関係を密にしながら規則正しい生活の中で，清掃を始めとする環境整備や，農作業などを通じて集団の中で自律性や協調性を身に着けて，自立する力を養う。 敷地内に施設の近隣の小中学校の分校が併設されており，家庭での不適切な養育環境や生育の過程で，学校に行けていない子どもたちのために義務教育に相当する期間の学習環境が保障されている。 退院後の児童のために，新しい環境に向けた心構えを始め，退所へ向けての準備を行う。退所後は児童相談所や，他の福祉行政や福祉施設等と定期的に連絡を取り合いながら，生活の様子を見守っていく。必要に応じて相談に応じたり，関係機関と連携しながら支援を行っていく。
●保護観察所 （法務省所管， 全国50か所他）	保護観察官，保護司により，①面接による生活状況等の把握，②遵守事項を守って生活するよう指示・措置，③特定の犯罪傾向を改善するための専門的処遇などの「指導」（指導監督），①同居する家族と連絡をとらせる，②適切な医療機関の情報を提供，③就労に関する情報の提供，④ボランティア活動への参加を促す，⑤学校への協力を依頼，⑥薬物依存からの支援団体の情報を提供，などの「支援」（補導援護）を行う。
●少年院 （法務省所管， 全国46施設）	少年院は，家庭裁判所から保護処分として送致された少年に対し，その健全な育成を図ることを目的として，矯正教育や社会復帰支援等を行う施設である。少年の年齢や心身の状況により，第1種〜第5種の施設がある。 少年院では，少年の必要性や施設の立地条件等に応じた特色のあるさまざまな教育活動が行われている。 矯正教育の内容は，生活指導，職業指導，教科指導，体育指導及び特別活動指導から成り立っており，円滑な社会復帰を図るため，様々な関係機関と連携を図りながら，在院者の帰住先や就労・修学先を確保するなど社会復帰支援に力を入れている。
●少年刑務所 （法務省所管， 全国6施設）	16歳以上20歳未満の受刑者を収容する刑務所である。 少年刑務所は，保護処分に付すよりも刑罰を科す方が適切であると家庭裁判所に判断された少年が，刑事裁判にかけられて実刑判決を受けた場合に収容される施設である。 少年院と少年刑務所は，少年が何かしらの刑事事件を起こしたことによって収容される施設である点では共通しているが，少年院が少年の更生及び教育に重点が置かれているのに対し，少年刑務所は，基本的に成人が収容される刑務所と同様に，刑罰として刑務作業などを行うことになる。ただ，少年であることにも配慮はなされており，成人とは異なる教育的処遇も取られている。

少年鑑別所：家庭裁判所から観護措置の決定によって送致された少年を最高8週間収容し，少年たちが非行に走るようになった原因や，今後どうすれば健全な少年に立ち戻れるのかを，医学，心理学，社会学，教育学などの専門的知識や技術によって明らかにする。その結果は，鑑別結果通知書として家庭裁判所に送付され，審判や少年院，保護観察所での指導・援助に活用される。

保護司：地域社会の中でボランティアとして，犯罪を犯した人や非行に走った人たちの立ち直りの援助や，地域住民からの犯罪や非行の予防に関する相談に応じ，必要な助言・指導を行うなど，更生保護行政の重要な役割を担っている。

第1種少年院：保護処分の執行を受ける者であって，心身に著しい障害がないおおむね12歳以上23歳未満のもの（第2種少年院対象者を除く。）を対象とする。

第2種少年院：保護処分の執行を受ける者であって，心身に著しい障害がない犯罪的傾向が進んだおおむね16歳以上23歳未満のものを対象とする。

第3種少年院：保護処分の執行を受ける者であって，心身に著しい障害があるおおむね12歳以上26歳未満のものを対象とする。

第4種少年院：少年院において刑の執行を受ける者を対象とする。

図9−3
非行少年に対する手続きの流れ

（法務省「犯罪白書」2020〈令2〉）

学校の教員などから聴取し，調査，検討する。家庭裁判所調査官による社会調査と少年鑑別所における心身鑑別の結果を総合的にみて，家庭裁判所の審判がだされる。その際，少年の保護を原則とするため，通常の刑事裁判ではなく家庭裁判所で少年審判に付されることになる。重大な犯罪行為（死刑，懲役または禁錮にあたる罪）で，刑事処分をすることが相当であると家庭裁判所が判断した場合は，検察官に送致される。これは逆送といわれ，処理件数としてはごく少数であるが，検察官に起訴される可能性がでてくる。

2020年の家庭裁判所の処理件数は，最終処理人員が4万3,872人，審判を開始しない審判不開始が2万33人，審判をしたが処分をしない者が7,926人であった。保護処分には，保護観察，児童自立支援施設又は児童養護施設送致，少年院送致がある。2020年に保護処分された少年の内訳は，保護観察処分の少年が1万2,806人，少年鑑別所が5,197人，少年院1,624人，少年刑務所等の刑事施設が19人，少年院仮退院者が1,698人であった。

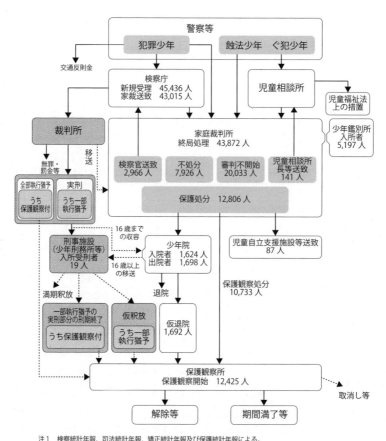

注1　検察統計年報，司法統計年報，矯正統計年報及び保護統計年報による。
　2　「検察庁」の人員は，事件単位の延べ人員である。例えば，1人が2回送致された場合には，2人として計上している。
　3　「児童相談所長等送致」は，知事・児童相談所長送致である。
　4　「児童自立支援施設等送致」は，児童自立支援施設，児童養護施設送致である。
　5　「出院者」の人員は，出院事由が退院又は仮退院の者に限る。
　6　「保護観察開始」の人員は，保護観察処分少年及び少年院仮退院者に限る。

（2020年）

❷　少年犯罪事例と処置

　少年犯罪（非行）には，どのような事件があったであろうか。「2005 年
度少年非行事例等に関する調査研究報告書」（内閣府共生社会政策統括官）
からいくつかを抜粋した。事件後，加害少年に対し，どのような経過があっ
て処遇が決定しているのか，非行少年の手続きの流れを見て理解しよう。

●少年犯罪（非行）事件の例

①　長崎県佐世保市における女子児童殺害事件
　　2004 年 6 月 1 日，小学校 6 年生の女子児童（11 歳）が，交換ノートやインター
　　ネットのホームページ上に同級生が記載した内容に腹を立て，自らが通う小
　　学校内で，当該同級生をカッターナイフで切りつけ，死亡させた。
　　【処分等】児童自立支援施設へ送致（2 年間の強制的措置）。

②　大阪府寝屋川市における小学校教職員殺傷事件
　　2005 年 2 月 14 日，無職の 17 歳の少年が，自らが卒業した小学校に侵入し，
　　男性教諭（52 歳）を持っていた包丁で刺して殺害し，女性教諭（57 歳）及び
　　栄養士（45 歳）の腹などを刺して重傷を負わせた。
　　【処分等】家裁が検察官送致（逆送）を決定。

③　大阪府東大阪市における幼児傷害事件
　　2005 年 4 月 21 日，東大阪市内に住む無職少年（17 歳）が，市内の公園で，
　　母親（35 歳）と遊んでいた男児（4 歳）の頭を，母親が目を離したすきに，
　　重さ 1.8kg の鉄製のハンマーで 1 回殴打し，頭蓋骨骨折の重傷を負わせた。
　　【処分等】中等少年院へ送致（家裁が収容期間について，2 年以上の「相当
　　　　　　　長期」を勧告）。

④　東京都板橋区における両親殺害事件
　　2005 年 6 月 20 日，高校 1 年生の男子生徒（15 歳）が，自宅で，寝ていた父
　　親（44 歳）の頭を重さ 8 kg の鉄アレイで殴るなどして殺害し，母親（42 歳）
　　も胸など数十か所を刺して殺害。その後，ガス栓を開いてガスコンロにつな
　　がるホースを切断し，タイマーの付いた電熱器を時限発火装置にして自宅を
　　爆発させた。
　　【処分等】家裁が検察官送致（逆送）を決定。

5　非行の要因と背景

　非行を起こす加害少年個人にすべての責任を負わせることは問題解決には
ならない。犯罪の背景となる要因を踏まえた上で，非行問題を把握していく
ことが重要となる。

❶　経済的要因

　終戦直後には，経済的窮乏，極度にひっ迫した食料事情と社会的混乱によっ
て少年非行が激増した。その後，高度経済成長により，経済的には豊かになっ
てきたと言われるが，果たしてすべての人が貧困から遠ざかって行ったのだ
ろうか。貧困は国の政策の関心外に置かれてしまった観がある。厚生労働省
が 5 年ごとに実施している児童養護施設入所児童等実態調査には，親の所

得や職業など社会経済的状況を示すデータが含まれていたが，1987年より削除されてしまった（松本,2008）。

しかし，1985年から2004年までの『矯正統計年報』をみると，全国の少年院生のうち，2〜3割は貧困な生活程度にある。経済的な生活基盤の弱さに加え，親の病気や入院，死亡などの生活問題が重複した時，子どもへの虐待が発生したり，非行につながりやすいことは，少年院の調査などで示唆されている。少年非行の背景には，貧困の問題が根深く横たわっていることを見過ごすことはできない。

❷　家 庭 環 境

従来，欠損家庭や貧困家庭が少年非行に結びつくといったステレオタイプの見方がなされることがあったが，両親が揃って経済的に豊かであっても，非行は起きている。

虐待と非行には，関連があることを示す調査結果がいくつかある。全ての社会的養護関連施設を対象にした調査（厚生労働省雇用均等・児童家庭局家庭福祉課，2009年）では，児童自立支援施設の入所児童の66.2％に虐待を受けた経験があったという結果がでている。また，2001年法務総合研究所が行った，少年院に在院している少年への「児童虐待に関する研究」によると，男子の49.6％，女子の57.1％に親からの虐待を繰り返し受けた経験があると報告されている。事例9－1からも，家庭で親から虐待を受けていたことが，少年の非行的な行動に影響を与える可能性を示している。ただし，非行の要因に被虐待経験があると示されたとしても，すべての虐待を受けた子どもが非行に走るわけではない。

●**事例9－1**

●身体的虐待を受け，低年齢から反社会的行動を示した男子

　両親とも暴力で家族を支配する未熟な父のいる家庭で育ち，若くして結婚。父は家族への愛情はあるが短気で，子どもや母親に暴力を振るった。母親は父親を怖れて忍従する一方，本児を大人のように頼りにし，期待通りに動かないと激しく叱責した。本児は安心と満足が得られない生活の中で，小学校低学年より家の金銭を持ち出し，徐々に万引きや火遊びや年少の子どもへの暴力に発展していった。これらの行動は常に単独で行われ回数も多くはなかったが，（年に数回）父が罰として暴力を振るうという悪循環に陥っていた。

　小学校4年生時，些細なことで父に殴られ顔中腫らして登校したところ，かねてから父の暴力を問題視していた学校が児童相談所に通告し，学校から直接本児を一時保護するに至った。

（犬塚 2007 p.144－145）

3 障害の影響

　非行傾向を呈する少年の中には，知的障害や発達障害をもつ少年がいることが指摘されている（事例9−2）。その数は決して多くはないが，適切な時期に適切な保護や教育を受けることができないまま成長したため，非行につながったとみられるケースである。障害それ自体が非行に結びつくものではないが，障害のある少年たちは，成長するにつれて疎外感や孤独感を強めている可能性がある。早期からの適切な支援が求められる。

● 事例9−2

● 児童自立支援施設主導の支援を得た発達障害の疑いのある少女

　中学校女子3年のB子（広汎性発達障害の疑い）は，小学校5年の冬ころから家出の非行が始まり，中学1年のときに車上狙いや友人宅侵入等により児童自立支援施設へ入所措置となった。その後，母親が自殺未遂を図るなど鬱状態となり治療を要するなど家庭環境も悪化していたが，B子の通っていた中学校が受け入れに積極的であったことから復学するための支援を実施した。高校合格により終結となった事案である。

● サポートの実施内容
　　B子の家庭状況，交友関係等を把握するため，絵画療法を活用し，B子自身に1週間を振り返っての出来事や気分，結果を書かせるなどした。
● 関係機関からのアプローチとして，
　・中学校：進学に向けた学習支援
　・児童自立支援施設：日誌と週1回の電話連絡
　・子ども家庭センター：B子と母親に対する月1回の面接
　・民生・児童委員：家庭訪問を通じての母親に対する生活環境支援
　・警察：月1回の親子並行面接
をそれぞれ実施した。
● 効果等
　・広汎性発達障害の疑いがある課題を抱え「禁止行為を為す事」が楽しい，対人関係が取りにくい等の問題点が認められたことから，各機関が相互的に関わることで，児童自立支援施設主導から，進学にあたり，学校主導へと移る中，高校合格の目標設定を意識させながら，家庭などの環境面からのサポートをすることで，再非行防止を図ることができたもの。親子間に極度の緊張感があったが，警察において親子並行面接を繰り返し，また，民生・児童委員が家庭訪問することにより，次第に親子関係から緊張感が無くなり，良好な関係へと変化していった。
　　広汎性発達障害の疑いがあるという特性の中で，規範意識の欠如については，B子自身「我慢できるようになった」と感想を述べているので，一定の効果はあったと思われるが，児童自立支援施設へ帰属しているという条件付きのもとで実施されたサポートであったための効果とも考えられる。

（「平成17年度　少年非行事例等に関する調査研究報告書」共生社会政策統括官
青少年育成ホームページ）

---

6 非行少年の自立支援

　非行少年のための入所施設は，児童自立支援施設と少年院の2つである。児童自立支援施設は厚生労働省，少年院は法務省の管轄となる。非行少年の自立を支援するため，どのような施策が講じられているかみてみよう。

❶ 児童自立支援施設における支援

　児童自立支援施設の前身は，1947年の児童福祉法で定められた「教護院」であり，1997年の同法改正により名称は児童自立支援施設となった。

　児童自立支援施設とは，不良行為をし，または，するおそれのある18歳未満の児童および家庭環境その他の環境上の理由により生活指導等を要する児童を入所させ，あるいは，保護者のもとから通所させて，必要な生活指導等を行い，その自立を支援することを目的とする施設である（児童福祉法第44条）。

　入所児童の問題行動の背景には，親から適切な愛情や養育を受けることができなかったなど，家族の問題が影響していることが多い。そのため，小舎夫婦制では寮長・寮母の夫婦が父母代わりとなり，家族的な雰囲気や温かい生活を通じて「育て直し」が行われる。時代の流れとともに，小舎夫婦制から交代勤務制に移行する施設が増えてはいるが，基本は擬似家族的な安全で安心できる環境の中で，他者への基本的な信頼感を育てることが理念となっている。他者への信頼感は，社会に出てからの人間関係の基礎を作るからである。

　施設は，自然に恵まれた環境にある所が多く，自然との触れ合いや日常生活を通じての指導は，治療的な教育効果も配慮されている。家庭で安らぐ場をもてなかった入所児童が，小舎制の家庭的な生活体験をすることにより，大人や他者への信頼感を取り戻し，自立していけるよう支援をしている。

❷ 少年院における支援

　少年院は，家庭裁判所によって少年院送致を命じられた少年および懲役または禁固刑を言い渡された，16歳未満の受刑者を収容する矯正治療施設である。少年院における矯正教育は，少年ごとに定められた個別目標を新入期，中間期，出院準備期に分けて段階を追って達成できるよう計画的に実施されている。

　教育内容は，生活指導，職業指導，教科教育，保健・体育および特別活動の5つの指導領域に分けられる。生活指導は，児童自立支援施設と同様に生活場面における指導と並行して治療的なプログラムも行われている。自分

の生活や行動を振り返る個別面接や，非行とかかわる問題性の改善を目的としたグループワーク，被害者の視点を取り入れた教育などに力を入れる施設も増えてきている。被害を受けた当事者や被害者支援関係者に講演してもらい，被害者の心情や思いを知ることにより，被害者とどのようにかかわっていくことが真の償いになるかを考えさせるのである。

　このように加害者である少年が自らの犯罪と向き合い，犯した罪の大きさや被害者の心情等を認識し，被害者に誠意をもって対応していくよう指導を一層充実させることが要請されている。

　矯正・更生保護の処遇の現場では，被害者の視点を取り入れた教育等の充実強化が強調されてきている。非行の反省をさせるだけではなく，社会の中で様々な人たちと対話でき，共に生きていけるように，豊かな共感性や自らを振り返る力を育てなければならない。被害者の痛みに共感させるため，遺族の手記の読書，ビデオ教材の視聴，被害者遺族の講話，**ロールレタリング**等の教育が試みられるようになってきた。

　しかし，被害者の思いを反映した教育プログラムは，組織立って実施されてはいない。加害者の少年が謝罪や賠償行動を取るケースは，決して多くはない。人に対する信頼感や思いやり等の暖かい心を回復させるためには，基本的な生活の安定や考える力を養う訓練を積み重ねなければならない。自分たちの非行やこれに関連する自らの体験，感情等を見つめ直させ，加害者として人に与えてきた痛みについて考えさせなければならない。被害者の視点に重点を置いた系統的な処遇プログラムを今後さらに展開する必要がある。

❸　退所後の支援

　非行少年は，児童自立支援施設や少年院などの施設を退所または仮退所した後，保護観察となる（図 9 - 4）。国が保護司など民間の人々と連携して，犯罪や非行をした少年が早期に更生できるよう助けるとともに，地域の犯罪

ロールレタリング：ロールレタリングは 1984 年に中等少年院で，少年たちに役割交換書簡法を指導したことが始まりである。自分のこれまでの人生のなかで最も関係の深い人物の心情を理解しようと努力する過程で，自分の問題点に気づき，相手の痛みを感知する。自己中心的な言動に歯止めをかけ，自らの意思で相互理解を深め現実に適応できる方法を選択し，非行からの回復を図り自立的な生活ができるように援助する方法。

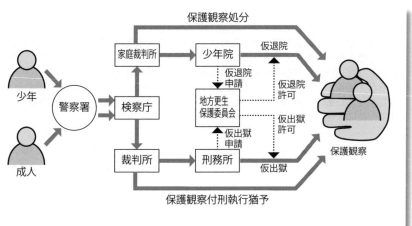

図 9 - 4
非行少年犯罪者の保護観察までの流れ

更生保護施設：全国101か所（2008年）。保護観察所からの委託や保護を必要としている人からの申出により，更生保護施設で保護し宿泊場所や食事の提供をするとともに，更正を果たすために必要な指導や援助を行う。

ＢＢＳ活動：
（Big brothers and sisters Movement）非行少年の良い「ともだち」となり兄や姉の立場に立ってその立ち直りを助けるとともに，犯罪や非行のない地域社会を目指して非行防止活動を行う青年の民間団体。

更生保護女性会：女性の立場から，地域社会の犯罪・非行の未然防止のための啓発活動を行うとともに，青少年の健全な育成を助け，犯罪者・非行少年の更生に協力することを目的とする女性のボランティア団体。

修復的司法：犯罪を被害者と加害者との間に地域社会の中で起きた害悪ととらえ，これを被害者と加害者，地域社会の人々が修復していくことを目指す。修復的司法は，20年以上前から，ニュージーランド，オーストラリア，カナダ，アメリカ，ヨーロッパで制度化され，現在ではアジア，アフリカにも広がりつつある。

対話の会：被害者の被害回復と少年の更生，地域社会の安全を目的に，慎重な準備を経て，被害者と加害少年，それぞれの家族や地域の人が話し合う会が開かれている。
（NPO法人被害者加害者対話の会運営センター：http://www.taiwanokai.org/top.html）

や非行を予防する活動も行っている。しかし，少年たちが自分の生活する居場所をみつけることができないケースも多い。退所後家庭に戻っても，保護者が少年を受け入れることができず，再び不良交友をするようになり，再犯に進んでいくことも少なくない。また，就職が長続きせずに離職する少年もいる。退所後の受け皿として，少年を雇う理解ある雇用主が非常に少ないこと，民間の更生保護施設が有効に活用されていないことも，再犯の要因としてあげられる。

退所後の支援には，ボランティア団体のＢＢＳ活動，更生保護女性会などもある。警察や家庭裁判所，児童相談所の行政機関と連携し，退所した少年を長期的に支援していくシステムの確立が求められている。

また近年，修復的司法の導入も試みられている。修復的司法は，退所後の加害者少年が自分の犯した罪と向き合い，贖罪（しょくざい）を含め，社会の一員として生きることをめざしており，有効な取り組みのひとつといえよう。千葉のあるＮＰＯ法人の「対話の会」で扱った具体的な事例を紹介する。

●ある NPO 法人の取り組み

- 集団リンチ事件で被害少年を死なせてしまった少年は，少年院から退院後，「対話の会」で始めて被害者の父から息子の遺体の無残さと，それゆえに母にすら対面させられなかった悲しさを聞かされた。
- 住居侵入窃盗をした少年は，何気なく選んだ家が新婚夫婦の新居であり，盗んだ指輪が結婚指輪だったことを知り，自分がいかに新婚生活を台無しにし，新妻の心に深い傷を負わせてしまったかを知った。
- 公園内に再現してあった縄文時代の竪穴式住居に放火してしまった少年は，公園の園長と会い，公園の職員が後始末のためにどれだけ大変な作業をしたかを知らされるとともに，「この住居を市民のボランティアで建て直すから，君も良かったら参加しないか」と言われ，にっこりうなずいた。
- ささいな嘘がばれるのを恐れて友達だった少女を刺してしまった少年は，今も背中に大きな傷の残る少女から「許してはいないけど，もう怒ってはいないよ」と言われ，いつか本当に許してもらえるよう懸命に働き，6年かけて毎月償いの賠償金を払い続けることを約束した。

被害者に拒否され「対話の会」を開けない場合も，少年たちは，進行役を通じて被害者が受けた悲しみや苦しみを知り，どうしたら被害者の気持ちをやわらげることができるかを深く考えるようになる。「どうぞ僕と会ってください。そしてお詫びさせてください」と被害者にお願いする手紙を進行役に託す少年もいれば，進行役から伝えて欲しいと被害弁償の提案をする少年もいる。被害者にとってもそれは，少なくとも加害少年に対する恐怖をやわらげ，自ら事件の後遺症から立ち直ろうとする一助になる。

（村尾 2008 p.98）

（森）

第10章

障害児福祉

知的障害児通園施設

1　障害のある子ども

1　障害とは何か

「障害」をどのように捉えているのかという，その人のいわゆる「障害観」は，障害のある子どもとのかかわり方に影響を及ぼすものである。そこで，障害とは何か，障害をどうとらえるのか，ということについて考えておきたい。

「障害」という言葉は，一般に，二つの異なる意味や視点で使われている。身体障害や知的障害など障害名や障害の種類，障害の程度というように，身体や精神の機能・形態の損傷や不全に対して用いられる場合と，これらが原因となって生ずるさまざまな生活上の困難や不自由，不利益をさす場合の，二つである。近年，特に国際社会では，後者の意味や視点が強調されるようになっている。そこで，国際社会の動きから近年の障害観の変化を眺め，あらためて障害とは何かを考えていきたい。

障害：「障がい」と表記されることがあるが，「コラム1−1」（p.15）に述べた理由から，本書では「障害」と表記する。

1　障害観の転換

WHO（世界保健機関）の障害分類は国際的にも広く認知されている。WHOは1980年，図10−1の「国際障害分類（ICIDH）」を発表した。「病

気や変調」により「機能・形態障害」が生じ，それが元で「能力障害」が発生し，「社会的不利」がもたらされる，あるいは「機能障害から直接社会的不利がもたらされる」ことを示した。この分類によって，「障害」は心身の機能・形態障害だけではなく，個人的なレベルの「能力障害」や社会的レベルの「社会的不利」を含め，多面的，総合的にとらえるべきであることが明らかにされた。

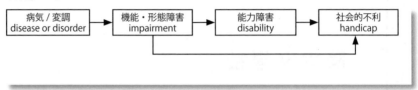

図10－1
WHO（世界保健機関）の1980年「国際障害分類」（ICIDH）

しかし，「社会的不利」は本人だけの問題ではなく，環境との相互作用において決まるとの観点から，WHOの障害分類は新たに見直され2001年に改訂された。それが，図10－2「国際生活機能分類（ICF：International Classification of Functioning, Disability and Health）」である。「障害は誰でもなりうるもの」との立場から，障害を「心身機能・身体構造」だけでなく「活動」や「参加」の状況からも理解しようとの方向性が示された。年齢や性別，価値観などの「個人因子」や，生活習慣や文化，法制度など社会的な「環境因子」も加え，個人の主体的な社会生活を総合的に判断・

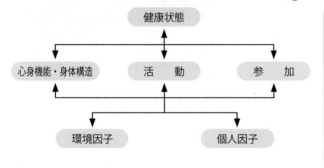

図10－2
WHO（世界保健機関）の2001年「国際生活機能分類」（ICF）

（厚生労働省 http://www.mhlw.go.jp/topics/index.html#syakai）

支援しようとしている。

用語も変更され，「機能障害」は「心身機能・身体構造」，「能力障害・能力低下」は「活動」，「社会的不利」は「参加」となった。これまでのような「～ができない」というマイナス面の分類から，プラス面も含めて総合的に見る分類へと視点が転換された。ICFは，生活機能から障害を分類し，障害のある人々の生き方にまで視野を広げた。ICIDHからICHへの転換は「医療モデル」から「社会モデル」への転換とも呼ばれる。

この新分類ICFにみるように，近年では，「障害」とは特定の個人にもともと存在するものではなく，社会環境との関連において作り出されるのだという考え方が強調され，障害観は大きく転換された。「社会の枠組みが一定の人々に生活上の不自由さや制約をもたらすのであれば，その部分を変える必要がある」というわけである。つまり，社会の側の不備によって不自由さや障害を被っている被害者こそが「障害者」である，という意味でとらえると理解しやすい。

2 人権の視点からの見直し

「障害とは，社会環境との関連において作り出される」という考え方が強調された背景には，「人権の視点」がある。障害を捉える考え方に「人権の視点」が盛り込まれるようになった経緯を，国際機関とわが国の施策を中心に見ていくことにしよう。

国連は 1975 年に「障害者の権利宣言」を採択し，「障害者は，障害の原因，性質，程度にかかわらず，同年齢の市民と同一の基本的権利を有し，可能な限り通常の生活を享受する権利をもつ」ことを公に宣言した。国連は 1981 年を「国際障害者年」とし，「障害者の完全参加と平等（Full Participation and Equality）」に向けた取り組みを示した。この考えを具体化するために 1982 年「障害者に関する世界行動計画」を採択し，1983 年から 1992 年を「国連障害者の 10 年」とした。

「障害者に関する世界行動計画」ではノーマライゼーションの理念を打ち出し，「障害者は，その社会の他の者と異なったニーズを持つ特別な集団と考えられるべきではなく，その通常の人間的なニーズを充たすのに特別の困難を持つ普通の市民と考えられるべきである」とした。障害の有無にかかわらず，全ての人があらゆる分野の活動に参加でき，通常の生活を送れる社会にしていこうとする考え方が明確に示された。1989 年には「子どもの権利条約」が採択され，障害による差別の禁止も盛り込まれた。

さらに，国連総会は「障害者権利条約」を 2006 年に採択，2008 年に発効した。あらゆる障害者の尊厳と権利を保障するための人権条約である。日本政府は 2007 年に署名を行い，本条約を批准するための準備を本格的に開始した。批准に先立ち，障害者の完全参加と平等に向けた立法や施策の取り組みが始まった。国内法の整備として「障害者基本法」が改正された（2011）。「障害者虐待防止法」が 2011 年に成立，「障害者総合支援法」が 2012 年に成立，「障害者差別解消法」が 2013 年に成立するなど，障害者のための様々な制度改革が集中的に行われた。そして 2014 年，障害者権利条約を正式に批准することとなった。このように国際的潮流の影響を受け，障害観の転換が図られ，わが国における障害者福祉制度の改革は急速に進展した（各法律の内容については p.171 を参照）。

障害者権利条約：
2006 年に国連総会が採択した，障害者に関する初めての国際条約。障害者の人権や基本的自由の享有，尊厳の尊重を促進し，障害者の権利実現の為の措置等を規定。①障害に基づく差別の禁止②障害者が社会参画し包容されることを促進，③条約実施の監視システムの設置等を含む。

2 障害のある子どものニーズ

いうまでもなく，障害のある子どもは「特別な子ども」ではなく，他の子どもたちと同様にあらゆる可能性をもち，心もからだも発達しながら未来に伸びゆく存在である。そして，児童権利宣言第 4 条に示されるように，「健康に発育し，かつ，成長する権利を有する」存在である。であるならば，子どもは障害がもたらすニーズに対し，支援を受ける権利をもつ。すなわち，

社会の側は，個々の子どものニーズに対応したサービスを提供し，医療や教育，福祉，法体系など，あらゆる社会環境を整備する義務と責任を果たさなければならない。

2006年，学校教育法は改正され，「特殊教育」から「**特別支援教育**」へと移行した。「障害児」を「教育上特別の支援を必要とする児童・生徒及び幼児」とし，「特別支援教育」を「障害による学習上又は生活上の困難を克服するための教育を行うもの」と位置づけた。「支援を必要としている子」の成長や発達を促すためにどのような支援ができるのかを，個別的，継続的に考えていこうとする取り組みである。子ども一人ひとりの教育的ニーズをとらえようとする取り組みは，障害のない子どもにも重要な意味をもたらす。支援する側には，障害があるかないかという一面的な区別ではなく，すべての子どもを多面的，総合的にとらえる必要性が生じてくるからである。

ただし，子どもの障害のニーズというのは，目に見えにくい。身体障害や器質的障害など直接的な「損傷や機能不全」であれば，原因やその存在が見えやすいこともあるが，発達障害のようにわかりにくい場合や，病名として診断されていない場合もある。子どもの成長に伴って障害の状況が変化したり，診断名が変わったりすることもある。子どもにかかわる大人は，障害に関する基礎的な知識をもったうえで，目の前にいる子どもの状態やニーズをしっかりとらえることが必要になってくる。

さらに，その子どもの保護者のニーズがどのようなものであるかを確認し，理解することが大切である。保護者が子どもの障害について混乱している場合や必要とするものがわかりにくい場合は，保護者と共に考え，支援策を探ってみる。保護者のニーズに応えられないような内容は，他の機関や専門家につないでいくことが大切である。

以上のようにみていくと，「障害」とは広い定義をもち，障害のある子どものニーズはさまざまである。こうした考えをふまえた上で，わが国における「障害」の定義や障害児・者支援のための法律，福祉施策の現状をみていくことにしよう。

3 わが国における障害の定義と実態

1 障害の定義と障害児・者数

障害者を支援する法律として，「障害者基本法」がある。では，障害者基本法は「障害者」をどのように定義しているのかをおさえておこう。同法では，下記のように「障害者」を身体障害者，知的障害者，精神障害者（発達障害者含む）の3つに定義する。それぞれに身体障害者手帳，療育手帳，精神障害者手帳が交付されている。障害をもつ18歳以上の者を「障害者」，18歳未満の者を「障害児」ととらえる。

> 障害者基本法（昭和 45 年法律第 84 号，2011 年改正法）
>
> 第 2 条
> 　一　障害者　身体障害，知的障害，精神障害（発達障害を含む。）その他の心身の
> 　　機能の障害（以下「障害」と総称する。）がある者であって，障害及び社会的
> 　　障壁により継続的に日常生活又は社会生活に相当な制限を受ける状態にある
> 　　ものをいう。
> 　二　社会的障壁　障害があるものにとって日常生活又は社会生活を営む上で障壁
> 　　となるような社会における事物，制度，慣行，観念その他一切のものをいう。

「障害児」の定義は，児童福祉法に次のように明記されている。

> 児童福祉法（昭和 22 年法律第 164 号，2016 年改正法）
>
> 第 4 条
> 　2　この法律で，障害児とは，身体に障害のある児童，知的障害のある児童又は精
> 　神に障害のある児童（発達障害者支援法〈平成 16 年法律第 167 号〉第 2 条第 2
> 　2 項に規定する発達障害児を含む。）又は治療方法が確立していない疾病その他の
> 　特殊の疾病であって障害者の日常生活及び社会生活を総合的に支援するための法
> 　律（平成 17 年法律第 123 号）第 4 条第 1 項の政令で定めるものによる障害の程
> 　度が同項の厚生労働大臣が定める程度である児童をいう。

　さて，それでは全国の障害児・者数はどれくらいであると報告されている
のだろうか。表 10 － 1 は，内閣府「2022 年版 障害者白書」の報告である。
これによると，身体障害児・者は約 436 万人，知的障害児・者は約 109 万人，
精神障害児・者は約 420 万人で，合計約 965 万人とされる。

		総　数	在宅者	施設入所者
身体障害児・者	18 歳未満	7.2	6.8	0.4
	18 歳以上	419.5	412.5	7.0
	年齢不詳	9.3	9.3	―
	合　　計	436.0	428.7	7.3
知的障害児・者	18 歳未満	22.5	21.4	1.1
	18 歳以上	85.1	72.9	12.2
	年齢不詳	1.8	1.8	―
	合　　計	109.4	96.2	13.2
		総　数	外来患者	入院患者
精神障害者	20 歳未満	27.6	27.3	0.3
	20 歳以上	391.6	361.8	29.8
	年齢不詳	0.7	0.7	0.0
	合　　計	419.3	389.1	30.2

注：ICD-10 の「V 精神及び行動の障害」から精神遅滞を除いた数に，てん
　　かんとアルツハイマーの数を加えた患者数。　　　　　　　　　　　（万人）
　　身体障害児・者の施設入所者数は，高齢者関係施設入所者を含まない。

表 10 － 1
全国の障害児・者数

（内閣府「障害者白書」
2022〈令 4〉）

❷　身体障害児

❶　身体障害児の定義

　「身体障害者」は，「身体障害者福祉法」で次のように定義される。「この
法律において，『身体障害者』とは，別表 に掲げる身体上の障害がある 18
歳以上の者であって，都道府県知事から身体障害者手帳の交付を受けたもの
をいう」。そして，「身体障害児」とは，「身体に障害のある児童（18 歳未満）
であって，身体障害者福祉法第 15 条第 4 項の規定により，身体障害者手帳

の交付を受けたもの」である。

身体障害の種類は，① 視覚障害，② 聴覚障害・平衡機能障害，③ 音声・言語そしゃく障害，④ 肢体不自由，⑤ 内部障害（心臓・腎臓・呼吸器・膀胱・大腸・小腸・免疫等）の５種類に大別される。

❷　身体障害児数

身体障害のある子どもの数や障害の状況について，統計データを見ることにしよう。厚生労働省の「身体障害児・者実態調査（2006）」の報告である。図 10 － 3 は全国の 18 歳未満の「障害の種類別にみた身体障害児数の推移」（1965 ～ 2006 年）を示している（ここでは，②と③の障害は「聴覚・言語障害」とひとまとめになっている）。全体的にみると，肢体不自由が６割前後と多く，次に内部障害が２割前後と多くなっている。2006 年現在の身体障害児数は，93,100 人と推計される。

図 10 － 3
障害の種類別にみた身体障害児数の推移

（厚生労働省「身体障害児・者実態調査」2006〈平18〉）

図 10 － 4　（左）
障害の種類別にみた身体障害児数（在宅）（2006 年度）（18 歳未満）

図 10 － 5　（右）
障害の組み合わせ別にみた重複障害の状況（身体障害児）

（厚生労働省「身体障害児・者実態調査」2006〈平18〉）

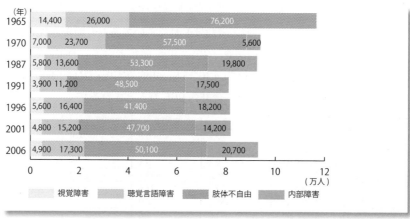

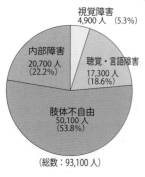

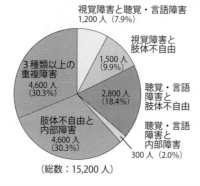

図 10 － 4 は，2006 年度の「障害の種類別にみた身体障害児数（在宅）」である。割合をみると，肢体不自由児 54 ％，内部障害児 22 ％，聴覚・言語障害児 19 ％，視覚障害児 5 ％となっている。肢体不自由児が，身体障害児総数の過半数を占めている。

図 10 － 5 は，2006 年度の「障害の組み合わせ別にみた重複障害の状況」である。重複障害のある身体障害児は 15,200 人で，そのうち，肢体不自由と内部障害をもつ子どもが３割，３種類以上の重複障害をもつ子どもが３割である。さらに，表 10 － 2 は，2006 年度の「障害の種類別・障害の原因別にみた身体障害児数」である。身体障害の主な原因では，出生時の損傷に

| | | 事　故 | | | 疾　病 | | | | 出生時の損傷 | その他 | 不　明 | 不　詳 |
	総　数	交通事故	その他の事故	小　計	感染症	中毒性疾患	その他の疾患	小　計				
総　数	93,100 (100.0)	1,200 (1.3)	1,500 (1.6)	2,700 (2.9)	1,500 (1.6)	300 (0.3)	7,400 (7.9)	9,200 (9.9)	17,900 (19.2)	16,700 (17.9)	32,200 (34.6)	14,200 (15.3)
視覚障害	4,900 (100.0)	− (−)	− (−)	− (−)	300 (6.1)	− (−)	300 (6.1)	600 (12.2)	606 (12.2)	1,200 (24.5)	1,500 (30.6)	900 (18.4)
聴覚・言語障害	17,300 (100.0)	− (−)	− (−)	− (−)	− (−)	− (−)	600 (3.5)	600 (3.5)	1,500 (8.7)	900 (5.2)	9,600 (55.5)	4,600 (26.6)
肢体不自由	50,100 (100.0)	1,200 (2.4)	1,500 (3.0)	2,700 (5.4)	900 (1.8)	− (−)	4,900 (9.8)	5,800 (11.6)	14,200 (28.3)	10,200 (20.4)	11,800 (23.6)	5,300 (10.6)
内部障害	20,700 (100.0)	− (−)	− (−)	− (−)	300 (1.4)	300 (1.4)	1,500 (7.2)	2,100 (10.1)	1,500 (7.2)	4,300 (20.8)	9,300 (44.9)	3,400 (16.4)

（18 歳未満，総数：93,100 人）　　　　　　　　　　　　　　　　千人（%）

表 10 − 2
障害の種類別・障害の原因別にみた身体障害児数（2006 年度）

（厚生労働省「身体障害児・者実態調査」2006〈平18〉）

よるものが 19.2% と最も多い。疾病によるものは 9.9%，事故によるものは 2.9% である。

3　知的障害児

1　知的障害児の定義

　知的障害は，かつて福祉行政のなかで精神薄弱と呼ばれていたが，現在では知的障害と呼ばれる。

　法律上では，知的障害児・者の定義は設けられていないが，厚生労働省の「知的障害児（者）基礎調査」において次のように定義されている。知的障害児（者）とは，「知的機能の障害が発達期（おおむね 18 歳まで）にあらわれ，日常生活に支障が生じているため，何らかの特別な援助を必要とする状態にあるもの」とされる。

2　知的障害児・者数

　図 10 − 6，表 10 − 3 は，厚生労働省「知的障害児（者）基礎調査（2005）」の統計データである。まず，図 10 − 6 は，2005 年度の全国の知的障害児・者数を示している。在宅の知的障害児・者は 41 万 9 千人とされ，施設入所中の知的障害児・者の 12 万 8 千人と合わせると 54 万 7 千人と推計される。

施設入所
128,000 人
23%

在宅
419,000 人
77%

（総数：547,000 人）

図 10 − 6
全国の知的障害児・者数（2005 年度）

（厚生労働省「知的障害児（者）基礎調査」2005〈平17〉）

	総　数	最重度	重　度	中　度	軽　度	不　詳
総　数	419,000 (100.0)	62,400 (14.9)	102,200 (24.4)	106,700 (25.5)	97,500 (23.3)	50,100 (12.0)
知的障害児 （18 歳未満）	117,300 (100.0)	22,000 (18.8)	28,100 (23.9)	26,200 (22.4)	33,300 (28.4)	7,700 (6.5)
知的障害者 （18 歳以上）	289,600 (100.0)	39,800 (13.7)	73,700 (25.5)	78,700 (27.2)	63,000 (21.8)	34,300 (11.9)
不　詳	12,100 (100.0)	600 (5.0)	400 (3.3)	1,800 (15.0)	1,200 (10.0)	8,100 (66.7)

人（%）

表 10 − 3
障害の程度別にみた知的障害児・者数（在宅）（2005 年度）

（厚生労働省「知的障害児（者）基礎調査」2005〈平17〉）

そのうちの子どもの数は，表 10 － 3 に示される。在宅の 18 歳未満の知的障害児は，約 117,300 人である。

❹ 重症心身障害児

❶ 重症心身障害児の定義

重症心身障害とは，医学的診断名ではなく，主に福祉行政の用語として用いられてきたものである。1967 年の児童福祉法改正で，「重症心身障害児施設」は法的に位置づけられ，児童福祉施設となった。これにより，重症心身障害児は，「重度の知的障害および重度の肢体不自由が重複している児童」と定義された。「重症心身障害児施設」は，障害の重複化等に対応するため，さらなる児童福祉法の改正で 2012 年に再編され（詳しくは図 10 － 8 を参照のこと），医療型の「障害児入所施設」に含まれることになった。

❷ 重症心身障害児・者数

重症心身障害児・者数については行政による大規模調査がなく，公表されていない。「知的障害児（者）基礎調査（2005）」を見ると，在宅で知的障害の程度が最重度・重度で，かつ身体障害者手帳の程度が 1 － 2 級に該当する者は，2005 年度で約 2 万人である。この数に施設の入所者数を加え，合計 3 万人前後がわが国の重症心身障害児・者数と推測できる。ただし，全国重症心身障害児（者）を守る会は，約 3 万 8 千人と報告しており，「重度」のとらえ方や定義によって数が異なっているとみられる。

2 障害児福祉の制度

❶ 障害児・者施策に関する法律体系

戦後，障害児・者に関する施策はどのように取り組まれてきたのだろうか。図 10 － 7 は，「障害児・者施策の動向」を見たものである。わが国の障害児・者に関する施策は 1981 年の「国際障害者年」を契機に急速に発展した。1983 年から 1992 年の 10 年間「障害者対策に関する長期計画」が実施され，1993 年から 2002 年の「障害者対策に関する新長期計画」に引き継がれた。1996 年から 2002 年の 7 か年間計画で「障害者プラン」が実施され，施策の推進が図られた。翌 2003 年から 2012 年までの 10 年で「障害者基本計画」が実施され，その計画を具体化するための「重点施策実施 5 か年計画」（新障害者プラン）が 2003 年から，「新たな重点施策実施 5 か年計画」が 2008 年から取り組まれた。2013 年から 2017 年には「第 3 次　障害者基本計画」が実施されている。

法律においては，1970 年に「心身障害者対策基本法」が成立し，同法は

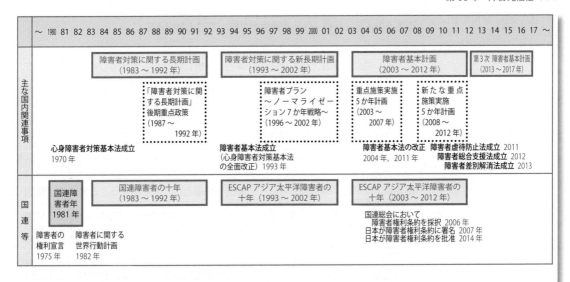

| ～ | 1980 | 81 | 82 | 83 | 84 | 85 | 86 | 87 | 88 | 89 | 90 | 91 | 92 | 93 | 94 | 95 | 96 | 97 | 98 | 99 | 2000 | 01 | 02 | 03 | 04 | 05 | 06 | 07 | 08 | 09 | 10 | 11 | 12 | 13 | 14 | 15 | 16 | 17 | ～ |

主な国内関連事項

障害者対策に関する長期計画（1983 ～ 1992 年）
障害者対策に関する新長期計画（1993 ～ 2002 年）
障害者基本計画（2003 ～ 2012 年）
第 3 次 障害者基本計画（2013 ～ 2017 年）

「障害者対策に関する長期計画」後期重点政策（1987 ～ 1992 年）
障害者プラン ～ノーマライゼーション 7 か年戦略～（1996 ～ 2002 年）
重点施策実施 5 か年計画（2003 ～ 2007 年）
新たな重点施策実施 5 か年計画（2008 ～ 2012 年）

心身障害者対策基本法成立 1970 年
障害者基本法成立（心身障害者対策基本法の全面改正）1993 年
障害者基本法の改正 2004 年，2011 年
障害者虐待防止法成立 2011
障害者総合支援法成立 2012
障害者差別解消法成立 2013

国連等

国連障害者年 1981 年
国連障害者の十年（1983 ～ 1992 年）
ESCAP アジア太平洋障害者の十年（1993 ～ 2002 年）
ESCAP アジア太平洋障害者の十年（2003 ～ 2012 年）

国連総会において
障害者権利条約を採択 2006 年
日本が障害者権利条約に署名 2007 年
日本が障害者権利条約を批准 2014 年

障害者の権利宣言 1975 年
障害者に関する世界行動計画 1982 年

1993 年に大幅に改正され，「障害者基本法」が成立した。「障害者基本法」は，2004 年と 2011 年に改正され，障害のある人の自立や社会参加の支援，教育上の支援，障害を理由とする差別の禁止等が規定された。2011 年の基本法の改正は p.161 でもふれたが，「障害者権利条約」の批准に向けた取り組みの基礎として行われた。

　国際人権法に基づく「障害者権利条約」では，障害に基づくあらゆる差別を禁止している。わが国はこの条約に 2007 年に署名して以来，その批准に向けて必要な国内法の整備や障害者に関わる制度改革を集中的に行ってきた。「障害者基本法」が改正され（2011 年），基本法の改正をふまえて関連法が次々に成立された。「障害者虐待防止法」が 2011 年に成立（2012 年施行）し，「障害者総合支援法」が 2012 年に成立（2013 年施行），「障害者差別解消法」が 2013 年に成立（2016 年施行）された。法制度改革により，2014 年にわが国は障害者権利条約の 140 番目の批准国となった。障害に基づくいかなる差別も無くし，全ての障害者が権利を実現できる社会を具現化するため，日本の障害者福祉制度は人権の視点が明確に盛り込まれた。障害者は福祉サービスを受ける人，保護される対象であったのが，権利を行使する主体者とみなされる。世界的な潮流の影響を受け，わが国においても障害者の完全参加と平等が目指されることとなった。

　では，改革の基本となった「障害者基本法」（昭和 45 年法律第 84 号，2011 年改正）を，少し詳しくみておく。同法は，障害者の自立及び社会参加の支援のための施策に関する基本事項を定めている。目的（第 1 条）と基本原則（第 4 条）を以下に記す。

図 10 － 7
障害児・者施策の動向

（内閣府「障害者白書」2016〈平 28〉より抜粋・加筆）

障害者虐待防止法：
（2011 年成立，2012 月施行）正式名称は「障害者虐待の防止，障害者の養護者に対する支援等に関する法律」。障害者の虐待の予防と早期発見，及び養護者への支援を講じるための法律。

障害者総合支援法：
（2012 年成立，2013 年施行）正式名称は「障害者の日常生活及び社会生活を総合的に支援するための法律」。障害者基本法の改正等を踏まえ，地域社会での共生の実現に向けて新たな障害保健福祉施策を講じるための法律。

障害者差別解消法：
（2013 年成立，2016 年施行）正式名称は「障害を理由とする差別の解消の推進に関する法律」。障害の有無によって分け隔てられることなく，共生社会の実現に向け，障害を理由とする差別の解消を推進することを目的とする。教育，医療，福

祉, 公共交通, 雇用など, 自立と社会参加に関わるあらゆる分野が対象となる。

障害者基本法（昭和 45 年法律第 84 号，2011 年改正法）

（目的）
第1条　この法律は，全ての国民が障害の有無にかかわらず，等しく基本的人権を享有するかけがえのない個人として尊重されるものであるとの理念にのっとり，全ての国民が，障害の有無によって分け隔てられることなく，相互に人格と個性を尊重し合いながら共生する社会を実現するため，障害者の自立及び社会参加の支援等のための施策に関し，基本原則を定め，及び国，地方公共団体等の責務を明らかにするとともに，障害者の自立及び社会参加の支援等のための施策を総合的かつ計画的に推進することを目的とする。

（差別の禁止）
第4条　何人も，障害者に対して，障害を理由として，差別することその他の権利利益を侵害する行為をしてはならない。
2　社会的障壁の除去は，それを必要としている障害者が現に存し，かつ，その実施に伴う負担が過重でないときは，それを怠ることによって前項の規定に違反することとならないよう，その実施について必要かつ合理的な配慮がされなければならない。
3　国は，第一項の規定に違反する行為の防止に関する啓発及び知識の普及を図るため，当該行為の防止を図るために必要となる情報の収集，整理及び提供を行うものとする。

---

② 　近年の「障害児支援の強化」に向けた取り組み

■ 障害児施設の一元化

　障害児支援の強化を図るため，2012 年より改正児童福祉法や改正障害者自立支援法が施行され，障害児施設・事業が一元化された（図 10 − 8）。

　障害児を対象とした施設・事業はこれまで，「施設系は児童福祉法」，「事業系は障害者自立支援法（児童デイサービス）」に基づいて実施されてきたが，2012 年からは児童福祉法に根拠規定が一本化された。18 歳以上の障害児施設入所者については，障害者自立支援法により対応されることとなった。

　また，障害児施設（通所・入所）はこれまで障害種別に分かれていたが，

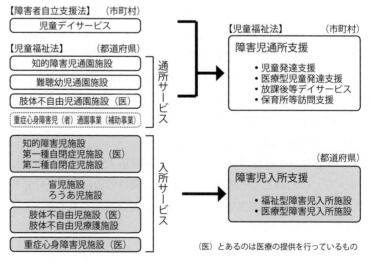

図 10 − 8
障害児施設・事業の一元化イメージ

（厚生労働省「児童福祉法の一部改正の概要について」2012〈平 24〉）

障害の重複化に対応するとともに，より身近な地域での支援を実現するため，2012 年に再編された。入所による支援を行う児童福祉施設は「障害児入所施設」へ，通所による支援は「児童発達支援センター」へと一元化されたのである（図 10 − 8）。入所施設は，医療の提供の有無によって「福祉型」か「医療型」のどちらかに分かれ，知的障害児施設は福祉型，肢体不自由児施設や重症心身障害児施設は医療型の「障害児入所施設」に含まれた。18 歳以上の入所者については，障害者自立支援法の障害者施策（障害者サービス）により対応される。

❷　放課後等デイサービス，保育所等訪問支援の創設

　2012 年より，障害児の放課後や夏休み等における支援の充実を図るため，「放課後等デイサービス」が創設された（児童福祉法 6 条の 2 ④）。学校授業の終了後や休業日に，生活能力の向上のために必要な訓練や社会との交流の促進が期待されている。そのほか，保育所等を利用中の障害児が集団生活に適応できるよう専門的な支援を提供する「保育所等訪問支援」も新たに創設された（児童福祉法 6 条の 2 ⑤）。障害児本人と施設のスタッフに対する支援が想定されている。

❸　「障害者総合支援法」成立の過程

　2000 年に身体障害者福祉法が改正され，「支援費制度」が導入された。これまでは，行政がサービス内容を決定する「措置制度」が取られていたが，障害者自らが福祉サービスを選択し，施設や事業者と契約を結び，サービスを利用する「契約制度」へと変わった。自己決定や利用者本位の考え方が明確になったが，実施においてはさまざまな問題点が指摘された。そこで，支援費制度の見直しが検討され，2005 年の「障害者自立支援法」成立へとつながった。

　「障害者自立支援法」は 2006 年より施行され，障害種別で異なる法律に基づいて行われていた福祉サービスや公費負担医療が一元化された。身体障害は身体障害者福祉法，知的障害は知的障害者福祉法，精神障害は精神保健福祉法，障害児は児童福祉法と，それぞれ異なる法律に基づいていたが，これらが一元化され，市区町村がサービスを提供することとなった。利用者負担は，所得に応じた負担（応能負担）から 1 割の定率負担（応益負担）に変更された。

　その後「障害者自立支援法」は改正され（2012 年），利用者負担が見直されて応能負担が原則となり，相談支援の充実，障害児支援の強化，地域における自立した生活のための支援の充実が図られることになった。さらに，先に述べた「障害者権利条約」の批准が視野に入ることで改革に弾みがかか

障害者総合支援法：
（2012 年成立，2013 年施行）正式名称は「障害者の日常生活及び社会生活を総合的に支援するための法律」。共生社会を実現するため，社会参加の機会の確保及び地域社会における共生，社会的障壁の除去に資するよう，総合的かつ計画的に行われることを法律の基本理念とする。

り，2012 年「障害者自立支援法」は名称・内容共に改正され，同年「障害者総合支援法」が公布されるに至った。地域社会における共生の実現に向けて，障害者の日常生活・社会生活を総合的に支援する新たな施策を講ずるための法律が成立した。

❹　「発達障害者支援法」の成立と改正

❶　発達障害児・者の定義

　自閉症や学習障害，ADHD などの発達障害は，これまで，身体障害，知的障害，精神障害という３つの枠組みからなる障害者制度の谷間に置かれ，発見や対応は遅れがちであった。そこで，発達障害のある人の生活全般にわたる支援と福祉の増進を目的に，2004 年「発達障害者支援法」が成立，2005 年より施行された。これまで支援が難しかった発達障害のある人への支援体制が整備されることになり，障害の概念も拡大された。発達障害者支援のさらなる充実を図るため，2016 年には改正法が制定された。

　以下に，「発達障害者支援法」の目的と同法における発達障害の定義を示す。主な発達障害の定義については，表 10 − 4 に示しておく。

発達障害者支援法（2004 年 12 月 10 日法律第 167 号）

（目　的）
第１条　この法律は，発達障害者の心理機能の適正な発達及び円滑な社会生活の促進のために発達障害の症状の発現後できるだけ早期に発達支援を行うことが特に重要であることにかんがみ，発達障害を早期に発見し，発達支援を行うことに関する国及び地方公共団体の責務を明らかにするとともに，学校教育における発達障害者への支援，発達障害者の就労の支援，発達障害者支援センターの指定等について定めることにより，発達障害者の自立及び社会参加に資するようその生活全般にわたる支援を図り，もってその福祉の増進に寄与することを目的とする。

（定　義）
第２条　この法律において「発達障害」とは，自閉症，アスペルガー症候群その他の広汎性発達障害，学習障害，注意欠陥多動性障害その他これに類する脳機能の障害であってその症状が通常低年齢において発現するものとして政令で定めるものをいう。
２　この法律において「発達障害者」とは，発達障害を有するために日常生活又は社会生活に制限を受ける者をいい，「発達障害児」とは，発達障害者のうち 18 歳未満のものをいう。
３　この法律において「発達支援」とは，発達障害者に対し，その心理機能の適正な発達を支援し，及び円滑な社会生活を促進するため行う発達障害の特性に対応した医療的，福祉的及び教育的援助をいう。

自閉症の定義〈Autistic Disorder〉	自閉症とは 3 歳位までに現れ，(1) 他人との社会的関係の形成の困難さ，(2) 言葉の発達の遅れ，(3) 興味や関心が狭く特定のものにこだわることを特徴とする行動の障害であり，中枢神経系に何らかの要因による機能不全があると推定される。
高機能自閉症の定義〈High‐Functioning Autism〉	高機能自閉症とは，3 歳位までに現れ，(1) 他人との社会的関係の形成の困難さ，(2) 言葉の発達の遅れ，(3) 興味や関心が狭く特定のものにこだわることを特徴とする行動の障害である自閉症のうち，知的発達の遅れを伴わないものをいう。また，中枢神経系に何らかの要因による機能不全があると推定される。
アスペルガー症候群〈Asperger Syndrome〉	アスペルガー症候群とは，知的発達の遅れを伴わず，かつ自閉症の特徴のうち言葉の発達の遅れを伴わないものである。なお，高機能自閉症やアスペルガー症候群は，広汎性発達障害に分類されるものである。
学習障害（LD）の定義〈Learning Disabilities〉	学習障害とは，基本的には全般的な知的発達に遅れはないが，聞く，話す，読む，書く，計算する又は推論する能力のうち特定のものの習得と使用に著しい困難を示す様々な状態を指すものである。学習障害は，その原因として，中枢神経系に何らかの機能障害があると推定されるが，視覚障害，聴覚障害，知的障害，情緒障害などの障害や，環境的な要因が直接の原因となるものではない。
注意欠陥多動性障害（ADHD）の定義〈Attention‐Deficit/Hyperactivity Disorder〉	注意欠陥多動性障害とは，年齢あるいは発達に不釣り合いな注意力，及び／又は衝動性，多動性を特徴とする行動の障害で，社会的な活動や学業の機能に支障をきたすものである。また，7 歳以前に現れ，その状態が継続し，中枢神経系に何らかの要因による機能不全があると推定される。

2 発達障害児・者数

　発達障害児・者数を把握した大規模調査は少ない。文部科学省が実施した 2012 年の調査では，公立小中学校の通学学級に，注意欠陥多動性障害（ADHD）など発達障害のある子どもが 6.5％在籍していると推定された。40 人学級であれば，1 クラス 2 ～ 3 人の割合になる。

　ただし，この数値は，学級担任を含む複数の教員により判断された回答であり，医師による診断ではない。成人期までを含めた調査資料もなく，正確な人数は把握できていない。自閉症の発症率については，千人対 1 ～ 2 人程度と考えられていたが，知的障害を伴わない高機能自閉症の概念等が普及したことで，発症率はさらに高くなるとみられている。

3 発達障害児・者支援施策

　発達障害者支援法の成立（2004 年）により，国及び地方公共団体は，発達障害のある人に対し「乳幼児期から成人期まで地域における一貫した支援の促進」等を行うことが責務とされた。各都道府県は，相談支援の中核的な機関として「発達障害者支援センター」を開設し，専門の職員が発達障害児・者や家族への相談支援，発達支援（教育支援）及び就労支援を行うことになった。また，文部科学省は厚生労働省と連携し，2008 年度から「発達障害等支援・特別支援教育総合推進事業」を実施し，乳幼児期から就労に至るまでの一貫した支援体制を全都道府県に整備することになった。

表 10 － 4
主な発達障害の定義

（文部科学省「主な発達障害の定義について」）

5　障害のある子どもの保育・教育

1　障害児保育

　障害児保育は，障害のある就学前の子どもを保育することである。主に，知的障害児通園施設など障害児専門施設や特別支援学校等の幼稚園部に通う場合と，一般の保育所や幼稚園で保育する場合，そしてそれらの両方を組み合わせる場合がある。前者のように複数の障害児を保育する形態を「分離保育」，後者のように障害児と健常児とを一緒に保育する形態を「統合保育」と呼ぶことも多い。「統合保育」の対象になる障害児は，保育に欠ける障害児であり，障害の程度が「集団保育が可能な程度の障害（中軽度）」の児童が対象とされる。具体的には，通所及び集団保育が可能な障害児であって特別児童扶養手当の受給資格を有する障害児とされている。

　「統合保育」は1974年の「障害児保育実施要綱」により制度化され，指定された保育所への障害児の受け入れや援助が行われるようになった。厚生労働省は，「障害児保育促進事業」として保育所に保育士を加配する事業を実施してきた。図10－9の「障害児保育の実施状況の推移」を見ると，現在，障害が中程度の子どもの受け入れは，全国の保育所で広く実施されるようになっている。放課後児童健全育成事業（放課後児童クラブ）でも，障害児の受け入れが推進されている。

　また，2015年度より施行された子ども・子育て支援新制度では，特別な支援が必要な子どもを受け入れる場合は関係機関と連携し，療育支援の補助者を保育所・幼稚園・認定こども園に配置することや，地域型保育事業で障害のある児童を受け入れた場合，支援が必要な児童2人に対し保育士1人の配置を行うこととなった。障害のある児童を受け入れる為の改修工事の補助や，障害児保育を担当する保育士の研修なども実施されている。

図10－9
障害児保育の実施状況の推移

（内閣府「障害者白書」2018〈平30〉）

注：児童数は，特別児童扶養手当支給対象児童数

❷　障害児教育（特別支援教育）

　障害のある子どもの教育については，2006 年に学校教育法が改正され，障害のある子ども一人ひとりの教育的ニーズに応じて適切な指導及び必要な支援を行うという理念の下で，特別支援教育制度に転換された。

　図 10 - 10 を見ると，2021 年では，義務教育段階の子ども全体の 5.6％にあたる約 54 万人が「特別支援教育」の対象になっている。そのうち，「特別支援学校」に通う者は 0.8％，小・中学校の「特別支援学級」に通う者は 3.4％，「通級」による（通常学級に在籍しながら）指導を受ける者は 1.4％である。

　改正学校教育法では，通常学級においても，発達障害を含めた特別な支援を必要とする学齢児童・生徒に対し適切な教育を行うことが，法律上明確に規定された。そして，通常の小・中学校に在籍する障害児に対し，特別支援教育支援員が配置されるようになった。支援員は，学校教育活動で必要な介助（食事,排せつなどの補助,車椅子での教室移動補助など）や,学習上の様々なサポート（LD の子どもへの学習支援，ADHD 等の子どもの安全確保など）を行う。

　また，先に述べた文部科学省・厚生労働省連携の「特別支援教育総合推進事業」は，発達障害を含むすべての障害のある幼児・学齢児童・生徒 を総合的に支援しようとするものである。教員の研修や外部専門家の巡回，個別の教育支援計画の作成など，支援体制の整備と質の向上が目指されている。

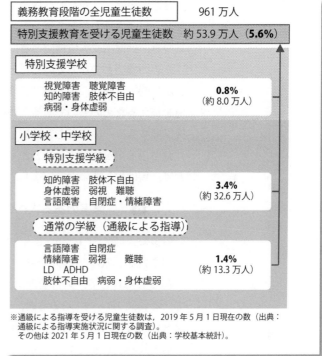

図 10 - 10
特別支援教育の対象の概念図〔義務教育段階〕

（内閣府「 障害者白書」2022〈令 4〉）

❸　発達障害児への支援

　発達障害は，早期に発見し，適切な支援につなげていくことが重要である。しかし，発達障害のある子どもの場合，どの機能や能力に障害があり，それがどの程度で,どんな支援があれば能力を発揮できるのかは理解されにくい。そのため，まわりの人は先入観から不適切な接しかたをしてしまうこともある。子どもの親も，「落ち着きがない」，「人を困らせることばかりする」など，子どもの行動が気になったり，まわりに気がねをして叱ったり疲労をつのらせていることが多い。「親のしつけが悪い」，「本人の努力が足りない」と言

われ，親や子どもが孤立して苦しんでいることもある。

　発達障害は，1歳6か月検診や3歳児検診，発達相談などの場や，保育所など，集団生活のなかで気づかれることが多い。保育士や教員は，早くから気づき，保健所や医療機関と連携し，必要に応じてコンサルテーションを受け，専門機関とつないでいくことが大切である。それは障害の診断を得ることが目的ではなく，その子どものニーズや支援方法を早く把握し，適切な環境を整えるためのものである。親へのサポートも重要で，必要な助言や情報提供をするほか，子どもとの接し方に悩む親同士が語り合い，不安や悩みを共有できる場を提供することが必要である。親同士が共感しあい支えあうことで，親は少しずつ力を回復し，子育てに前向きになれる。

6　　障害のある人への理解

　最後に，「障害」について人々がどのように理解しているのか，現状をみておきたい。2017年の内閣府の「障害者に関する世論調査」では，「障害のある人に対して，障害を理由とする差別や偏見があるか」について尋ねている。図10−11をみると，「少しはあると思う」を含め，「あると思う」は84％を占める。また，差別や偏見が「あると思う」と回答した人のうち，「5年前と比べて改善されている」と回答した人は50.6％であったが，41.5％は「改善されていない」と回答している。

　同調査では，「障害者基本計画」が目標とする「共生社会」の周知度についても尋ねている。障害のある・なしにかかわらず，誰もが社会の一員としてお互いを尊重し，支え合って暮らすことを目指す「共生社会」という考え方を知っているか聞いたところ，「知っている」と回答した人は41％で，「知らない」と回答した人は35％であった。日本政府が共生社会の実現をめざし，「障害者権利条約」を批准し，障害者福祉制度の改革を急速に発展させてきたことも，一般の人における周知度は低いのかもしれない。

　障害への支援は，「理解」から始まる。特に，発達障害は，生活環境の影響を受けやすい障害といわれ，まわりの人々がその子どもをどのように理解し，どうかかわるかによって，発達の度合いが変わってくることもある。かつて，**糸賀一雄**は，重度の知的障害などのある子どもたちと寝食を共にし，「この子らを世の光に」と訴え，「障害者と健常者が区別なく暮らせる社会」を作るために全身全霊を傾けた。糸賀が亡くなって50年以上経た今，はたして彼の理想とした社会は実現できているであろうか。糸賀は，「この子らが，生まれながらにしてもっている人格発達の権利を徹底的に保障せねばならぬ」と語った。糸賀の実践や理念を，我々はしっかりと継承していかなければならない。

糸賀一雄：
（1914-1968）戦後の混乱期に知的障害児等の入所・教育・医療を行う「近江学園」を創設したほか，重症心身障害児施設「びわこ学園」を設立するなど多くの施設を建設した。わが国の福祉と教育に新たな道を開き，「障害者福祉の父」と呼ばれる。

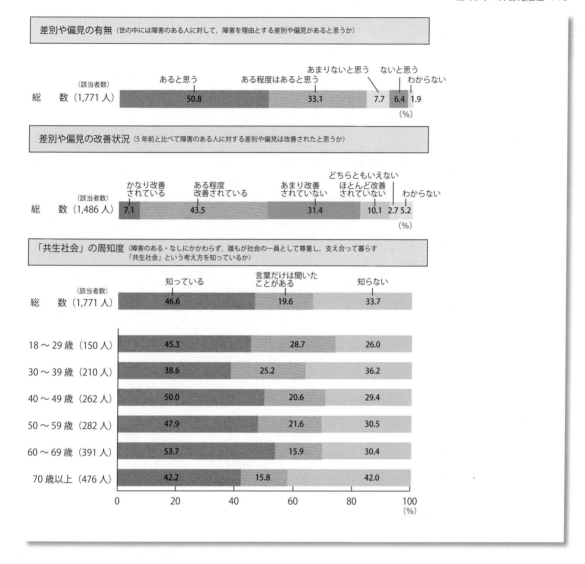

差別や偏見の有無（世の中には障害のある人に対して，障害を理由とする差別や偏見があると思うか）

	あると思う	ある程度はあると思う	あまりないと思う	ないと思う	わからない
総　数（1,771 人）	50.8	33.1	7.7	6.4	1.9 (%)

差別や偏見の改善状況（5 年前と比べて障害のある人に対する差別や偏見は改善されたと思うか）

	かなり改善されている	ある程度改善されている	あまり改善されていない	どちらともいえないほとんど改善されていない	わからない
総　数（1,486 人）	7.1	43.5	31.4	10.1　2.7	5.2 (%)

「共生社会」の周知度（障害のある・なしにかかわらず，誰もが社会の一員として尊重し，支え合って暮らす「共生社会」という考え方を知っているか）

	知っている	言葉だけは聞いたことがある	知らない
総　数（1,771 人）	46.6	19.6	33.7
18 〜 29 歳（150 人）	45.3	28.7	26.0
30 〜 39 歳（210 人）	38.6	25.2	36.2
40 〜 49 歳（262 人）	50.0	20.6	29.4
50 〜 59 歳（282 人）	47.9	21.6	30.5
60 〜 69 歳（391 人）	53.7	15.9	30.4
70 歳以上（476 人）	42.2	15.8	42.0

　現実の我々の社会には，未だに障害のある人々に対する無理解や偏見，差別が存在しており，障害を取り除く具体的な施策は緒に就いたばかりである。未来を支える子どもの福祉を保障するためにも，人権の視点にしっかりと立ち，障害者の完全参加と平等が目指されなければならない。そうすることによって，障害を持つ人も持たない人も自分らしく暮らせる社会が実現されるのである。　　　　　　　　　　　　　　　　　　　　　　　　　　　（堀口）

図 10 − 11
障害者に関する世論調査の結果の抜粋

（内閣府「障害者に関する世論調査」2017〈平 29〉）

第11章

子どもの遊びの保障

1 子どもの「遊び」

1 子どもにとっての「遊び」の意味

　子どもにとっての「遊び」は，生きることそのものである。子どもは，全身を使い，五感もフルに活かしながら遊ぶことで，体力や持久力を身につけていく。仲間と一緒に遊ぶとき，もっと面白くしようと協力しあったり，それぞれの思いをぶつけあったりしながら，人間関係を学んでいく。遊びのなかで新しいことに挑戦し，失敗もし，考える力や問題を解決する力を育んでいく。

　「遊び」は，自分のしたいことを選び，それを実現するからこそ，気持ちがわくわくして楽しい活動になる。自分の選んだ活動には，危険を察知してそれを回避するという自己責任も伴うが，子どもはその体験を通してたくましさや五感を発達させていく。大人が「○○は危ないからダメ」「○○で遊びなさい」と先回りをし，子どもの活動を制限したり，いつも大人の管理下で遊ばせたりしていると，子どもが本来備えているたくましさや自ら育つ力を失わせてしまうことになる。子どもが自由に選び，仲間と夢中になって取り組むことができる「遊び」は，子どもの育ちや発達に必要不可欠である。

❷　モノのない時代の「豊かな遊び」

写 11-1　水汲みをする子ども

写 11-2　コマ回しをする子ども

写 11-3　空き缶を使って遊ぶ子ども

写 11-4　跳び馬をする子ども

村上義雄編『写真が語る子どもの 100 年』平凡社　2002

　高度経済成長期以前，子どもたちは家事労働の重要な担い手であった。水汲みや子守りなどは子どもたちの仕事であったし（写 11 － 1），田植えや稲刈りなど大人が忙しいときは，子どもも一緒に働いた。子どもたちはそれでも，家事の合間をぬって，あるいは背中に赤ん坊をおぶって子守りをしながら，路地や空き地で遊んだ（写 11 － 2）。大人たちは生活を送るのに精一杯であり，子どもたちの遊びに干渉することはなかった。

　子どものためのおもちゃは十分になく，あっても親に買ってもらえる子どもは少なかった。子どもたちは，石ころや空き缶など身近にあるものを用いて遊び道具を作り（写 11 － 3），オニごっこや跳び馬など体を使った遊びをした（写 11 － 4）。遊びが成立するには，おもちゃよりも仲間が必要であった。

　仲間の声を聞きつけて，路地の片隅に自然と集まってくるのは，異年齢の子どもたちである。年長の子どもがリーダーになって，小さな子どもも楽しめるルールを加えたり，その場にいる全員が楽しめるような新しい遊びを考え出したり，子どもたちはさまざまな工夫を凝らし，群れて遊んだ。

　事例 11 － 1 は，敗戦後の貧しい時代に幼少期を過ごし，食べる物も遊び道具もないなかで，「遊び」には恵まれていたと回想する 1942 年生まれの女性の手記である。この女性が，「遊びぬいた」と思える豊かな時間を持てたのは，当時の大人たちが身を粉にして働きながらも，子どもたちの遊ぶ姿に目を細め，地域全体で子どもの遊びを「保障」していたからであるにちがいない。

●事例 11 − 1

●精一杯生きていたころ

　戦後の貧しい時代が私の幼いときでした。かまどでご飯を炊き，井戸で水を汲み，たらいで洗濯，行水をしていました。（中略）友だちが紙に包んだ真っ白いお砂糖を食べていたり，キャラメルを食べているとうらやましかったものです。貧困家庭には進駐軍が無料で白いパンやチーズ，缶詰を配りました。家族八人で分けて食べるとほんのわずかでしたが…。（中略）

　紙芝居屋さんがきても，水あめも酢昆布も買えず悲しかったことも覚えています。「ただ見するな，あっちへ行け」という子もいましたが，紙芝居屋のおじさんは何も買わずとも見せてくれました。たくさんいろいろなことを考え，反骨精神をもちながらも，赤貧どん底でいじめぬかれ，学校でもの言わない女の子も町内ではやんちゃ娘でした。（中略）

　餓死しかけるほど貧乏で，おなかがペコペコでも，本当によく遊びました。竹馬，缶けり，跳び馬，めんこ，ビー玉，あちゃこ，おじゃみ，たけ返し…　友だちとの遊びは一番大切なものでした。そのころのことは脳裏に焼きついています。みんなで廃材のプラスチックなどでちいさな家や人形を作り，ままごとや着せ替えで遊びました。それはかなわぬ夢の実現遊び，メルヘンの世界でした。きびしい時代でしたが，ものの大切さ，人のやさしさやあたたかさ，からだごと遊ぶ楽しさを体験し，子どもなりに精一杯生きぬき，遊びぬきました。（後略）

（中村東輝子「ちいさいなかま」No.517　2008　p.8-9）

---

❸　モノのある時代の「貧しい遊び」

　高度経済成長期以前は，ほとんどの子どもが外で遊んでいたものであるが，今日では，外で遊ぶ子どもの姿を見かけなくなった。公園でも，仲間と駆け回ったり，楽しげに遊んだりする子どもの声は耳にしなくなっている。まれに，公園にいる子どもたちを見かけても，一人一人が小さなゲーム機を持って座り込み，ゲームに夢中になっている姿が多い。

　全国の保護者と園長の約 5,000 人を対象とした，全国国公立幼稚園長会の 2005 年度**調査**では，子どもの外遊びの時間が減っていることを明らかにした。国公立の幼稚園に通う子どもの 14％は，帰宅後ほとんど屋外で遊ばない。2 時間以上が 6％，2 時間未満〜1 時間以上が 22％，1 時間未満〜30 分以上が 37％，30 分未満が 21％と，前年度よりも時間が短くなった。子どもは，メディアを通しての知識は豊富だが，自然体験はごく身近なことに限られている（全国国公立幼稚園長会 2007）。帰宅途中か帰宅後に外で少しだけ遊ぶというのが，幼稚園児に多く見られるパターンといえよう。

　では，現代の子どもたちは，どこで遊んでいるのだろうか。**日本小児保健協会**が全国の就学前児（1〜6 歳）6,875 人の保護者を対象に，遊び場について尋ねている（日本小児保健協会 2000）。「子どもたちがいつも遊ぶ場所」が「自分の家」だと回答した割合は，1990 年度調査の 9％から 2000 年度

調査：国公立幼稚園の園長が加盟する全国国公立幼稚園長会が 2005 年に実施した調査である。

日本小児保健協会：1980 年度，1990 年度，2000 年度の 3 回調査を実施している。

調査の75％と10年間に大幅に増加した。「公園」の割合は61％から45％に減少，「児童館などの児童施設」も40％から5％へと減少した。子どもの遊び場は自宅が中心となり，子どもの行動範囲は狭くなっている。

1985年頃からファミコンがブームとなり，ファミコンやコンピューターのゲームソフト，ハイテクおもちゃなど，室内で遊べる玩具が次から次へと開発された。子どもたちは，一緒に遊ぶ仲間を探さなくても，モノを相手に一人で遊べるようになった。

大人にとっての「遊び」は，忙しい仕事や活動の合間の「息抜き」や「気分転換」であったりするが，子どもたちも最近は勉強や習い事で忙しく，「遊び」がスケジュールの合間の「息抜き」や「気分転換」になりつつある。優先すべき活動の合間に許された「ご褒美の時間」と言ってもよいかもしれない。細切れの遊び時間しか与えられなければ，仲間を集めることや，わくわくするような活動を展開することはむずかしい。遊び始めても，せっかく面白くなってきたところで中断させられるのは辛い。モノを相手に遊べば，てっとり早く「息抜き」ができ，途中で切り上げなければならない時もがっかりしないで済むからであろう。

このように，近年では，時間を忘れるほど夢中になったり，仲間同士で発展させたりするダイナミックな遊びは減り，家の中でモノを相手にした遊びが増えているのである。

2　子どもの「遊び」をめぐる問題

なぜ，最近の子どもたちは外で遊ばなくなったのだろうか。「自由に駆けまわったり，隠れたりできるような豊かな自然がなくなったため，子どもは外で遊ばなくなった」と指摘されることもあるが，自然が豊かに残っている地方でも，外で遊ぶ子どもの姿は見られなくなっている。子どもたちは，用事があれば家族にクルマで送迎してもらい，学校の往復以外に外を歩くこともなく，家の中で過ごすようになっている。

子どもの「遊び」は，「子どもが遊べる空間」や「遊び時間」，「遊び仲間」の3つの間（サンマ）があってはじめて成立するといわれる。現代ではこれらの確保が困難になったと言われるが，その背景をこの3つの要素に注目して眺めてみよう。

❶　遊び場の減少

子どもが外で遊ばなくなった背景には，様々な問題が考えられる。一つは，第2章でもふれたが，クルマが増加して屋外が危険になったためである。第2章図2－2（p.18）で見たように，現在，子どもの「交通事故死」は「不

慮の事故死」のトップを占める。図
11－1 は，1970 年以降の「自動
車保有台数の推移」である。自動
車保有台数は高度経済成長期に急
増し，現在も増加の一途をたどる。
2020 年には 7,800 万台を超え，こ
れは世界の自動車保有台数の約 1 割
を占める。また，日本の可住地面積
当たりの自動車保有台数（車両密度）
は世界的に見ても極めて高い。高密
度化するクルマ社会で，子どもの交通事故は増えている。

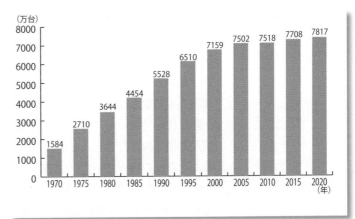

（万台）

図 11－1
わが国の自動車保有台数
の推移（四輪車）

（自動車検査登録情報協会
2020）

　子どもは，自分の足で移動できる範囲内で遊ぶため，かつては家の前や路
地端が遊び場であった。仲間が集まり，もっとダイナミックに遊びたくなる
と，広いスペースのある公園や空き地に移動した。かつての遊び場であった
生活道路は今，クルマに占領されている。写 11－5，6 の「子どもたちの
通学風景」を見てほしい。住宅街の路地を走り抜けるクルマの横を，子ども
たちは身を縮こまらせて歩く。自宅の前で遊ぶどころか，通学することすら
危険になっている。空き地もほとんど残されていないた
め，安全に遊べる場所は，遠くにある公園か放課後の校
庭，家の中ぐらいとなった。

　二つ目は，小学校に不審者が侵入して凶悪な事件を起
こしたり，登下校時や放課後に誘拐されたりなど，子ど
もが犯罪に巻き込まれる事件が相次いでいることがあ
る。不安になった親たちは，子どもを一人で外に出さな
くなった。かつての子どもたちは，日が暮れるまで外で
遊んだものであるが，大人の管理下にない場所で遊ぶこ
とは許されなくなった。

　三つ目は，安全対策の観点から，遊具が撤去されたり，
遊びが制限されたりした公園が増えているためである。
箱ブランコで遊んでいた小学生が死亡した事故や，円盤
式の回転遊具で遊んでいた小学生が指を挟まれ切断する
などの事故が相次ぎ，それらは危険な遊具として撤去さ
れた。公園を管理する行政側は，怪我の責任を問われな
いように遊びを制限する。しかし，子どもにとって，自
由に遊ぶことができない公園は魅力に乏しい。また，「犬
や猫が砂場に糞をしていて不衛生だ」と感じる親が，子
どもに公園を利用させないケースもある。このように，

●子どもた
　ちの通学
　風景

写 11－5

（車社会を問い
直す会 2004）

写 11－6

（小栗幸夫 2009）

安全対策と遊びの保障は，対立しがちである。

　四つ目は，子どもの遊び声を迷惑だと感じる大人が増えていることである。例えば，公園の噴水で遊ぶ子どもの声を「うるさい」として，近くに住む女性が騒音さし止めの仮処分を申し立てたことがあった。東京地裁は「噴水を使用してはならない」とする決定を出し，市は噴水を止めた。マンションの上階に住む幼児の走り回る足音で苦痛を受けたとして訴訟を起こし，東京地裁が賠償を命じたケースもある。子どもとは，声を上げて泣き，周りの手を煩わせながら育っていく存在である。ところが，「赤ん坊の泣き声がうるさい」「子どもの足音や遊び声がうるさい」「自宅前の道路や駐車場で子どもが遊んで危ない」など，住民による通報は少なくない。何を迷惑に感じるかは，個人の心身状態や生まれ育った環境で異なるであろうが，住宅が密集する都会では騒音をめぐるトラブルが発生しやすい。

　自治体の経費削減や統廃合の動きから，遊び場自体も減っている。こうして，子どもたちが遊べる空間はなくなってきている。

❷　　遊び時間の減少

　首都圏に住む就学前児（0〜6歳）の保護者1,144人を対象に実施した生活時間調査（NHK放送文化研究所2003）によると，平均のメディア接触時間（テレビ，ビデオ，テレビゲーム）は0歳で1時間48分，1歳で2時間48分であった。2歳以上の子どもは，毎日3時間程度メディアに接触していた。今では乳児さえもメディアを視聴しており，その時間は近年増加していることが明らかになった。1日の24時間から，睡眠や食事などの必需行動時間や拘束時間を引くと，自由時間（遊びの時間）が残るが，その時間の多くをメディア視聴が占めている。外遊びの時間は，メディア視聴によって削られているともいえる。

　また，保育園や幼稚園から帰ったあとの自由な時間に，水泳や通信教育，語学などの習い事をする子どもも増えている。首都圏に住む就学前児の保護者約4,000人に実施した**調査**（ベネッセ教育研究開発センター2015）によると，習い事や通信教育をしている割合は約半数を占める。年齢が上がるにつれてその割合は増え，6歳児では8割にのぼるという。親にとって，安全で教育的に配慮された場所で，短時間だけ子どもを遊ばせられることは好都合なのであろう。同調査は首都圏に限定されているものの，幼児の降園後の遊びは，外遊びからメディア視聴や習い事へとシフトしつつある傾向がうかがわれる。

❸　　遊び仲間の減少

　子どもたちは今，どこで誰と一緒に遊んでいるのだろうか。豊かな自然が

調査：第5回幼児の生活アンケート報告書・国内調査　2015

残っている地方でも，少子化が進み，きょうだいや地域の子どもの数は減少しており，外遊びをする子どもたちの姿を見かけなくなった。子ども同士が集まって遊ぶためには，大人の送迎や付き添いが必要になる。公園に出かけても，遊び相手がいないと面白くないし，家の中で遊んだ方がよいということになる。室内で遊べるモノは，豊富にあるからである。

　先のベネッセ教育研究開発センターの調査によると，「平日に幼稚園や保育園以外で遊ぶことが多い相手」は，1995 年時点で「兄弟」が 60％，「友達」が 56％，「母親」が 55％であった。2015 年時点では「母親」が 86％，「きょうだい」が 49％，「友達」が 27％であった。「母親」が 20 年前より 36％も増え，ほとんどの幼児が母親を相手に遊んでいることがわかる。母親とのふれ合い時間が増えたというよりは，子ども同士の遊びが成立しにくくなったといってよいであろう。

　現代の幼児は，自分の家で母親かきょうだい，あるいは少人数の友達と遊ぶことが多くなっているが，大人が一緒に遊んだり，付き添ったりすると，大人は子どもの遊びに介入してしまいがちである。子ども同士の口げんかや物の取り合いが始まれば，「仲良く遊びなさい」とたしなめる。しかし，幼い子どもは，子犬がじゃれあうように体をくっつけあって遊ぶものである。くっついたかと思うとすぐにケンカが始まり，ケンカが終わると，またくっついて遊ぶ。小さなケンカを繰り返しながらルールを見出し，他者の気もちや共に過ごすことの楽しさを知る。大人がケンカを止めたりルールを強制したりすれば，せっかくの自発的な学びの機会を奪ってしまうことになる。子どもの遊びに大人がどのようにかかわっていけばよいのか，距離の取り方は難しい。

❹　　現代の子どもの「居場所」

　以上見てきたように，現代では，子どもの「遊び」が成立する 3 つの要素を確保することが難しくなっている。クルマが子どもの集う場所を奪い，子どもたちは，身近な場所で遊ぶことも出歩くこともままならなくなった。地域からは邪魔者扱いされて屋内に追いやられ，その屋内ですら静かに遊ぶことが要求される。戸外には子どもの興味を引くような場所が減り，自由な時間も与えられないため，子どもたちは細切れの時間を，モノやメディアを相手に過ごすようになったというわけである。

　子どもは，成長とともに少しずつ行動範囲を広げ，やがて親の目の届かない範囲で生活するようになる。行動範囲の広がりは，子どもの自立度を示す。ところが，現代の子どもは大人の管理下で生活しなくてはならなくなっている。こうした悪条件が重なりあい，子どもたちの「居場所」は減っていったといえよう。

3　子どもの「遊び」を保障する場と制度

　子どもが心身ともに健やかに育つためには，健全な生活習慣が確立されなければならない。健全な生活習慣とは，ある日突然身に着くようなものではない。家族全員が規則正しい生活を送るなかで，子どもは繰り返し練習を積んではじめて，良い習慣を身につけていく。しかし，第2章で見たように，家庭や地域社会は戦後大きく変化してきており，その変化が「子どもの育ち」に負の功績をもたらしたことは否めない。

　児童福祉法では，「児童を心身ともに健やかに育成する」こと，すなわち「子どもの健全育成」は，国や地方公共団体及び国民の責務であるとする。「健全育成」とは，行政で用いられている用語であるが，「子どもが心身ともに健やかに育つための環境を保障する制度」のことである。その実現のために，どのような施策が行われているのかを見ていくことにしよう。

🔳　児童厚生施設

　児童厚生施設は，児童福祉法において，次の目的で設置されている。

> 児童厚生施設は，児童遊園，児童館等児童に健全な遊びを与えて，その健康を増進し，又は情操をゆたかにすることを目的とする施設とする。（児童福祉法第40条）

　児童厚生施設には，児童館と児童遊園とがあり，**児童の遊びを指導する者**（児童厚生員）が配置されている。その他，地域社会との連携を図り，子育てひろばや**母親クラブ**，子ども会活動など，地域の子育て支援活動の拠点としても重要な役割を担っている。

🔳　児　童　館

　児童館は，地域の子どもたちが遊びやスポーツ，文化活動などを通して，健康で豊かな情操を育むことを目的とした施設である。2014年現在，全国4,593か所の児童館が設置されている。大型（A型・B型・C型）や小型，児童センターなどの種類がある。館内には，集会室や図書室，遊戯室などが設置されている。

🔳　児　童　遊　園

　児童遊園は，幼児や小学校低学年の児童に屋外遊びの場を与えることを目的としたもので，2014年現在，全国2,742か所ある。都市公園法が定める児童公園とともに重要な子どもの健全育成の場となっており，繁華街や工場集合地域など，主に遊び場に恵まれない地域に設けられている。広場やブ

児童厚生施設において児童の遊びを指導する者：保育士・教諭の有資格者又は大学で心理学や教育学，社会学，芸術学，体育学を専修する学科又はこれらに相当する課程を修めて卒業した者等と定められている。

母親クラブ：昭和初期に母親たちが集まって活動を開始し，その後は全国で連携して展開した。社会の変化に伴い，活動内容や状況は変化し，現在は子育てサークルやボランティアグループなどの組織となっている。

ランコ，滑り台，砂場などの遊具設備やトイレ，水飲み場などが設置されており，児童厚生員が配置又は巡回を行っている。

　子どもが戸外で遊ぶことは，心身の発達や成長に不可欠である。児童遊園や公園は，親子同士や近隣の住民と出会う場所としても貴重な場である。しかし，児童遊園や公園には，先に述べたような課題も多い。遊具の点検や不審者対応などの安全対策，利用する子どもの減少，財政難の問題などである。

　子どもが安心して遊ぶことができるためには，指導員など大人の見守り体制が必要になろう。子どもに必要なルールやマナーを教えたうえで，できる限り子どもの遊びの発展を見守るシステムである。大人たちは，清掃や衛生面の管理，不審者対応などの安全を確保し，自由に安心して遊べる場を子どもたちに提供していく必要があろう。

写11−7　児童館

写11−8　児童遊園

❷　放課後児童健全育成事業（放課後児童クラブ）

❶　放課後児童クラブとは何か

　放課後児童クラブとは，労働などで保護者が昼間家庭にいない小学生に対し，放課後や学校休業日に生活や遊びの場を提供するしくみである。近年では，共働き家庭やひとり親家庭が増加し，また安全対策からも，放課後や学校が休みの日に子どもが安心して過ごせる場の確保が求められてきた。そこで1997年に児童福祉法が改正され，「放課後児童健全育成事業」として放課後児童クラブが法制化された。さらに，2012年に「子ども・子育て関連3法」が公布（2015年施行）されたのに伴い，児童福祉法が一部改正され，以下の通りとなった。

放課後児童クラブ：従来は「学童保育」と呼ぶことが多かったが，法制化された現在では「放課後児童クラブ」という名称が使われている。

> この法律で，放課後児童健全育成事業とは，小学校に就学している児童であって，その保護者が労働等により昼間家庭にいないものに，授業の終了後に児童厚生施設等の施設を利用して適切な遊び及び生活の場を与えて，その健全な育成を図る事業をいう。
>
> 　　　　　　　　　　　　　　　　　　（児童福祉法第6条の3第2項）

❷　放課後児童クラブの現状

　放課後児童クラブは，2020年現在，全国に26,600か所あり，約131万人の子どもが利用している。法制化以降，「新待機児童ゼロ作戦」（2008年

2月策定）や「子ども・子育てビジョン」（2010年1月策定）等の推進により，施設数は増えているものの，入所を希望する児童も増え続け，2020年現在の待機児童数（申し込みをしても利用できなかった児童数）は16,000人に上る。放課後児童クラブの不足は「小1の壁」とも呼ばれ，社会問題となってきた。

　全国学童保育連絡協議会によると，放課後の保育を必要とする家庭はさらに増加しており，条件が合わずに利用できないでいる潜在的な待機児童数はかなりの数に上るという。すべての子どもの遊びを保障するための，安全な「居場所」の確保という観点からも，放課後児童クラブの量的・質的拡充に対するニーズは高まっている。

❸　放課後児童クラブの課題

　待機児童の解消が必要であることに加え，施設の大規模化も問題になっている。放課後児童クラブの年間開設日数の平均は280日で，時間にすると1,600時間を超える。小学校で過ごす時間より，放課後児童クラブで過ごす時間の方が長い子どもたちも少なくない。大規模な施設は，子どもが長時間を過ごす生活の場として考えた場合，安全面や質の低下が懸念される。

　そこで，質の向上を図ろうと，2007年「放課後児童クラブガイドライン」が策定され（2013年に改訂版が策定），放課後児童クラブの運営基準が示された。ただし，このガイドラインには法的拘束力がないため，自治体や施設によって格差が存在しやすいことが課題となる。参考資料として，次頁にガイドライン（改訂版）の一部を紹介しておく。

　また，2007年度から市町村は，「放課後子どもプラン」をスタートさせた。放課後児童健全育成事業（厚生労働省所管）と放課後子ども教室推進事業（文部科学省所管）の2つの事業を含めた，総合的な放課後児童対策である。これは，親が家庭にいて放課後の保育を必要としない子どもも含んだすべての子どもに，安全で安心な遊び場や生活の場を提供する画期的な事業である。そこでは，地域住民の協力を得ながら，学習やスポーツ・文化活動を行うことになっている。所管の異なる両事業は，目的や運営方法が違うために連携や一体化が容易ではないが，一層の推進を目的とした両省共同の「放課後子ども総合プラン」が2014年に策定され，子どもの「居場所」作りが目指されている。

写11－9　放課後児童クラブ（中央区）

● 改訂版・放課後児童クラブガイドライン

1　総則的事項
　(1)　事業目的
　○放課後児童クラブは，①小学校に就学している子どもで，保護者が就労により
　　昼間家庭にいない子どもや，疾病，介護等により昼間家庭での養育ができない
　　子どもを対象として，②その放課後の時間帯において子どもに適切な遊び及び
　　生活の場を提供し，③子どもの「遊び」及び「生活」を支援することを通して，
　　その子どもの健全育成を図ることを目的とする事業である。
　(2)　事業の機能・役割
　○放課後児童クラブに求められる機能・役割は，次の8点に整理される。
　　▷子どもの健康管理，情緒の安定の確保
　　▷出席確認をはじめとする活動中及び来所・帰宅時の安全確保
　　▷子どもの活動状況の把握
　　▷遊びの活動への意欲と態度の形成
　　▷遊びを通しての自主性，社会性，創造性を培うこと
　　▷連絡帳などを通じた家庭との日常的な連絡，情報交換の実施
　　▷家庭や地域での遊びの環境づくりへの支援
　　▷その他，放課後における子どもの健全育成上必要な活動
　○上記の機能・役割を果たすためには，以下の視点で子どもの育成と日常生活の
　　支援に取組むことが大切になる。
　　▷子どもの発達の特性をふまえながらその発達を個々の子どもの実際に即して
　　　援助していくことが必要である。
　　▷放課後児童クラブでの子どもの状況を家庭に伝え，日常的に情報交換を行っ
　　　て，家庭状況をふまえながら保護者の子育てを支援することが必要である。
　　▷放課後児童クラブは子どもが生活している地域にも視野を向け，子どもが育
　　　つ地域の環境づくりへの支援を行うことが望ましい。
　(3)　対象児童
　○対象児童については，①小学校に就学している子どもで，②保護者が就労によ
　　り昼間家庭にいない子どもや，疾病，介護等により昼間家庭での養育ができな
　　い子どもとする。
　(4)　対象児童の規模
　○施設設備，職員体制等の状況を総合的に検討し，適切な生活環境と事業内容が
　　確保されるように，適正な児童数の規模で運営することが必要である。
　○放課後児童クラブにおける集団の規模については，放課後児童指導員と子ども
　　が信頼関係を結べ，なおかつ子ども自身がお互いを生活のメンバーとして知り
　　合い認め合える規模として，おおむね40人程度までとすることが望ましい。
　○子どもの情緒面への配慮及び安全性の確保の観点から，大規模なクラブについ
　　ては規模の適正化（分割等）を早急に行うことが必要である。
　(5)　開所日，開所時間
　○開所日，開所時間については，子どもの放課後の時間帯，子ども自身の生活，
　　地域の実情や保護者の就労状況等を考慮して設定することが必要である。
　○土曜日，長期休業期間，学校休業日など一日開所の日については，開始時刻を
　　含めて保護者の就労実態等をふまえて開所することが必要である。
　○新1年生については，保育所との連続を考慮し，4月1日より受け入れを可能
　　にする必要がある。
　（以下省略）

（2013年策定）

❸　　住民によるさまざまな活動

❶　冒険遊び場（プレーパーク）

　冒険遊び場は，児童福祉法によって定められた施設ではなく，住民（NPO）と自治体が連携して設置，運営している子どもの遊び場である。遊び環境があまりに変貌したことに危機感を覚えた東京・世田谷区の夫婦が，1970年代の半ば，地域に呼びかけて誕生したといわれる。それを受けて世田谷区は，1979年事業として位置づけ，地域住民とともに冒険遊び場「羽根木プレーパーク」を開設した。こうした取り組みが評価され，冒険遊び場づくりの活動は，草の根的に全国に広がっている。NPO法人日本冒険遊び場づくり協会によれば，2022年現在約343か所に普及している。

　冒険遊び場では，子どもの居場所を確保し，子どもたちがやりたいことをやれるような遊び場づくりのために様々な工夫がなされている。そこにはプレーリーダーが居て，子どもたちと一緒に遊びを考えたり遊んだりしながら，遊びを成立させる3つの間（時間，空間，仲間）を保障しようと取り組んでいる。事例11－2は，広島に住む一人の母親が，「大人は『危ないから駄目』と子どもに言うことが多過ぎる」として，畑などを冒険遊び場に開放するようになったという新聞記事である。

　●事例11－2

　●広島県福山市の冒険遊び場「てんぐりかっぱ」

　近くの三好久子さん（44）が2005年に開設した冒険遊び場「てんぐりかっぱ」。大人が見守る中で禁止事項を設けず，子どもがのびのびと遊べる「プレーパーク」とも呼ばれる施設で，月1回解放する。
（中略）「子どもには『危ないから駄目』ということが多過ぎる。自由に遊べる場所がない。」と，自分の責任で遊べる施設づくりを決めた。2005年4月，知人ら約10人と「ふくやま冒険遊び場をつくる会」を結成。飯ごう炊さんやネイチャーゲームなど，野外活動の専門知識を身につけるため養成講座にも通った。（中略）子どもたちは寒風にも負けず，中岡さんが作った木製はしごを使って「見晴らし台」に上り，大声を上げながら滑車ロープにぶら下がる。地面に掘った穴に水をため，泥んこになって遊ぶ姿もある。
（中略）「子どもは今も昔も想像力が豊か。自然の中だからこそ自分で考える力も養える。」

　（2007年12月17日付読売新聞）

---

❷　遊具と遊びサポーターの出前

　「せっかく公園があっても，そこに遊びたくなるような道具や遊び方を教えてくれる第三者がいなければ，遊びは発展していかない」と考え，遊びサポーターが遊具を持って公園に出向き，外遊びが活き活きと行える空間を作

ろうと実践している市民団体もある。事例11－3は，東京に住む女性が，「乳幼児期の遊び環境は重要である」として調査活動を開始し，市民団体を設立し，行政と連携して活動を行うようになったケースである。既存の公園に，遊具を積んだプレーリヤカーと遊びサポーターを出前するなど，子どもが外遊びを楽しめる空間づくりに取り組んでいる。

● 事例 11 － 3

● 遊具と遊びサポーターを出前する市民団体

　2月のある午前，東京・世田谷の三軒茶屋にある「ふれあい広場」。ビルの裏手に面し，ひっそりとした公園に，遊び道具を積んだ「プレーリヤカー」が現れた。リヤカーを引くのは，女性ボランティア2人。砂遊び道具や黒板などを広げると，遊びに来ていた2歳の女の子はスコップを握り，母親と「料理ごっこ」をはじめた。通りかかった別の親子連れにも，スタッフが声をかけ遊びに誘う。
（中略）公園での活動は，同区の市民団体「冒険遊び場と子育て支援研究会」が06年に始めた。同会代表の矢郷恵子さん（59）は首都圏に住む親を対象に，外遊びについてのアンケートを何度も実施してきた。その経験から「外遊びの経験が乏しい世代が親になり，子どもと遊ぶことが苦手な人も多い」と実感。「公園に行っても安全に気を配ったり，他人の目を気にして『ブランコの2人乗りはダメ』などと子どもに注意してばかりで疲れてしまう親もいる。『第三者』がいた方が，子どもは自由に遊べる」と考えた。現在，月2～3回「ふれあい広場」にボランティアを派遣する。「公園と遊具があるから遊べる，とは限らない。子どもが本来持っている遊ぶ力を引き出す人間が必要」と矢郷さんは話す。

（2008年2月17日付毎日新聞）

写 11 － 10　プレーパーク（相模原市）

4 「子どもの権利」としての「遊び」

❶ 「子どもの権利」としての「遊び」の保障

子どもの権利条約第 31 条では，「休息及び余暇についての児童の権利，並びに児童がその年齢に適した遊び，及びレクリエーションの活動を行い，並びに文化的な生活および芸術に自由に参加する権利を認める」としている。子どもが年齢にふさわしい遊びや活動を行う権利を保障すること，すなわち子どもの遊びが成立するような環境を整えることは，社会の責務だといえる。子どもの遊びを保障しない社会というのは，子どもの「発達する権利」を剥奪しているといってよいであろう。

子どもの「自由な集団遊び」が成立するためには，子どもに「居場所」「仲間」「時間」を保障することである。そのためには，大人も子どもも遊ぶ時間が持てるようなゆとりのある社会を作る必要がある。住宅が密集する都会においては騒音をめぐるトラブルなども発生しやすいが，子どもたちに責任を負わせるのではなく，大人の側の工夫と努力が求められる。また，登下校時の安全確保や，放課後安心して遊べる居場所を確保することは，親や学校だけでなく，地域全体で考えるべき問題である。

さらに，子どもが自由に行き来できる距離に身近な公園や児童厚生施設があるかどうかを，地域は再点検する必要があろう。そこには，子どもが利用したくなる遊び環境やルールがあって，子どもを遊びに導く指導者が配置されることも大切である。

❷ 子どもの居場所づくり—オランダの取り組み

子どもたちが戸外で安全に，しかものびのびと遊ぶには，身近な道路を「安全で豊かな遊び道」にすることだと提案した国際会議が 2005 年に開かれた。この**国際会議「チャイルドストリート」**では，「クルマに頼らず，公共交通を発展させ，歩くことや自転車での移動を重視し，事故のない静かな居住環境を復活させる政策を取る」とする宣言が採択された。

国際会議が開かれたオランダは，**ボンネルフ**（生活の庭）発祥の地とされる。オランダ政府は 1976 年に道路交通法を改正し，一定の地域をボンネルフと指定した。表 11－1 は，オランダのボンネルフに関する交通法規の一部である（あしたの日本を創る協会　2001）。指定地域では，「クルマは時速 20 キロ以下しか走行できない」など，一般道路と異なる交通法規が採用されており，道路は子どもたちが遊んだり，住民が休憩したり，語り合いのできる空間となっている。日本では，「クルマ」が優先されているのに対し，

国際会議「チャイルドストリート」：2005 年 8 月にオランダ（デルフト市）で開かれ，22 カ国の参加があった（今井 2006）。

ボンネルフ：「生活の庭」という意味で，街路を蛇行させたり起伏を設けたりして車のスピードを抑え，歩行者の安全を重視したまちづくりをさす。1970 年代にオランダ・デルフト市で導入されて以来，交通事故の抑制や排ガスなど環境対策として世界各地で導入されている。

オランダのボンネルフでは，「人間」が何よりも優先されている。

● オランダのボンネルフに関する交通法規（1976年施行）

第88a条　歩行者は，ボンネルフと定めた地区内では，道路の幅全部を通行することができる。道路上で遊ぶことも差し支えない。
第88b条　ボンネルフ内では，運転者は歩行の速度より早く運転しないものとする。遊んでいる子どもや一般歩行者，障害物，路面の凹凸などに対処できるよう余裕を持って走行しなければならない。

● 日本の道路交通法

第76条（道路における禁止行為）
　4　何人も，次の各号に掲げる行為は，してはならない。
　　1．道路において，酒に酔って交通の妨害となるような程度にふらつくこと。
　　2．道路において，交通の妨害となるような方法で寝そべり，すわり，しやがみ，又は立ちどまっていること。
　　3．交通のひんぱんな道路において，球戯をし，ローラー・スケートをし，又はこれらに類する行為をすること。

表11－1
オランダと日本の交通法規

（財団法人あしたの日本を創る協会　2001）

　また，今井（2006）によれば，今日ではヨーロッパなど多くの国がこうした交通鎮静化政策を取るようになっているという。写真11－9（オランダの団体提供）と写真11－10（米国ニューヨーク市の団体の報告書）は，子どもを優先した街づくりの様子を紹介した写真である。

写11－9
（「子どもにやさしい場所」International Institute for the Urban Environment：オランダ
（http://urban.nl/en）より）

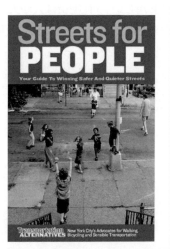

写11－10
（「人々のための道路（2004）」の表紙
Transportation Alternatives：米国ニューヨーク市
（http://www.transalt.org/info/streets4people/）より）

❸　子どもの居場所づくりに向けて

　ボンネルフの例から，オランダなどでは「住宅街の道路は，クルマより人が優先されるべきであり，子どもが遊ぶのに重要な場所である」と認識されていることがわかる。わが国では，子どもの交通事故の死亡率がきわめて高い。高度経済成長期以降，無秩序に開発を進め，交通量が増加したことによ

り交通事故は増え，子どもの「生存権」がおびやかされてきた。子どもは大人に比べて目線が低く，狭い視野を持ち，判断力も未熟である。にもかかわらず，彼らを無理やり交通規制に適応させ，自己責任を負わせようとしてきたのである。

　我々はこれまで，経済の発展や効率性，利便性を優先させ，クルマ優先社会を当たり前のものとして受け入れてきた。しかし，子どもを主人公にして見直してみると，我々の生活空間は，いかに子どもや子育てに不向きであろうか。子どもの権利の保障という観点から見れば，子どもの生存権や発達権を軽視したゆがんだ社会の形であるといわざるをえない。子どもたちが自由に自宅前や路地に集まり，そこから公園まで安心して歩いて遊びに行けるような環境を，次世代に与えるべきであろう。

　遊び場や居場所を必要としているのは，幼児や小学生だけではない。中学生や高校生も安心して過ごせる場所が地域には少ない。彼らがコンビニの前でたむろしたり，繁華街をうろつき回ったりする以外に放課後を過ごす場所がないとすれば，余りにも貧困な育成環境であるといえよう。年長の子どもの居場所も求められている。

　「子どもの居場所を保障すること」は，日本の将来にかかわることである。先の国際会議での宣言のように，「道路をクルマが占領してしまっているのはおかしい」「住宅街は人が大切にされる空間でなくてはいけない」と住民が声をあげ，その声を政策に反映させていかなければならない。

（堀口）

第12章

児童福祉の専門職

　これまでの章でとりあげた児童福祉の諸活動は，担い手である児童福祉専門職のあり方にその内容を左右されるといってもよい。それぞれの場に配置された専門職の役割は，専門的知識や技術を活用して，子どもや保護者に適切な援助を行うことである。本章では，児童福祉の専門職をめぐる制度と実態について述べておきたい。

1　児童福祉にかかわる専門職

1　行政機関の専門職

　児童福祉の行政機関として児童相談所，福祉事務所，保健所等がある。これらの機関には，児童相談所の児童福祉司，福祉事務所の社会福祉主事，保健所の保健師のように，福祉職や行政職，心理職，医療職等，様々な専門職が配置されている。特に「児童福祉司」は，児童福祉行政の第一線の専門職として重要である。

　児童福祉司については，児童福祉法13条で，およそ次のように定められている。

　①　都道府県は，児童相談所に児童福祉司を置かなければならない。

　②　児童福祉司の数は，政令で定める基準を標準として都道府県が定める。

③　児童福祉司は都道府県知事の補助機関である職員とし，主な任用資格は次のとおりである。

> ○都道府県知事の指定する養成校を卒業，または講習会の課程を修了
> ○大学で心理学，教育学もしくは社会学を専攻して卒業し，相談援助の実務経験1年以上
> ○医師
> ○社会福祉士
> ○精神保健福祉士
> ○公認心理師
> ○社会福祉主事として2年以上児童福祉事業に従事し，厚生労働大臣が定める講習会の課程を修了

④　児童福祉司は児童の保護その他児童の福祉に関する事項について，相談に応じ，専門的技術に基づいて必要な指導を行う。

⑤　他の児童福祉司が④の職務を行うため必要な専門的技術に関する指導及び教育を行う児童福祉司（指導教育担当児童福祉司）は，児童福祉司としておおむね5年以上勤務した者でなければならない。

⑥　指導教育担当児童福祉司の数は，政令で定める基準を参酌して都道府県が定める。

⑦　児童福祉司は，政令の定めるところにより児童相談所長が定める担当区域により④の職務を行う。

　児童福祉司については，近年の児童虐待問題の深刻化のなかで，多くの問題ケースをかかえ，必要な，きめ細かい援助ができない状況にあることが指摘されてきた。こうしたなかで，虐待の疑いで通報があっても児童相談所の十分な対応がなく，子どもの死亡等重大な事態にいたる問題が頻発してきた。現状に対応した児童福祉司の量的拡大と，専門性の向上の必要が多くの関係者から指摘されてきた。2016年6月の児童福祉法改正における児童福祉司関係の改正は，この課題にかかわるものである。

　第一に，児童福祉司の数について政令の基準を明確にしかつ増加させた。

　児童福祉法施行令3条1項では，児童福祉司の数は，以下各号の必要人数の合計以上であり，法による保護を要する児童の数，交通事情等を考慮したものであるとする。

1．各児童相談所の管轄区域の人口3万人に1人，これに児童虐待相談の状況を示す数値を加えて得た人数
2．里親に関する業務量から必要人数
3．広域的な対応が必要な業務，その他関係機関との連絡調整等の業務量から必要人数

第二に，児童福祉司の専門性について，任用基準を厳しくし（13条③の7，社会福祉主事については，実務経験に加え講習会の修了を条件に），全員の

研修を義務化（13条⑧）した。

　第三に，児童福祉司の中で指導・教育を担当する児童福祉司（いわゆるスーパーバイザー）の設置を制度化した（13条⑤）。その数を，児童福祉法施行令3条2項で児童福祉司6人に1人とした。

❷　児童福祉施設等の専門職

　児童福祉施設には，児童福祉施設の設備及び運営に関する基準に定められた職種（6章表6−4参照）をはじめとして，さまざまな専門職が配置されている。表12−1はその概況をまとめたものである。このうち児童福祉独自の専門職として，直接に子どもの処遇を担当する保育士，児童指導員，その他について，職務や資格要件等を述べる。

❶　保　育　士

　保育士は，保育所のみではなく，ほとんどの児童福祉施設（助産施設，児童家庭支援センターを除く）において子どもの保育，養護を担当している。その職務と資格要件については，児童福祉法1章7節（18条4〜18条の24）で詳細に規定されている。

　定義として，保育士とは，保育士となる資格を有する者が登録（18条18の1）を受け，保育士の名称を用いて，専門的知識及び技術を持って，児童の保育および児童の保護者に対する保育に関する指導を行うことを業とする者をいう（18条の4），とある。保育士となる資格を有するものは，厚生労働大臣の指定する保育士養成校を卒業した者，又は保育士試験に合格した者（18条の6）である。

　保育士については，別に次節で取り上げる。

	保育所，地域型保育事業所を除く児童福祉施設等[1]	保育所等[2]	地域型保育事業所[2]
従事者総数	87,622（人）	691,834（人）	56,429（人）
施設長・園長・管理者	4,530	28,892	5,827
生活指導・支援員等[3]	14,996	…	…
職業・作業指導員	501	…	…
セラピスト	3,560	…	…
医師・歯科医師	1,297	1,245	166
保健師・助産師・看護師	11,337	12,521	779
保育士	19,248	382,375	2,001
保育補助者	…	26,408	81
保育教諭[4]	…	116,319	・
保育従事者[5]	…	…	33,604
家庭的保育者	…	…	1,327
家庭的保育補助者[5]	…	…	779
居宅訪問型保育者[5]	…	…	112
児童生活支援員[5]	641	…	…
児童厚生員	10,857		
母子支援員	706		
栄養士	1,545	23,499	1,934
調理員	4,062	53,615	4,069
事務員	3,938	17,098	1,054
児童発達支援管理責任者	1,238	…	…
その他の教諭[6]	…	4,901	…
その他の職員[7]	9,166	24,961	4,696

注：調査した職種以外は「…」
1) 保護施設には医療保護施設，老人福祉施設には老人福祉センター（特A型，A型，B型），児童福祉施設等（保育所等・地域型保育事業所を除く）には助産施設，児童家庭支援センター，小型児童館，児童センター，大型児童館A型，大型児童館B型，大型児童館C型，その他の児童館及び児童遊園をそれぞれ含まない。
2) 保育所等は，幼保連携型認定こども園及び保育所，地域型保育事業所は小規模保育事業所A型，小規模保育事業所B型，小規模保育事業所C型，家庭的保育事業，居宅訪問型保育事業及び事業所内保育事業である。
3) 生活指導・支援員等には，生活指導員，生活相談員，生活支援員，児童指導員及び児童自立支援専門員を含むが，保護施設及び婦人保護施設は生活指導員のみである。
4) 保育教諭には主幹保育教諭，指導保育教諭，助保育教諭及び講師を含む。また，就学前の子どもに関する教育，保育等の総合的な提供の推進に関する法律の一部を改正する法律（平成24年法律第66号）附則にある保育教諭等の資格の特例のため，保育士資格を有さない者を含む。
5) 保育従事者，家庭的保育者，家庭的保育補助者及び居宅訪問型保育者は地域型保育事業所の従事者である。なお，保育士資格を有さない者を含む。
6) その他の教諭は，就学前の子どもに関する教育，保育等の総合的な提供の推進に関する法律（平成18年法律第77号）第14条に基づき採用されている，園長及び保育教諭（主幹保育教諭，指導保育教諭，助保育教諭及び講師を含む）以外の教諭である。
7) その他の職員には，幼保連携型認定こども園の教育・保育補助員及び養護職員（看護師等を除く）を含む。

表12−1
児童福祉施設等の従事者（常勤換算）（2020年）

（厚生労働省「令和2年度社会福祉施設等調査の概況」により作成。）

❷ 児童指導員

児童福祉施設のうち児童養護施設，知的障害児施設などの施設におく職員として児童福祉施設最低基準に定められており，児童福祉施設において児童の生活指導を行う者をいう。

児童指導員については，保育士のような独立した資格が設けられているわけではない。児童福祉施設の児童指導員の主な任用資格は以下の通りである（児童福祉施設の設備及び運営に関する基準 43 条）。

○都道府県知事の指定する児童福祉施設の職員養成校を卒業した者
○社会福祉士の資格を有する者
○精神保健福祉士の資格を有する者
○大学の学部，または大学院で社会福祉学，心理学，教育学もしくは社会学を専攻し卒業した者
○小，中，高等学校の教諭になる資格を有する者

❸ 母子支援員

母子支援員は，母子生活支援施設において母子の生活支援を行う（設備運営基準 27 条）。

母子支援員の主な任用資格は以下のとおりである。（設備運営基準 28 条）。

○都道府県知事の指定する児童福祉施設の職員養成校を卒業した者
○保育士の資格を有する者
○社会福祉士の資格を有する者
○精神保健福祉士の資格を有する者

❹ 児童の遊びを指導する者

児童厚生施設において，児童の遊びを指導する（設備運営基準 38 条）。1998 年の最低基準改正前までは「児童厚生員」という名称であり，現在も旧名称が使われることが多いようである。

児童の遊びを指導する者の主な任用資格は以下のとおりである（設備運営基準 38 条）。

○都道府県知事の指定する児童福祉施設の職員養成校を卒業した者
○保育士の資格を有する者
○社会福祉士の資格を有する者
○幼稚園，小，中，高等学校の教諭になる資格を有する者
○大学の学部，または大学院で社会福祉学，心理学，教育学，社会学，芸術学，もしくは体育学を専攻し卒業した者

❺ 児童自立支援専門員

児童自立支援施設において児童の自立支援を行う（設備運営基準 80 条）。

児童自立支援専門員の主な資格は以下のとおりである（設備運営基準 82 条）。

○医師
○社会福祉士
○都道府県知事の指定する児童自立支援専門員養成校を卒業した者
○大学の学部、または大学院で社会福祉学，心理学，教育学，もしくは社会学を専攻し卒業した者
○小，中，高等学校の教諭になる資格を有する者で，1 年以上児童自立支援事業に従事した者または 2 年以上教員としての職務に従事した者

6　児童生活支援員

児童自立支援施設において児童の生活支援を行う（設備運営基準 80 条）。

児童生活支援員の主な資格は以下のとおりである（設備運営基準 83 条）。

○保育士資格を有する者
○社会福祉士資格を有する者

7　家庭支援専門相談員（ファミリーソーシャルワーカー）

児童養護施設，乳児院，児童心理治療施設および児童自立支援施設に配置される。2012 年度より設備運営基準における必置職種となった。虐待等の家庭環境上の理由により入所している児童の保護者等に対し，児童相談所との密接な連携のもとに相談援助等の支援を行う。（2012 年 4 月厚生労働省雇用均等・児童家庭局長通知「家庭支援専門相談員，里親支援専門相談員，心理療法担当職員，個別対応職員，職業指導員及び医療的ケアを担当する職員の配置について」）

家庭支援専門相談員の資格要件は以下のとおりである（設備運営基準 21 条，42 条，73 条 4 項，80 条 2 項）

○社会福祉士もしくは精神保福祉士の資格を有する者
○児童養護施設等において児童の養育に 5 年以上従事した者
○児童福祉司任用資格に該当する者

8　里親支援専門相談員（里親支援ソーシャルワーカー）

里親支援を行う児童養護施設及び乳児院に配置される。児童養護施設及び乳児院に地域の里親及びファミリーホームを支援する拠点としての機能をもたせ，里親委託の推進及び里親支援の充実をはかる。（2012 年 4 月雇用均等・児童家庭局長通知）

里親支援専門相談員の資格要件は以下のとおりである。

○社会福祉士もしくは精神保福祉士の資格を有する者
○児童養護施設等（里親を含む）において児童の養育に 5 年以上従事した者
○児童福祉司任用資格に該当する者

2　保育士制度の歴史と意義

　児童福祉の専門職のなかで保育士は，設備運営基準の規定（表6－4）や，児童福祉施設の職員数（表12－1）にみるように，多くの児童福祉施設に配置され，全国で約40万人が保育士として働いている。

　現行保育士制度は，2001年の児童福祉法改正によって成立した。保育士制度の意義を理解するために，それまでの経過を述べておきたい。

　戦前期は，児童保護施設の職員について特別な資格は存在しなかった。子どもの保育・養護の仕事は，主に女性職員が担当していた。この中には，幼稚園保姆の有資格者の他に，特別な資格を持たない従事者も多かったが，総じて**保姆**と呼ばれていた。

　戦後，児童福祉法制定（1947）に伴い，1948年児童福祉法施行令が発せられ，ここで「児童福祉施設において児童の保育に従事する女子を保母という」と規定された。ここに「**保母**」という専門教育を前提とする専門資格が誕生した意義は大きい。

　しかし，「女子」と限定され，保母という名称も女性限定の狭いものであり，職務も単に児童福祉施設において児童の保育に従事する，と規定されたにすぎない。また，法律ではなく，政令での規定という不安定なものであった。

　その後，保育所その他の児童福祉施設は増加し，そこで働く保母も増加した。そうしたなかで，保育者として働く，あるいはその希望を持つ男性も増えたが，保母資格を取得できないため無資格での就職を余儀なくされた。また，保育者を女性に限ることは，保育の内容を狭いものにするので，保母資格を男性にも拡げるべきであるという意見も広がった。

　こうしたなかで，1977年に児童福祉法施行令が改正され，保母の規定は「男子に準用」するという一文が加えられた。ここで男性保母が公認され，一般に「保父」と呼ばれた。

　さらに，1998年の児童福祉法施行令改正で「児童福祉施設において児童の保育に従事する者を**保育士**という」とされ，資格要件から性別が外れ，男女共通の名称が採用された。

　そして，2001年の児童福祉法改正で，保育士規定が法に新設（18条4～）され，現在に至っている。児童福祉施設における保育・養護の中心的担い手である保育士が，専門的知識と技術をもって，児童の保育を行い，その保護者に対しても保育に関する指導を行う者であると，専門職として法定化された意義は大きい。

　しかし，保育士の職務の重大性に対して，その待遇と専門性を保障する研修条件は依然として不十分である。そのため，保育士不足という状況が各

保姆：幼稚園令（1926年制定，1947年の学校教育法制定により廃止）には幼稚園に保姆を置かなければならない（7条）として9条で「保姆ハ幼児ノ保育ヲ掌ル　保姆ハ女子ニシテ保姆免許状ヲ有スル者タルヘシ」と規定されていた。「姆」（ボ，モ）は乳母あるいは女の教師などという意味であり，「母」とは意味が異なる。

保母：幼稚園の保育者は学校教育法で「幼稚園教諭」となり，児童福祉施設の保育者は「保姆」を踏襲して「保母」と定められた。「姆」が戦後の漢字制限で使用できなくなったため，意味の異なる「母」が充てられた。そのことが「ほぼ」は母親がわり，特に専門性は必要ない，という誤解を生む原因のひとつとなったと思われる。

地にうまれ，そのことが保育需要に応えられない待機児童の問題の原因ともなっている。待遇改善と研究・研修を保障し，保育士が健康を保ち，やりがいをもって職務に専心できるよう，諸条件の改善が望まれる。

　最後に，保育士自身が定めた保育士の倫理綱領を，児童福祉専門職のあり方を考えるための資料として，ここに掲載しておく。

（松本）

● 全国保育士会倫理綱領

　すべての子どもは，豊かな愛情のなかで心身ともに健やかに育てられ，自ら伸びていく無限の可能性を持っています。
　私たちは，子どもが現在(いま)を幸せに生活し，未来(あす)を生きる力を育てる保育の仕事に誇りと責任をもって，自らの人間性と専門性の向上に努め，一人ひとりの子どもを心から尊重し，次のことを行います。
　　私たちは，子どもの育ちを支えます。
　　私たちは，保護者の子育てを支えます。
　　私たちは，子どもと子育てにやさしい社会をつくります。

（子どもの最善の利益の尊重）
　❶私たちは，一人ひとりの子どもの最善の利益を第一に考え，保育を通してその福祉を積極的に増進するよう努めます。

（子どもの発達保障）
　❷私たちは，養護と教育が一体となった保育を通して，一人ひとりの子どもが心身ともに健康，安全で情緒の安定した生活ができる環境を用意し，生きる喜びと力を育むことを基本として，その健やかな育ちを支えます。

（保護者との協力）
　❸私たちは，子どもと保護者のおかれた状況や意向を受けとめ，保護者とより良い協力関係を築きながら，子どもの育ちや子育てを支えます。

（プライバシーの保護）
　❹私たちは，一人ひとりのプライバシーを保護するため，保育を通して知り得た個人の情報や秘密を守ります。

（チームワークと自己評価）
　❺私たちは，職場におけるチームワークや，関係する他の専門機関との連携を大切にします。
　また，自らの行う保育について，常に子どもの視点に立って自己評価を行い，保育の質の向上を図ります。

（利用者の代弁）
　❻私たちは，日々の保育や子育て支援の活動を通して子どものニーズを受けとめ，子どもの立場に立ってそれを代弁します。
　また，子育てをしているすべての保護者のニーズを受けとめ，それを代弁していくことも重要な役割と考え，行動します。

（地域の子育て支援）
　❼私たちは，地域の人々や関係機関とともに子育てを支援し，そのネットワークにより，地域で子どもを育てる環境づくりに努めます。

（専門職としての責務）
　❽私たちは，研修や自己研鑽を通して，常に自らの人間性と専門性の向上に努め，専門職としての責務を果たします。

社会福祉法人 全国社会福祉協議会
全国保育協議会
全国保育士会

　　　　（2003 年 2 月 26 日　2002 年度第 2 回全国保育士会委員総会採択）

第 13 章

世界の子どもたち

1　世界がもし 100 人の村だったら

　これまで日本における児童福祉を中心にみてきた。ここで，日本の外に目を転じて，同じ地球に生きる世界の子どもたちの福祉について考えてみよう。

　世界には 79 億 5,400 万人の人がいる（「世界人口白書 2022」）。世界の状況は，表 13 － 1 にみるように日本を含めた先進国と開発途上国では，様々な違いがある。大きな数字なので，想像がつきにくいかもしれない。そこで，地球上の人を，100 人の村に縮めて，世界の子どもたちの状況を理解したい。「世界がもし 100 人の村だったら」（池田，2001）は，インターネットにより世界に広がり，ひとつのメッセージとして結実して 1 冊の本になったものである。「世界がもし 100 人の村だったら」から子どもに関する問題の答えを考えてみよう。

① 100 人のうち（　　　）人が子どもで（　　　）人が大人です。　　答え 30，70
②（　　　）人は栄養がじゅうぶんではなく（　　　　）人は死にそうなほどです。
　でも（　　　）人は太り過ぎです。　　　　　　　　　　　答え 20，1，15
③村人のうち（　　　）人が大学の教育を受け（　　　）人がコンピューターをもっています。けれど，（　　　）人は文字が読めません。もしもあなたが空爆や襲撃や地雷による殺戮や武装集団のレイプや拉致におびえていなければ，そうではない
　（　　　）人より恵まれています。　　　　　　　　　答え 1，2，14，20

守られている？ 子どものけんり①

日本語でしっかり考えよう

さとしの1日（日本）

これから紹介するのは、日本で生活するさとしくんの1日です。さとしくんの生活のなかで、「子どものけんり」は守られているのでしょうか？ 順を追って見ていきましょう。それぞれ、かかわりの深い「国連子どもの権利条約」の条項の要約をのせてありますので、守られているかどうか、考えてみてください。

さとしは12さい。日本の都市に住んでいます。さとしがおきてから寝るまでの1日を追ってみましょう。

家族構成
父、母、
さとし12さい、弟1人

7:00

第9条
子どもには親といっしょにくらすけんりがある。

1 「子どものけんり」は守られている？
Yes or No

おきる。弟といっしょの部屋はせまいけど、好きなマンガにかこまれてしあわせ。朝食はあまり食べたくないけど、お母さんがいつもたくさん料理をつくってくれる。

22:10

第15条
子どもには自由に集まって会をつくったり参加したりするけんりがある。

5 「子どものけんり」は守られている？
Yes or No

21:15

歯をみがいて、ベッドに入る。月曜日はいちばん疲れる。もう少し自由な時間がほしい。みんなとサッカーチームをつくって、たくさん練習したいなあ。

塾から家に帰る。夜食を食べてからおふろに入る。学校の宿題があるときは、宿題をする。宿題がないときだけ、少しゲームをしてもいいことになっている。ぼくのスケジュールは全部お母さんが決めてしまって、自分の好きなことがあまりできない。本当は友だちとサッカーチームをつくりたいんだけど、お母さんには言い出せないんだ。

22:00

第12条
子どもには自分に関係のあることについて意見を言うけんりがある。

4 「子どものけんり」は守られている？
Yes or No

サッカーのことを相談したいのに、お父さんはまだ会社から帰ってこない。お母さんは、もう10時だから寝なさい、って言う。ぼく、もう何日もお父さんと話していない。何だか知らないけど悲しくなってきた。

22

図13-1 「さとしの1日」

学校へ行く。学校へは歩いて15分。だけど、とちゅうに大きな幹線道路があって、とてもあぶない。毎年、小学生が交通事故にあっている。

授業のはじまり。きょうの午前中の時間割は、国語、算数、図工2時間。

「子どものけんり」は守られている？
Yes or No
2

第28条
子どもには教育を受けるけんりがある。

給食と昼休み。全員が食べ終わらないと教室の掃除ができない。掃除当番が終わらないと昼休みに外で遊べないんだ。でも、きょうはみんなで協力して給食も掃除も早く終わらせて、サッカーをすることができた。

スイミングと塾のあいだの30分で、夕食のハンバーガーを食べる。塾に行くとちゅうにあるお店でさっさと食べるんだ。ハンバーガーは好きだから、これはうれしい。

学校終了。きょうはスイミングが4時から5時半まで、そのあと、6時から夜の9時まで塾があるから、家には自転車をとりによるだけ。月曜日はいちばんいそがしい日なんだ。

第31条
子どもには休んだり、遊んだりするけんりがある。

「子どものけんり」は守られている？
Yes or No
3

23

吉村峰子・吉村稔『チャレンジ地球村の英語　地球村の子どもの権利』鈴木出版　2004　p.22－25

日本語でしっかり考えよう 守られている？ 子どものけんり②

スープラの1日（ネパール）

今度は、ネパールでくらすスープラちゃんの1日を見てみましょう。スープラちゃんの生活は、日本のさとしくんとはずいぶんちがいます。「子どものけんり」は守られているのでしょうか？ 順を追って見ていきましょう。さとしくんのときと同じように、それぞれ、かかわりの深い「国連子どもの権利条約」の条項の要約をのせてありますので、守られているかどうか、考えてみてください。

スープラはネパールの山の村に住む10さいの女の子です。スープラがおきてから寝るまでの1日を追ってみましょう。

家族構成　祖母、父、母、
兄2人、姉1人、
スープラ10さい、妹1人、弟1人

4:30

第9条
子どもには親といっしょにくらすけんりがある。

1 「子どものけんり」は守られている？
Yes or No

起床。わたしと妹は火をおこし、お湯をわかします。（ガスや電気はありません。）○がのぼる前の朝はとても寒いので、火の○ばでお湯をわかすのはあたたかくて、う○しい気もちになります。
お母さんは、おねえさんとおばあさんと○っしょに朝食の用意をします。

お皿を洗ったらすぐに寝なければなりません。寝る前にも神さまに感謝します。毛布の数がたりないので妹といっしょの毛布で身をよせ合います。いっしょに寝るととてもあたたかいし、寝る前に小さな声でおしゃべりするのがとても好きです。

19:00

たきぎを集めます。最近は木がなくなってきたので、遠くまで行かなければ見つかりません。雨の日のあとは、たきぎはずっしりと重く、とってもつらい作業です。でも、このたきぎがなければ、お湯をわかすことも料理をすることもできません。

15:30

第12条
子どもには自分に関係のあることについて意見を言うけんりがある。

5 「子どものけんり」は守られている？
Yes or No

夕食のかたづけ。おねえさんはこのごろ元気がありません。本当はもっと勉強がしたかったのに、家ではそれが許されませんでした。もうすぐとなり村に住む人のところにお嫁に行くことになっているのです。おねえさんは何も言わないけれど、わたしだったらいやです。でも、お父さんたちが決めたことに、子どもはしたがわなくてはいけないから……。

夕食の準備を手伝います。お母さんとおねえさんは、わたしたちがたきぎ集めをしているあいだに、夕食の用意をはじめています。わたしたちも帰ったら手伝います。

17:00

18:30

夕食。お祈りをしたあと、いそいで食べなければいけません。あかりに使う油がもったいないからです。

18:00

24

図13-2 「スープラの1日」

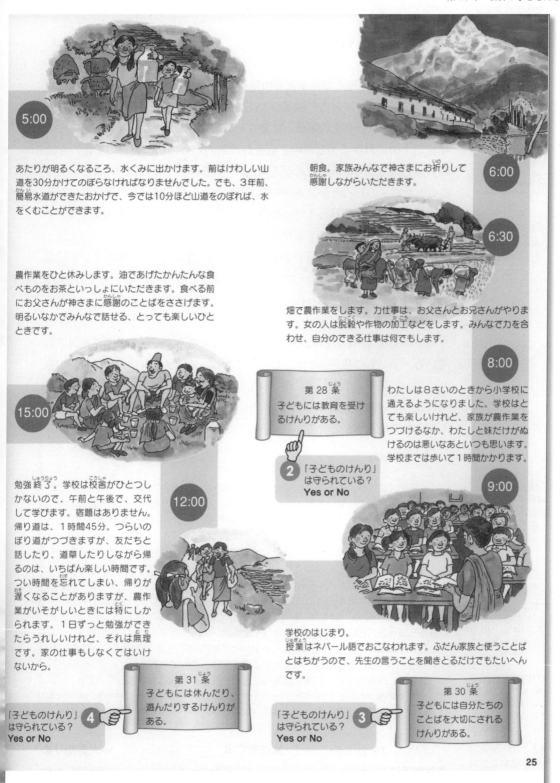

5:00

あたりが明るくなるころ、水くみに出かけます。前はけわしい山道を30分かけてのぼらなければなりませんでした。でも、3年前、簡易水道ができたおかげで、今では10分ほど山道をのぼれば、水をくむことができます。

農作業をひと休みします。油であげたかんたんな食べものをお茶といっしょにいただきます。食べる前にお父さんが神さまに感謝のことばをささげます。明るいなかでみんなで話せる、とっても楽しいひとときです。

6:00

朝食。家族みんなで神さまにお祈りして感謝しながらいただきます。

6:30

畑で農作業をします。力仕事は、お父さんとお兄さんがやります。女の人は脱穀や作物の加工などをします。みんなで力を合わせ、自分のできる仕事は何でもします。

15:00

8:00

わたしは8さいのときから小学校に通えるようになりました。学校はとても楽しいけれど、家族が農作業をつづけるなか、わたしと妹だけがぬけるのは悪いなあといつも思います。学校までは歩いて1時間かかります。

第28条
子どもには教育を受けるけんりがある。

2 「子どものけんり」は守られている？
Yes or No

12:00

勉強終了。学校は校舎がひとつしかないので、午前と午後で、交代して学びます。宿題はありません。帰り道は、1時間45分。つらいのぼり道がつづきますが、友だちと話したり、道草したりしながら帰るのは、いちばん楽しい時間です。つい時間を忘れてしまい、帰りが遅くなることがありますが、農作業がいそがしいときには特にしかられます。1日ずっと勉強ができたらうれしいけれど、それは無理です。家の仕事もしなくてはいけないから。

9:00

学校のはじまり。
授業はネパール語でおこなわれます。ふだん家族と使うことばとはちがうので、先生の言うことを聞きとるだけでもたいへんです。

第31条
子どもには休んだり、遊んだりするけんりがある。

「子どものけんり」は守られている？
Yes or No
4

「子どものけんり」は守られている？
Yes or No
3

第30条
子どもには自分たちのことばを大切にされるけんりがある。

2 子どもの権利

　1989 年に国際連合で「子どもの権利条約」が採択された。子どもの権利条約の前文では「子どもの保護および調和のとれた発達のためにそれぞれの人民の伝統および文化的価値の重要性を正当に考慮し，すべての国，とくに発展途上国における子どもの生活条件改善のための国際協力の重要性を認め」協定したものであることが述べられている。子どもの権利とはどのようなことをさすのだろうか。すべての子どもたちの権利は守られているのだろうか。日本のさとし君とネパールのスープラちゃんの一日の生活から考えてみよう（図 13 − 1，2　p.202 〜 205）。

　ネパールの子どもの一日の生活を見ると，日本で生きる子どもと生活や習慣がずいぶん異なる。それぞれの生活の中で子どもの権利が守られている所と守られていない所があった。文化の違いや経済状態などによって，子どもの権利の保障の度合いが違うことがわかる。

　以下の文章は，わが国において里親のもとで暮らす子どもたちに配付されている「子どもの権利ノート」の一部である。このノートは，自分たちの権利について伝える事を目的に作られている。冊子のはじめに「未来をつくるあなたへ」と題した文章があり，「あなたには生きるちからがある」，「安心してそれを使う事ができる」ということを繰り返し伝えている。

●あなたの権利

　あなたは「権利」ということを知っていますか？
　じつは，この本に書いてある「生きるちから」のほとんどが権利のことなのです。権利は英語のライト（Right）を訳したことばです。ライトとは，あたりまえのこと，正しいことという意味です。
　ですから，権利はあなたが「あたりまえに持っているもの」で，そして大切にされなければならないものなのです。
　同じように，ほかの人にも権利があります。
　あなたの権利とほかの人の権利，どちらも大切にしましょう。
　この小さな本は，あなたに勇気がわいたり，安心したりしてほしい，そして，生きるちからを大切にしてほしいと思って作りました。
　もし，あなたが，自分では何もできないとあきらめてしまいそうになったり，不安になったりしたときには，もう一度この本を開いてみてください。
　あなたにはきっとそれを乗り越えることができると，私たちは信じています。

（権利ノート作成委員『知ってほしい，あなたのこと〜子どもの権利ノート』2008 p.15）

乳児死亡率：出生時から満 1 歳に達する日までに死亡する確率。出生1,000 人あたりの死亡数で表す。

1 人あたりの国民総所得（GNI）：すべての居住生産者による付加価値の額に，精算評価額に含まれないすべての生産品税額（補助金は控除）および非居住者からの 1 次所得（被用者の報酬および財産所得）の正味受取額を加えた総額である。

　はじめに，世界の国々で子どもが置かれている状況を統計からみてみよう（表 13 − 1）。

　総人口，18 歳未満の人口，**乳児死亡率**，合計特殊出生率，**一人あたりの国民総所得**を，世界，先進 7 ヵ国，後進開発途上国そして日本で比較した数値が表 13 − 1 である。日本を含めた先進 7 ヵ国と比べて，後発途上国の総

人口に対する 18 歳未満の人口，乳児死亡率，合計特殊出生率の割合は高い。後発途上国では，子どもを多く産んでも死亡する率が高い。18 歳以上の人口は，先進 7 ヵ国では 80.3 ％を占めるの

	総人口 （千人）	18 歳未満 人口 （千人）	乳児死亡率 （出生千人 あたり）	合計特殊 出生率	一人あたりの 名目 GDP （米ドル）
世　界	7,794,799	2,353,672	28	2.4	11,562
先進 7 ヵ国	772,627	151,517	5	1.6	44,893
後発開発 途上国	1,057,438	479,533	45	4.0	1,078
日　本	126,476	19,137	2	1.4	40,247

注：先進 7 ヵ国（フランス，アメリカ，イギリス，ドイツ，日本，イタリア，カナダ）の数値は各国の数値を合計，又は平均して算出。

に対し，後発途上国では 54.7 ％である。後発途上国の一人あたりの所得は，先進 7 か国の約 50 分の 1 以下であることからも，人間の寿命と貧困が関連していることがわかる。

表 13 － 1
世界の国の基本統計

（ユニセフ「世界子供白書」2021）

　生きる権利，守られる権利，育つ権利，参加する権利の 4 つの柱から，「子どもの権利条約」は成り立っている。次に，この柱に沿って子どもの権利の現状を考えてみたい。

❶　子どもの生存権　－生きる権利

　子どもたちは健康に生まれ，安全な水や十分な栄養を得て，健やかに成長する権利を持っている。世界の**新生児・乳児・5 歳未満児の死亡率**を比較したものが表 13 － 2 である。後発開発途上国では，5 歳未満の子ども 100 人のうち 6 人以上の子どもが死亡していることになる。

生　　存	世　界	後発 開発途上国	日　本
新生児死亡率 （28 日未満 / 出生 1000 人あたり）	17	26	1
乳児死亡率 （1 年未満 / 出生 1000 人あたり）	28	45	2
5 歳未満児の死亡率 （出生 1000 人あたり）	38	63	2

❷　守られる権利

　子どもたちは，あらゆる種類の差別や虐待，搾取から守られなければならない。紛争下の子ども，障害をもつ子ども，少数民族の子どもなどは，特別に守られる権利を持っている。この 10 年に，200 万人以上の子どもが武力紛争で殺され，約 600 万人が負傷し，約 100 万人が孤児になったといわれる。大規模な武力紛争があった国では，子どもの 5 人に 1 人が 5 歳未満で死亡している（図 13 － 3）。犠牲者の多くは，開発途上国・後発開発途上国に住む子どもたちである。

　世界では成人（15 ～ 49 歳）の 0.8 ％が，後発開発途上国では 1.9 ％が，エイズに感染している。全年齢で 3700 万人，子ども（0 ～ 14 歳）の 172 万人がエイズに感染していると推計される（2021 年）。（ユニセフ『世界子供白書』2021）

表 13 － 2
新生児・乳児・5 歳未満児の死亡率

（ユニセフ「世界子供白書」2021）

新生児死亡率：出生時から生母 28 日以内に死亡する確率。出生 1,000 人あたりの死亡数で表す。

5 歳未満児死亡率：出生時から満 5 歳に達する日までに死亡する確率。出生 1,000 人あたりの死亡数で表す。

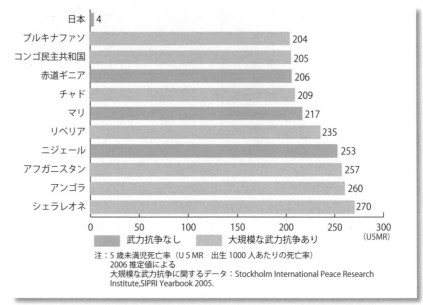

図 13 － 3
武力抗争している国の 5
歳未満の子どもの死亡率

（ユニセフ「世界子供白書」
2008）

注：5 歳未満児死亡率（U 5 MR　出生 1000 人あたりの死亡率）
2006 推定値による
大規模な武力抗争に関するデータ：Stockholm International Peace Research
Institute,SIPRI Yearbook 2005.

　図 13 － 4 は，エイズで親を失った子どもの割合が 50％を超えるアフリ
カの国が示されている。エイズの影響を受ける子どもと家族が直面する課題
は大きい（図 13 － 5）。家族の誰かがエイズに感染すると病気の深刻化に
伴い，仕事ができなくなることで経済的に生活ができなくなる。子どもは学
校に通えなくなったり，食べ物が買えなかったり，医療的なケアが利用しに
くくなる。親が亡くなった場合，子どもは大人のケアが十分に受けられなく
なる。児童労働や性的搾取，路上で生活しなければならない事態に追い込ま
れることも，まれではない。そして，ますますエイズに感染しやすい土壌が
できあがっていく。いかにしてこの悪循環を断ち切ることができるだろうか。

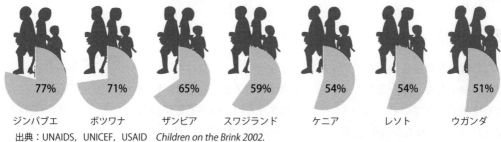

出典：UNAIDS，UNICEF，USAID　*Children on the Brink 2002.*
　エイズで親の一方または両方を失った子ども　（0 〜 14 歳）の割合が 50％を超える国（2001 年）

図 13 － 4
エイズで親を失った子ど
もたち

（ユニセフ「世界子供白書」
2003）

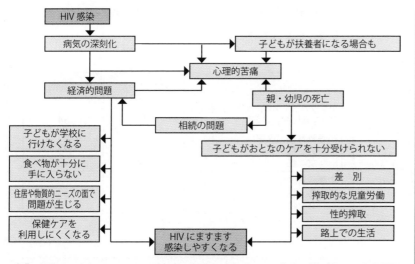

出典：Williamson.J.,*A Family is for Life*(draft).USAID and the Synergy Project.Washington.D.C.,2004.

図 13 － 5
HIV/ エイズの影響を受ける子どもと家族が直面する課題

（ユニセフ「世界子供白書」2008）

● 事例 13 － 1

● ＨＩＶ／エイズで親を失った子どもたち

　アフリカの南方にあるマラウィという国の「子どもの家」について紹介しよう。「子どもの家」は，マザーテレサの修道会が，助けを必要とする子どもたちのために運営している施設である。この施設に預けられているほとんどの子どもは，父母をエイズで失った子どもたちである。アフリカの多くの国では，エイズで亡くなる人がとても多い。この施設で生活できるのは 3 歳の誕生日までで，その後は生まれた村に帰るという規則がある。中にはエイズにかかっている子どももおり，「子どもの家」にきて世話をしてもらっても，病気で死んでしまうこともある。

（「チャレンジ地球村の英語　エイズ（HIV/AIDS）の問題」p.10）

❸　育つ権利　－教育を受ける権利

　子どもたちは，教育を受ける権利を持っている。休息をとったり遊んだりすること，様々な情報を得たり，自分の考えや信じることが守られることも，自分らしく成長するために重要なことである。

　現実には，無条件に最悪な形態の児童労働に従事している子どもたちが数多くいる（図 13 － 6）。以前より改善はされてきているものの，2009 ～ 2015 年に労働に従事した子どもの割合は，後発開発途上国で 24％（男 25％，女 23％）を占めている（ユニセフ『世界子供白書』2016）。そのた

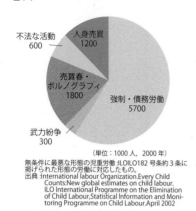

不法な活動 600 ―
人身売買 1200
売買春・ポルノグラフィ 1800
強制・債務労働 5700
武力紛争 300

（単位：1000人，2000年）
無条件に最悪な形態の児童労働：ILOILO182号条約3条に掲げられた形態の労働に対応したもの。
出典：International labour Organization.Every Child Counts:New global estimates on child labour. ILO International Programme on the Elimination of Child Labour,Statistical Information and Monitoring Programme on Child Labour.April 2002

め最貧国に住む約１／４の子どもたちは初等・中等教育を受ける機会を失っている。（表13－3）

	世　界	後発開発途上国
小学校の第1学年に入学した生徒が第5学年に在学する率	75	54
初等教育純出席率 　男　性 　女　性	85 82	73 73
中等教育純出席率 　男　性 　女　性	62 58	37 26

注：2010－2014年の間に入手できた最新のデータが示されている。　　　　　（%）

■南アフリカでのレイプ被害の実態　－南アフリカのケープタウンにあるシメレラセンター（Simelela Centre）の報告書（2008）から

　南アフリカは世界でも最もレイプの被害の多いところである。1994年アパルトヘイトが終わってから，レイプ被害は徐々に増え2004，2005年で55,114ケース，10万人に118.3ケースの割合で起こっていると報告されている。それは26秒にひとりの女性や子どもがレイプされていると計算することができる。

　西ケーププロビンスの50万人が住んでいるタウンシップのKhayeiltshaでは，レイプ被害は国内でも最も高い地域のひとつである。レイプは重大な医学的問題である。レイプによる望まない妊娠，性器の亀裂，性感染，うつ，トラウマ，社会的排除などがあげられる。最も危険なことのひとつは，子どもがレイプされることによってエイズにかかるリスクが高いことである。途中で学業を断念しなければならないケースが後を絶たない。シメレラセンターでは，72時間以内に医療的ケアを受けさせることにより望まない妊娠を避けたり，エイズにかからないよう適切な処置をする手助けをしている。トラウマを軽くするために，カウンセリングも行っている。

　レイプ被害にあった9歳の息子の父親の証言から，レイプがいかに子どもの心身にダメージを与えるかがわかる。子どもは，被害にあっているにもかかわらず，自分が悪いことをしてしまったかのようにとらえ，自分ひとりで

苦しみを抱え込んでいる。

　シメレラセンターは，子どものための特別な部屋を用意している。写真のような人形を使って子どもが遊びながら被害の内容を語ることができるように準備されている。わが国でも，性虐待にあった子どもたちをいかにケアしていくかが課題となっている。

●ある父親の証言

　どうやらこのことは以前に起きたことらしい。息子が時に変な行動をすることに気づいた。彼は体を洗わなくなり，非常に怠け者になっていった。ベットから出てこなくなったり，学校に行かなくなった。息子は９歳の少年らしく，遊んでもいたので私たちは何が起こったのかわからなかった。私は今病気のことがとても心配だ。血液検査の結果を待っている。もし，彼がHIVエイズにかかっていて，長期間にわたって身体的なダメージを受けるとしたら，息子がどうなるか。私は息子に話しかけようとするが，私が怒っていると思っていて，息子は私を怖がっている。息子は自分に対して怒っていると思っている。息子が初めて被害にあった後に何故私に言ってくれなかったかわからない。息子は「痛くなかったよ。もう大丈夫」という。私が息子のことを知った時に，その男がそばにいなかったのは不幸中の幸いであった。もし息子をレイプした年配の男を見たら何をしたかわからない。今頃私は牢屋に入っていたかもしれない。

（レイプ被害にあった９歳の息子の父）

4　参加する権利

　子どもは家庭内の意思決定にどのぐらい参加しているのだろうか。「家庭で何かを決める前に相談されてますか」という質問に対し，９歳〜18歳の子どもたちが回答したものが図13−7である。オーストラリアやヨーロッパでは，７割以上の子どもが「相談される」と答えている。アジアや東欧諸国では，「相談される」割合が低い。家族に問題が起こった時，子どもは家族の意思決定の外に置かれることが少なくない。

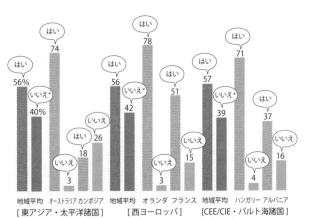

地域平均　オーストラリア　カンボジア
[東アジア・太平洋諸国]

地域平均　オランダ　フランス
[西ヨーロッパ]

地域平均　ハンガリー　アルバニア
[CEE/CIE・バルト海諸国]

*印のついた回答は，「いいえ／あまり／場合による，ときどきはい，ときどきいいえ」を含む。
「家庭で何かを決める前に相談されていますか」という質問に対する，９〜18歳の子どもたちの回答
（地域平均および一部の国の例）

図13−7
子どもは家庭内の意思決定にどのぐらい参加しているか

（ユニセフ「世界子供白書」2008）

　2002年国連子ども特別総会に先立って開催された「子どもフォーラム」では，3日間に及ぶ活発な討論や討議が行われた。世界の指導者たちに向けた声明は，子どもたちの思いをよく表している。

●私たちにふさわしい世界

　私たちは世界の子どもです。
　私たちは搾取と虐待の被害者です。
　私たちはストリートチルドレンです。
　私たちは戦争下の子どもたちです。
　私たちはHIV/エイズの被害者であり孤児です。
　私たちは良質の教育と保健ケアを否定されています。
　私たちは政治的，文化的，宗教的および環境的な差別の被害者です。
　私たちは声を聴いてもらえない子どもです。
　　そろそろ私たちの声を考慮してもらわねばなりません。
　私たちは子どもにふさわしい世界を求めます。
　　私たちにふさわしい世界はすべての人にふさわしい世界だからです。

（ユニセフ「世界子供白書」2003）

　今，子どもたちは，自分に関係のあることがらについて自由に意見を表したり，集まってグループを作ったり，活動をしたりすることができているであろうか。我々大人は，子どもたち自らが自己決定していけるような環境，すなわち子どもたちに「ふさわしい世界」を整えることが責務となる。そのために大人は，子どもたち一人ひとりの声に真摯に耳を傾けなければならない。

　児童福祉施設に入所したり，里親委託された子どもたちは，家族から分離され，居住地の変更や所属集団（学校・地域・スポーツクラブ・塾など）の変更を余儀なくされる。「子どもの権利」の一部は制限されていることになる。施設や里親の元で暮らす場合，自分にはどのような権利が保障されているのかを知ることは，重要になってくる。以下の文章は，東京都の児童養護施設に入所する児童に配られる「子どもの権利ノート」に記載されている。意見を表明する権利，自己決定をする権利など，「子どもの権利」の存在を伝え，権利の侵害に対しては救済が保障されていることが書かれている。

●「子どもの権利ノート」（東京都・小学生版）

　あなたが，施設で明るく元気よく生活できるように，この「子どもの権利ノート」を作りました。
　このノートには，あなたが，できることやしてもよいこと，「あなたの権利」が書いてあります。「権利」というのは，むずかしいことではありません。あなたとみんなの幸せが守られるように，だれもが同じようにできることやしてもよいことなのです。「権利」が，自分だけの「権利」だったり特別の人の「権利」だったりしてはいけません。だから，たくさんの人が生活している施設では，みんながなかよくく

らせるように「ルール」や「やくそく」を大切にしています。あなたも，「ルール」や「やくそく」を守って，お友だちとなかよく，元気よく楽しく，くらしてください。

　それから，このノートには，施設や児童相談所の人があなたを守るためにしてくれることも書いてあります。児童相談所や施設の人たちは，あなたが施設でこまったときや助けてほしいとき，あなたのためにできるかぎりのことをします。

　このノートに書かれていることや，施設のことでわからないことがあったらどんなことでも施設や児童相談所の人に聞いてください。あなたにわかるようにせつめいします。

● あなたの意見や希望を言う権利があります。（東京都・中高生版）

　あなたは，施設での生活や自分自身のことなどについて，自分の意見や希望をなんでも言うことができます。あなたが，自分の意見や考えを持つことは，とても大切なことです。あなたの意見や考えが大切にされるように，他の人の意見をよく聞き，他の人の考えも大切にしてください。また，施設をでた後の進路などについては，あなた自身がよく考えて決めてください。

　施設や児童相談所の職員は，できるだけあなたの意見や考えを聞く機会をつくり，その意見や考えを大切にします。しかし，あなたと意見や考えが異なるときもありますので，そのときはよく話し合ってください。

3　世界の子どもの福祉を考える

　13章では，世界の子どもたちの現状をみてきた。日本の子どもたちには「あたりまえ」となっている平和で豊かな生活が，グローバルな視点から見渡すと，決して「あたりまえ」のものではないことがわかったのではないだろうか。

　次の文章は，ある日本人が，アジアの貧困な地域を調査中に出会った子どもたちについて書いたものである。私たちがあたり前に享受していることが，その地に生きる子どもたちにとっては夢なのである。

● 夢は大人になるまで生きること

　貧しさのためになくなっていく人のほとんどが，じつは子どもたちです。なぜでしょう？それは，子どもは「小さくて弱い」からです。アジアの貧しい地域で私は，子どもたちがあまりにも簡単になくなってしまうのを見てきました。「カゼをひいた」「おなかをこわして，げりをした」……そんな小さな病気で命がうばわれてしまうのです。「日本人になりたい」という子どもにも，たくさん出会いました。私のことを指さして「あなたになりたい」といった子どももいました。日本人になりたい—それは，人間としてふつうの暮らしをしたいという願いです。毎日ごはんを食べて，お父さんお母さんといっしょに暮らし，あたたかな家があり，学校に行って勉強することがアジアの貧しい子どもたちの「夢」なのです。

（池間哲郎『アジアの子どもたちに学ぶ30のお話』2008　p.11）

　文章を書いた池間哲郎さんは，これらの現実に衝撃を受け，現在日本でアジアの子どもたちのために支援活動をしている。子どもの権利がまったく保障されていない，厳しい状況のなかで生きている子どもたちは，世界にたくさんいる。今，私たちにできることは何なのだろうか。池間さんが述べる，以下の「ボランティアにとって大切な３つのこと」は，ひとつの手がかりになるかもしれない。世界の子どもの権利を保障するために，子どものしあわせのために我々ができることを考え，実行に移してみよう。

●ボランティアにとって大切な３つのこと

　一つめは，「知ること」「理解すること」そのものが，大切なボランティアであるということです。この地球の上で，毎日貧しさのために失われるたくさんの命—そのほとんどが，なんの罪もない子どもたちの命であることを知ってもらいたいのです。

　二つめは，「すこしだけ分けてください」ということです。私は，たった100円がなくて失われてしまった命をたくさん見てきました。（中略）あなたの愛のほんの1%だけでいいのです。ほんのすこしだけ，貧しくても懸命に生きている子どもたちに分けてください。それで，まちがいなくたくさんの命がすくわれます。あまったお金やいらないモノだからあたえるのではなく，すこしだけ何かをがまんして，「分ける」心をもってほしいのです。

　三つめは，私がいちばん伝えたいことです。ほかのことがわからなくても，これだけをわかってもらえればいい，といってもかまいません。

　それは「もっとも大切なボランティアは，自分自身が一生懸命に生きること」です。私が，アジアの子どもたちの話をしているのは，「かわいそうだから助けてあげて」ということを伝えたいのではありません。どんなにつらくても，苦しくても，生きることに真剣で，一生懸命な子どもたちがいることを知ってほしいのです。（中略）

　一生懸命に生きていなければ，「命の尊さ」や「人の痛みや悲しみ」をわかることができない—それが，私自身がアジアの子どもたちから教えられたことなのです。

（池間哲郎『アジアの子どもたちに学ぶ30のお話』2008　p.167,168）

（森）

子どもの権利に関する条約

国際教育法研究会訳

前文

　この条約の締約国は，

　国際連合憲章において宣明された原則に従い，人類社会のすべての構成員の固有の尊厳および平等のかつ奪えない権利を認めることが世界における自由，正義および平和の基礎であることを考慮し，

　国際連合の諸人民が，その憲章において，基本的人権ならびに人間の尊厳および価値についての信念を再確認し，かつ，社会の進歩および生活水準の向上をいっそう大きな自由の中で促進しようと決意したことに留意し，

　国際連合が，世界人権宣言および国際人権規約において，すべての者は人種，皮膚の色，性，言語，宗教，政治的意見その他の意見，国民的もしくは社会的出身，財産，出生またはその他の地位等によるいかなる種類の差別もなしに，そこに掲げるすべての権利および自由を有することを宣明しかつ同意したことを認め，

　国際連合が，世界人権宣言において，子ども時代は特別のケアおよび援助を受ける資格のあることを宣明したことを想起し，

　家族が，社会の基礎的集団として，ならびにそのすべての構成員とくに子どもの成長および福祉のための自然的環境として，その責任を地域社会において十分に果たすことができるように必要な保護および援助が与えられるべきであることを確信し，

　子どもが，人格の全面的かつ調和のとれた発達のために，家庭環境の下で，幸福，愛情および理解のある雰囲気の中で成長すべきであることを認め，

　子どもが，十分に社会の中で個人としての生活を送れるようにすべきであり，かつ，国際連合憲章に宣明された理想の精神の下で，ならびにとくに平和，尊厳，寛容，自由，平等および連帯の精神の下で育てられるべきであることを考慮し，

　子どもに特別なケアを及ぼす必要性が，1924年のジュネーブ子どもの権利宣言および国際連合総会が1959年11月20日に採択した子どもの権利宣言に述べられており，かつ，世界人権宣言，市民的及び政治的権利に関する国際規約（とくに第23条および第24条），経済的，社会的及び文化的権利に関する国際的規約（とくに第10条），ならびに子どもの福祉に関係ある専門機関および国際機関の規程および関連文書において認められていることに留意し，

　子どもの権利宣言において示されたように，「子どもは，身体的および精神的に未成熟であるため，出生前後に，適当な法的保護を含む特別の保護およびケアを必要とする」ことに留意し，

　国内的および国際的な里親託置および養子縁組にとくに関連した子どもの保護および福祉についての社会的および法的原則に関する宣言，少年司法運営のための国際連合最低基準規則（北京規則），ならびに，緊急事態および武力紛争における女性および子どもの保護に関する宣言の条項を想起し，

　とくに困難な条件の中で生活している子どもが世界のすべての国に存在していること，および，このような子どもが特別の考慮を必要としていることを認め，

　子どもの保護および調和のとれた発達のためにそれぞれの人民の伝統および文化的価値の重要性を正当に考慮し，

　すべての国，とくに発展途上国における子どもの生活条件改善のための国際協力の重要性を認め，

　次のとおり協定した。

●第1部●

第1条（子どもの定義）

　この条約の適用上，子どもとは，18歳未満のすべての者をいう。ただし，子どもに適用される法律の下でより早く成年に達する場合は，この限りでない。

第2条（差別の禁止）

1　締約国は，その管轄内にある子ども一人一人に対して，子どもまたは親もしくは法定保護者の人種，皮膚の色，性，言語，宗教，政治的意見その他の意見，国民的，民族的もしくは社会的出身，財産，障害，出生またはその他の地位にかかわらず，いかなる種類の差別もなしに，この条約に掲げる権利を尊重しかつ確保する。

2　締約国は，子どもが，親，法定保護者または家族構成員の地位，活動，表明した意見または信条を根拠とするあらゆる形態の差別または処罰からも保護されることを確保するためにあらゆる適当な措置をとる。

第3条（子どもの最善の利益）

1　子どもにかかわるすべての活動において，その活動が公的もしくは私的な社会福祉機関，裁判所，行政機関または立法機関によってなされたかどうかにかかわらず，子どもの最善の利益が第一次的に考慮される。

2　締約国は，親，法定保護者または子どもに法的な責任

を負う他の者の権利および義務を考慮しつつ，子どもに対してその福祉に必要な保護およびケアを確保することを約束し，この目的のために，あらゆる適当な立法上および行政上の措置をとる。

3　締約国は，子どものケアまたは保護に責任を負う機関，サービスおよび施設が，とくに安全および健康の領域，職員の数および適格性ならびに適正な監督について，権限ある機関により設定された基準に従うことを確保する。

第4条（締約国の実施義務）

締約国は，この条約において認められる権利の実施のためのあらゆる適当な立法上，行政上およびその他の措置をとる。経済的，社会的および文化的権利に関して，締約国は，自国の利用可能な手段を最大限に用いることにより，および必要な場合には，国際協力の枠組の中でこれらの措置をとる。

第5条（親の指導の尊重）

締約国は，親，または適当な場合には，地方的慣習で定められている拡大家族もしくは共同体の構成員，法定保護者もしくは子どもに法的な責任を負う他の者が，この条約において認められる権利を子どもが行使するにあたって，子どもの能力の発達と一致する方法で適当な指示および指導を行う責任，権利および義務を尊重する。

第6条（生命への権利，生存・発達の確保）

1　締約国は，すべての子どもが生命への固有の権利を有することを認める。

2　締約国は，子どもの生存および発達を可能なかぎり最大限に確保する。

第7条（名前・国籍を得る権利，親を知り養育される権利）

1　子どもは，出生の後直ちに登録される。子どもは，出生の後直ちに名前を持つ権利および国籍を取得する権利を有し，かつ，できるかぎりその親を知る権利および親によって養育される権利を有する。

2　締約国は，とくに何らかの措置をとらなければ子どもが無国籍になる場合には，国内法および当該分野の関連する国際文書に基づく自国の義務に従い，これらの権利の実施を確保する。

第8条（アイデンティティの保全）

1　締約国は，子どもが，不法な干渉なしに，法によって認められた国籍，名前および家族関係を含むそのアイデンティティを保全する権利を尊重することを約束する。

2　締約国は，子どもがそのアイデンティティの要素の一部または全部を違法に剥奪される場合には，迅速にそのアイデンティティを回復させるために適当な援助および保護を与える。

第9条（親からの分離のための手続）

1　締約国は，子どもが親の意思に反して親から分離され

ないことを確保する。ただし，権限ある機関が司法審査に服することを条件として，適用可能な法律および手続に従い，このような分離が子どもの最善の利益のために必要であると決定する場合は，この限りでない。当該決定は，親によって子どもが虐待もしくは放任される場合，または親が別れて生活し，子どもの居所が決定されなければならない場合などに特別に必要となる。

2　1に基づくいかなる手続においても，すべての利害関係者は，当該手続に参加し，かつ自己の見解を周知させる機会が与えられる。

3　締約国は，親の一方または双方から分離されている子どもが，子どもの最善の利益に反しないかぎり，定期的に親双方との個人的な関係および直接の接触を保つ権利を尊重する。

4　このような分離が，親の一方もしくは双方または子どもの抑留，拘禁，流刑，追放または死亡（国家による拘束中に何らかの理由から生じた死亡も含む）など締約国によってとられた行為から生じる場合には，締約国は，申請に基づいて，親，子ども，または適当な場合には家族の他の構成員に対して，家族の不在者の所在に関する不可欠な情報を提供する。ただし情報の提供が子どもの福祉を害する場合は，この限りではない。締約国は，さらに，当該申請の提出自体が関係者にいかなる不利な結果ももたらさないことを確保する。

第10条（家族の再会のための出入国）

1　家族再会を目的とする子どもまたは親の出入国の申請は，第9条1に基づく締約国の義務に従い，締約国によって積極的，人道的および迅速な方法で取扱われる。締約国は，さらに，当該申請の提出が申請者および家族の構成員にいかなる不利な結果ももたらさないことを確保する。

2　異なる国々に居住する親をもつ子どもは，例外的な状況を除き，定期的に親双方との個人的な関係および直接の接触を保つ権利を有する。締約国は，この目的のため，第9条1に基づく締約国の義務に従い，子どもおよび親が自国を含むいずれの国からも離れ，自国へ戻る権利を尊重する。いずれの国からも離れる権利は，法律で定める制限であって，国の安全，公の秩序，公衆の健康もしくは道徳，または他の者の権利および自由の保護のために必要とされ，かつこの条約において認められる他の権利と抵触しない制限のみに服する。

第11条（国外不法移送・不返還の防止）

1　締約国は，子どもの国外不法移送および不返還と闘うための措置をとる。

2　この目的のため，締約国は，二国間もしくは多数国間の協定の締結または現行の協定への加入を促進する。

第12条（意見表明権）

1　締約国は，自己の見解をまとめる力のある子どもに対して，その子どもに影響を与えるすべての事柄について自由に自己の見解を表明する権利を保障する。その際，子どもの見解が，その年齢および成熟に従い，正当に重視される。

2　この目的のため，子どもは，とくに，国内法の手続規則と一致する方法で，自己に影響を与えるいかなる司法的および行政的手続においても，直接にまたは代理人もしくは適当な団体を通じて聴聞される機会を与えられる。

第13条（表現・情報の自由）

1　子どもは表現の自由への権利を有する。この権利は，国境にかかわりなく，口頭，手書きもしくは印刷，芸術の形態または子どもが選択する他のあらゆる方法により，あらゆる種類の情報および考えを求め，受け，かつ伝える自由を含む。

2　この権利の行使については，一定の制限を課することができる。ただし，その制限は，法律によって定められ，かつ次の目的のために必要とされるものに限る。

(a)　他の者の権利または信用の尊重

(b)　国の安全，公の秩序または公衆の健康もしくは道徳の保護

第14条（思想・良心・宗教の自由）

1　締約国は，子どもの思想，良心および宗教の自由への権利を尊重する。

2　締約国は，親および適当な場合には法定保護者が，子どもが自己の権利を行使するにあたって，子どもの能力の発達と一致する方法で子どもに指示を与える権利および義務を尊重する。

3　宗教または信念を表明する自由については，法律で定める制限であって，公共の安全，公の秩序，公衆の健康もしくは道徳，または他の者の基本的な権利および自由を保護するために必要な制限のみを課することができる。

第15条（結社・集会の自由）

1　締約国は，子どもの結社の自由および平和的な集会の自由への権利を認める。

2　これらの権利の行使については，法律に従って課される制限であって，国の安全もしくは公共の安全，公の秩序，公衆の健康もしくは道徳の保護，または他の者の権利および自由の保護のために民主的社会において必要なもの以外のいかなる制限も課することができない。

第16条（プライバシィ・通信・名誉の保護）

1　いかなる子どもも，プライバシィ，家族，住居または通信を恣意的にまたは不法に干渉されず，かつ，名誉および信用を不法に攻撃されない。

2　子どもは，このような干渉または攻撃に対する法律の保護を受ける権利を有する。

第17条（適切な情報へのアクセス）

締約国は，マスメディアの果たす重要な機能を認め，かつ，子どもが多様な国内的および国際的な情報源からの情報および資料，とくに自己の社会的，精神的および道徳的福祉ならびに心身の健康の促進を目的とした情報および資料へアクセスすることを確保する。この目的のため，締約国は，次のことをする。

(a)　マスメディアが，子どもにとって社会的および文化的利益があり，かつ第29条の精神と合致する情報および資料を普及する事を奨励すること。

(b)　多様な文化的，国内的および国際的な情報源からの当該情報および資料の作成，交換および普及について国際協力を奨励すること。

(c)　子ども用図書の製作および普及を奨励すること。

(d)　マスメディアが，少数者集団に属する子どもまたは先住民である子どもの言語上のニーズをとくに配慮することを奨励すること。

(e)　第13条および第18条の諸条項に留意し，子どもの福祉に有害な情報および資料から子どもを保護するための適当な指針の発展を奨励すること。

第18条（親の第一次的養育責任と国の援助）

1　締約国は，親双方が子どもの養育および発達に対する共通の責任を有するという原則の承認を確保するために最善の努力を払う。親または場合によって法定保護者は，子どもの養育および発達に対する第一次的責任を有する。子どもの最善の利益が，親または法定保護者の基本的関心となる。

2　この条約に掲げる権利の保障および促進のために，締約国は，親および法定保護者が子どもの養育責任を来たすにあたって適当な援助を与え，かつ，子どものケアのための機関，施設およびサービスの発展を確保する。

3　締約国は，働く親をもつ子どもが，受ける資格のある保育サービスおよび保育施設から利益を得る権利を有することを確保するためにあらゆる適当な措置をとる。

第19条（親による虐待・放任・搾取からの保護）

1　締約国は，（両）親，法定保護者または子どもの養育をする他の者による子どもの養育中に，あらゆる形態の身体的または精神的な暴力，侵害または虐待，放任または怠慢な取扱い，性的虐待を含む不当な取扱いまたは搾取から子どもを保護するためにあらゆる適当な立法上，行政上，社会上および教育上の措置をとる。

2　当該保護措置は，適当な場合には，子どもおよび子どもの養育をする者に必要な援助を与える社会計画の確立，およびその他の形態の予防のための効果的な手続，ならびに上記の子どもの不当な取扱いについての事件の発見，報告，付託，調査，処置および追跡調査のため，

および適当な場合には，司法的関与のための効果的な手続を含む。

第20条（家庭環境を奪われた子どもの保護）

1　一時的にもしくは恒常的に家庭環境を奪われた子ども，または，子どもの最善の利益に従えばその環境にとどまることが容認されえない子どもは，国によって与えられる特別な保護および援助を受ける資格を有する。

2　締約国は，国内法に従い，このような子どものための代替的養護を確保する。

3　当該養護には，とりわけ，里親託置，イスラム法のカファラ，養子縁組，または必要な場合には子どもの養護に適した施設での措置を含むことができる。解決策を検討するときには，子どもの養育に継続性が望まれることについて，ならびに子どもの民族的，宗教的，文化的および言語的背景について正当な考慮を払う。

第21条（養子縁組）

養子縁組の制度を承認および（または）許容している締約国は，子どもの最善の利益が最高の考慮事項であることを確保し，次のことをする。

(a) 子どもの養子縁組が権限ある機関によってのみ認可されることを確保すること。当該機関は，適用可能な法律および手続に従い，関連がありかつ信頼できるあらゆる情報に基づき，養子縁組が親，親族および法定保護者とかかわる子どもの地位に鑑みて許容されることを決定する。必要があれば，当該養子縁組の関係者が，必要とされるカウンセリングに基づき，養子縁組に対して情報を得た上での同意を与えることを確保すること。

(b) 国際養子縁組は，子どもが里親家族もしくは養親家族に託置されることができない場合，または子どもがいかなる適切な方法によってもその出身国において養護されることができない場合には，子どもの養護の代替的手段とみなすことができることを認めること。

(c) 国際養子縁組された子どもが，国内養子縁組に関して存在しているのと同等の保護および基準を享受することを確保すること。

(d) 国際養子縁組において，当該託置が関与する者の金銭上の不当な利得とならないことを確保するためにあらゆる適当な措置をとること。

(e) 適当な場合には，二国間または多数国間の取決めまたは協定を締結することによってこの条の目的を促進し，かつ，この枠組の中で，子どもの他国への当該託置が権限ある機関または組織によって実行されることを確保するよう努力すること。

第22条（難民の子どもの保護・援助）

1　締約国は，難民の地位を得ようとする子ども，または，適用可能な国際法および国際手続または国内法および国内手続に従って難民とみなされる子どもが，親または他の者の同伴の有無にかかわらず，この条約および自国が締約国となっている他の国際人権文書または国際人道文書に掲げられた適用可能な権利を享受するにあたって，適当な保護および人道的な援助を受けることを確保するために適当な措置をとる。

2　この目的のため，締約国は，適当と認める場合，国際連合および他の権限ある政府間組織または国際連合と協力関係にある非政府組織が，このような子どもを保護しかつ援助するためのいかなる努力にも，および，家族との再会に必要な情報を得るために難民たる子どもの親または家族の他の構成員を追跡するためのいかなる努力にも，協力をする。親または家族の他の構成員を見つけることができない場合には，子どもは，何らかの理由により恒常的にまたは一時的に家庭環境を奪われた子どもと同一の，この条約に掲げられた保護が与えられる。

第23条（障害児の権利）

1　締約国は，精神的または身体的に障害をもつ子どもが，尊厳を確保し，自立を促進し，かつ地域社会への積極的な参加を助長する条件の下で，十分かつ人間に値する生活を享受すべきであることを認める。

2　締約国は，障害児の特別なケアへの権利を認め，かつ，利用可能な手段の下で，援助を受ける資格のある子どもおよびその養育に責任を負う者に対して，申請に基づく援助であって，子どもの条件および親または子どもを養育する他の者の状況に適した援助の拡充を奨励しかつ確保する。

3　障害児の特別なニーズを認め，2に従い拡充された援助は，親または子どもを養育する他の者の財源を考慮しつつ，可能な場合にはいつでも無償で与えられる。その援助は，障害児が可能なかぎり全面的な社会的統合ならびに文化的および精神的発達を含む個人の発達を達成することに貢献する方法で，教育，訓練，保健サービス，リハビリテーションサービス，雇用準備およびレクリエーションの機会に効果的にアクセスしかつそれらを享受することを確保することを目的とする。

4　締約国は，国際協力の精神の下で，障害児の予防保健ならびに医学的，心理学的および機能的治療の分野における適当な情報交換を促進する。その中には，締約国が当該分野においてその能力および技術を向上させ，かつ経験を拡大することを可能にするために，リハビリテーション教育および職業上のサービスの方法に関する情報の普及およびそれへのアクセスが含まれる。この点については，発展途上国のニーズに特別な考慮を払う。

第24条（健康・医療への権利）

1　締約国は，到達可能な最高水準の健康の享受ならびに

疾病の治療およびリハビリテーションのための便宜に対する子どもの権利を認める。締約国は，いかなる子どもも当該保健サービスへアクセスする権利を奪われないとを確保するよう努める。

2　締約国は，この権利の完全な実施を追求し，とくに次の適当な措置をとる。

(a)　乳幼児および子どもの死亡率を低下させること。

(b)　基礎保健の発展に重点をおいて，すべての子どもに対して必要な医療上の援助および保健を与えることを確保すること。

(c)　環境汚染の危険およびおそれを考慮しつつ，とりわけ，直ちに利用可能な技術を適用し，かつ十分な栄養価のある食事および清潔な飲料水を供給することにより，基礎保健の枠組の中で疾病および栄養不良と闘うこと。

(d)　母親のための出産前後の適当な保健を確保すること。

(e)　社会のあらゆる構成員とくに親および子どもが，子どもの健康および栄養，母乳育児の利点，衛生および環境衛生，ならびに事故の防止についての基礎的な知識を活用するにあたって，情報が提供され，教育にアクセスし，かつ援助されることを確保すること。

(f)　予防保健，親に対する指導，ならびに家庭計画の教育およびサービスを発展させること。

3　締約国は，子どもの健康に有害な伝統的慣行を廃止するために，あらゆる効果的でかつ適当な措置をとる。

4　締約国は，この条の認める権利の完全な実現を漸進的に達成するために，国際協力を促進しかつ奨励することを約束する。この点については，発展途上国のニーズに特別な考慮を払う。

第25条（医療施設等に措置された子どもの定期的審査）

締約国は，身体的または精神的な健康のケア，保護または治療のために権限ある機関によって措置されている子どもが，自己になされた治療についておよび自己の措置に関する他のあらゆる状況についての定期的審査を受ける権利を有することを認める。

第26条（社会保障への権利）

1　締約国は，すべての子どもに対して社会保険を含む社会保障を享受する権利を認め，かつ，国内法に従いこの権利の完全な実現を達成するために必要な措置をとる。

2　当該給付については，適当な場合には，子どもおよびその扶養に責任を有している者の資力および状況を考慮し，かつ，子どもによってまた子どもに代わってなされた給付の申請に関する他のすべてを考慮しつつ行う。

第27条（生活水準への権利）

1　締約国は，身体的，心理的，精神的，道徳的および社会的発達のために十分な生活水準に対するすべての子どもの権利を認める。

2　（両）親または子どもに責任を負う他の者は，その能力および資力の範囲で，子どもの発達に必要な生活条件を確保する第一次的な責任を負う。

3　締約国は，国内条件に従いかつ財源内において，この権利の実施のために，親および子どもに責任を負う他の者を援助するための適当な措置をとり，ならびに，必要な場合にはとくに栄養，衣服および住居に関して物的援助を行い，かつ援助計画を立てる。

4　締約国は，親または子どもに財政的な責任を有している他の者から，自国内においてもおよび外国からでも子どもの扶養科を回復することを確保するためにあらゆる適当な措置をとる。とくに，子どもに財政的な責任を有している者が子どもと異なる国に居住している場合には，締約国は，国際協定への加入または締結ならびに他の適当な取決めの作成を促進する。

第28条（教育への権利）

1　締約国は，子どもの教育への権利を認め，かつ，漸進的におよび平等な機会に基づいてこの権利を達成するために，とくに次のことをする。

(a)　初等教育を義務的なものとし，かつすべての者に対して無償とすること。

(b)　一般教育および職業教育を含む種々の形態の中等教育の発展を奨励し，すべての子どもが利用可能でありかつアクセスできるようにし，ならびに，無償教育の導入および必要な場合には財政的援助の提供などの適当な措置をとること。

(c)　高等教育を，すべての適当な方法により，能力に基づいてすべての者がアクセスできるものとすること。

(d)　教育上および職業上の情報ならびに指導を，すべての子どもが利用可能でありかつアクセスできるものとすること。

(e)　学校への定期的な出席および中途退学率の減少を奨励するための措置をとること。

2　締約国は，学校懲戒が子どもの人間の尊厳と一致する方法で，かつこの条約に従って行われることを確保するためにあらゆる適当な措置をとる。

3　締約国は，とくに，世界中の無知および非識字の根絶に貢献するために，かつ科学的および技術的知識ならびに最新の教育方法へのアクセスを助長するために，教育に関する問題について国際協力を促進しかつ奨励する。この点については，発展途上国のニーズに特別の考慮を払う。

第29条（教育の目的）

1　締約国は，子どもの教育が次の目的で行われることに

同意する。

(a) 子どもの人格，才能ならびに精神的および身体的能力を最大限可能なまで発達させること。

(b) 人権および基本的自由の尊重ならびに国際連合憲章に定める諸原則の尊重を発展させること。

(c) 子どもの親，子ども自身の文化的アイデンティティ，言語および価値の尊重，子どもが居住している国および子どもの出身国の国民的価値の尊重，ならびに自己の文明と異なる文明の尊重を発展させること。

(d) すべての諸人民間，民族的，国民的および宗教的集団ならびに先住民間の理解，平和，寛容，性の平等および友好の精神の下で，子どもが自由な社会において責任ある生活を送れるようにすること。

(e) 自然環境の尊重を発展させること。

2 この条または第28条のいかなる規定も，個人および団体が教育機関を設置しかつ管理する自由を妨げるものと解してはならない。ただし，つねに，この条の1に定める原則が遵守されること，および当該教育機関において行われる教育が国によって定められる最低限度の基準に適合することを条件とする。

第30条（少数者・先住民の子どもの権利）

民族上，宗教上もしくは言語上の少数者，または先住民が存在する国においては，当該少数者または先住民に属する子どもは，自己の集団の他の構成員とともに，己の文化を享受し，自己の宗教を信仰しかつ実践し，または自己の言語を使用する権利を否定されない。

第31条（休息・余暇，遊び，文化的・芸術的生活への参加）

1 締約国は，子どもが，休息しかつ余暇をもつ権利，その年齢にふさわしい遊びおよびレクリエーション的活動を行う権利，ならびに文化的生活および芸術に自由に参加する権利を認める。

2 締約国は，子どもが文化的および芸術的生活に十分に参加する権利を尊重しかつ促進し，ならびに，文化的，芸術的，レクリエーション的および余暇的活動のための適当かつ平等な機会の提供を奨励する。

第32条（経済的搾取・有害労働からの保護）

1 締約国は，子どもが，経済的搾取から保護される権利，および，危険があり，その教育を妨げ，あるいはその健康または身体的，心理的，精神的，道徳的もしくは社会的発達にとって有害となるおそれのあるいかなる労働に就くことからも保護される権利を認める。

2 締約国は，この条の実施を確保するための立法上，行政上，社会上および教育上の措置をとる。

締約国は，この目的のため，他の国際文書の関連条項に留意しつつ，とくに次のことをする。

(a) 最低就業年齢を規定すること。

(b) 雇用時間および雇用条件についての適当な規則を定

めること。

(c) この条の効果的実施を確保するための適当な罰則または他の制裁措置を規定すること。

第33条（麻薬・向精神薬からの保護）

締約国は，関連する国際条約に示された麻薬および向精神薬の不法な使用から子どもを保護し，かつこのような物質の不法な生産および取引に子どもを利用させないために，立法上，行政上，社会上および教育上の措置を含むあらゆる適当な措置をとる。

第34条（性的搾取・虐待からの保護）

締約国は，あらゆる形態の性的搾取および性的虐待から子どもを保護することを約束する。これらの目的のため，締約国は，とくに次のことを防止するためのあらゆる適当な国内，二国間および多数国間の措置をとる。

(a) 何らかの不法な性的行為に従事するよう子どもを勧誘または強制すること。

(b) 売春または他の不法な性的業務に子どもを搾取的に使用すること。

(c) ポルノ的な実演または題材に子どもを搾取的に使用すること。

第35条（誘拐・売買・取引の防止）

締約国は，いかなる目的またはいかなる形態を問わず，子どもの誘拐，売買または取引を防止するためにあらゆる適当な国内，二国間および多数国間の措置をとる。

第36条（他のあらゆる形態の搾取からの保護）

締約国は，子どもの福祉のいずれかの側面にとって有害となる他のあらゆる形態の搾取から子どもを保護する。

第37条（死刑・拷問等の禁止，自由を奪われた子どもの適正な取り扱い）

締約国は，次のことを確保する。

(a) いかなる子どもも，拷問または他の残虐な，非人道的なもしくは品位を傷つける取扱いもしくは刑罰を受けない。18歳未満の犯した犯罪に対して，死刑および釈放の可能性のない終身刑を科してはならない。

(b) いかなる子どももその自由を不法にまたは恣意的に奪われない。子どもの逮捕，抑留または拘禁は，法律に従うものとし，最後の手段として，かつ最も短い適当な期間でのみ用いられる。

(c) 自由を奪われたすべての子どもは，人道的におよび人間の固有の尊厳を尊重して取扱われ，かつその年齢に基づくニーズを考慮した方法で取扱われる。とくに，自由を奪われたすべての子どもは，子どもの最善の利益に従えば成人から分離すべきでないと判断される場合を除き，成人から分離されるものとし，かつ，特別の事情のある場合を除き，通信および面会によって家族との接触を保つ権利を有する。

(d) 自由を奪われたすべての子どもは，法的および他の適当な援助に速やかにアクセスする権利，ならびに，その自由の剥奪の合法性を裁判所または他の権限ある独立のかつ公平な機関において争い，かつ当該訴えに対する迅速な決定を求める権利を有する。

第38条（武力紛争における子どもの保護）

1　締約国は，武力紛争において自国に適用可能な国際人道法の規則で子どもに関連するものを尊重し，かつその尊重を確保することを約束する。

2　締約国は，15歳に満たない者が敵対行為に直接参加しないことを確保するためにあらゆる可能な措置をとる。

3　締約国は，15歳に満たないいかなる者も軍隊に徴募することを差控える。締約国は，15歳に達しているが18歳に満たない者の中から徴募を行うにあたっては，最年長の者を優先するよう努める。

4　締約国は，武力紛争下における文民の保護のための国際人道法に基づく義務に従い，武力紛争の影響を受ける子どもの保護およびケアを確保するためにあらゆる可能な措置をとる。

第39条（犠牲になった子どもの心身の回復と社会復帰）

締約国は，あらゆる形態の放任，搾取または虐待の犠牲になった子ども，拷問または他のあらゆる形態の残虐な，非人道的なもしくは品位を傷つける取扱いもしくは刑罰の犠牲になった子ども，あるいは，武力紛争の犠牲になった子どもが身体的および心理的回復ならびに社会復帰することを促進するためにあらゆる適当な措置をとる。当該回復および復帰は，子どもの健康，自尊心および尊厳を育くむ環境の中で行われる。

第40条（少年司法）

1　締約国は，刑法に違反したとして申し立てられ，罪を問われ，または認定された子どもが，尊厳および価値についての意識を促進するのにふさわしい方法で取扱われる権利を認める。当該方法は，他の者の人権および基本的自由の尊重を強化するものであり，ならびに，子どもの年齢，および子どもが社会復帰しかつ社会において建設的な役割を果たすことの促進が望ましいことを考慮するものである。

2　締約国は，この目的のため，国際文書の関連する条項に留意しつつ，とくに次のことを確保する。

(a) いかなる子どもも，実行の時に国内法または国際法によって禁止されていなかった作為または不作為を理由として，刑法に違反したとして申し立てられ，罪を問われ，または認定されてはならない。

(b) 法的に違反したとして申し立てられ，または罪を問われた子どもは，少なくとも次の保障をうける。

(i) 法律に基づき有罪が立証されるまで無罪と推定されること。

(ii) 自己に対する被疑事実を，迅速かつ直接的に，および適当な場合には親または法定保護者を通じて告知されること。自己の防御の準備およびその提出にあたって法的または他の適当な援助をうけること。

(iii) 権限ある独立のかつ公平な機関または司法機関により，法律に基づく公正な審理において，法的または他の適当な援助者の立会いの下で，および，とくに子どもの年齢または状況を考慮し，子どもの最善の利益にならないと判断される場合を除き，親または法定保護者の立会いの下で遅滞なく決定を受けること。

(iv) 証言を強制され，または自白を強制されないこと。自己に不利な証人を尋問し，または当該証人に尋問を受けさせること。平等な条件の下で自己のための証人の出席および尋問を求めること。

(v) 刑法に違反したと見なされた場合には，この決定および決定の結果科される措置が，法律に基づき，上級の権限ある独立のかつ公平な機関または司法機関によって再審理されること。

(vi) 子どもが使用される言語を理解することまたは話すことができない場合は，無料で通訳の援助を受けること。

(vii) 手続のすべての段階において，プライバシィが十分に尊重されること。

3　締約国は，刑法に違反したとして申し立てられ，罪を問われ，また認定された子どもに対して特別に適用される法律，手続，機関および施設の確立を促進するよう努める。とくに次のことに努める。

(a) 刑法に違反する能力を有しないと推定される最低年齢を確立すること。

(b) 適当かつ望ましい時はつねに，人権および法的保障を十分に尊重することを条件として，このような子どもを司法的手続によらずに取扱う措置を確立すること。

4　ケア，指導および監督の命令，カウンセリング，保護観察，里親養護，教育および職業訓練のプログラムならびに施設内処遇に替わる他の代替的措置などの多様な処分は，子どもの福祉に適当で，かつ子どもの状況および罪のいずれにも見合う方法によって子どもが取扱われることを確保するために利用可能なものとする。

第41条（既存の権利の確保）

この条約のいかなる規定も，次のものに含まれる規定であって，子どもの権利の実現にいっそう貢献する規定に影響を及ぼすものではない。

(a) 締約国の法

(b) 締約国について効力を有する国際法

● 第2部 ●

第42条（条約広報義務）

締約国は，この条約の原則および規定を，適当かつ積極的な手段により，大人のみならず子どもに対しても同様に，広く知らせることを約束する。

第43条（子どもの権利委員会の設置）

1 この条約において約束された義務の実現を達成することにつき，締約国によってなされた進歩を審査するために，子どもの権利に関する委員会を設置する。委員会は，以下に定める任務を遂行する。

2 委員会は，徳望が高く，かつこの条約が対象とする分野において能力を認められた10人の専門家で構成する。委員会の委員は，締約国の国民の中から締約国により選出されるものとし，個人の資格で職務を遂行する。その選出にあたっては，衡平な地理的配分ならびに主要な法体系に考慮を払う。

3 委員会の委員は，締約国により指名された者の名簿の中から秘密投票により選出される。各締約国は，自国民の中から一人の者を指名することができる。

4 委員会の委員の最初の選挙は，この条約の効力発生の日の後6箇月以内に行い，最初の選挙の後は2年ごとに行う。国際連合事務総長は，各選挙の日の遅くとも4箇月前までに，締約国に対し，自国が指名する者の氏名を2箇月以内に提出するよう書簡で要請する。同事務総長は，指名されたすべての者のアルファベット順による名簿（これらの者を指名した締約国名を表示した名簿とする）を作成し，締約国に送付する。

5 委員会の委員の選挙は，国際連合事務総長により国際連合本部に招集される締約国の会合にて行う。この会合は，締約国の3分の2をもって定足数とする。この会合においては，出席しかつ投票する締約国の代表によって投じられた票の最多数でかつ過半数の票を得た者をもって，委員会に選出された委員とする。

6 委員会の委員は，4年の任期で選出される。委員は，再指名された場合には，再選される資格を有する。最初の選挙において選出された委員のうち5人の委員の任期は，2年で終了する。これらの5人の委員は，最初の選挙の後直ちに，最初の選挙のための会合の議長によってくじ引きで選ばれる。

7 委員会の委員が死亡しもしくは辞任し，またはそれ以外の理由のため委員会の職務を遂行することができなくなったと申し出る場合には，当該委員を指名した締約国は，委員会の承認を条件として，残りの期間職務を遂行する他の専門家を自国民の中から任命する。

8 委員会は，手続規則を定める。

9 委員会は，役員を2年の任期で選出する。

10 委員会の会合は，原則として国際連合本部または委員会が決定する他の適当な場所において開催する。委員会は，原則として毎年会合する。委員会の会合の期間は，国際連合総会の承認を条件として，この条約の締約国の会合において決定され，必要があれば，再検討される。

11 国際連合事務総長は，委員会がこの条約に定める任務を効果的に遂行するために必要な職員および便益を提供する。

12 この条約により設けられた委員会の委員は，国際連合総会の承認を得て，同総会が決定する条件に従い，国際連合の財源から報酬を受ける。

第44条（締約国の報告義務）

1 締約国は，次の場合に，この条約において認められる権利の実施のためにとった措置およびこれらの権利の享受についてもたらされた進歩に関する報告を，国際連合事務総長を通じて，委員会に提出することを約束する。

(a) 当該締約国についてこの条約が効力を生ずる時から2年以内

(b) その後は5年ごと

2 この条に基づいて作成される報告には，この条約に基づく義務の履行の程度に影響を及ぼす要因および障害が存在する場合は，それらを記載する。報告には，当該締約国におけるこの条約の実施について，委員会が包括的に理解するための十分な情報もあわせて記載する。

3 委員会に包括的な最初の報告を提出している締約国は，1(b)に従って提出する以後の報告においては，以前に提出した基本的な情報を繰り返し報告しなくてもよい。

4 委員会は，締約国に対し，この条約の実施に関する追加的な情報を求めることができる。

5 委員会は，その活動に関する報告を，2年ごとに経済社会理事会を通じて国際連合総会に提出する。

6 締約国は，自国の報告を，国内において公衆に広く利用できるようにする。

第45条（委員会の作業方法）

この条約の実施を促進し，かつ，この条約が対象とする分野における国際協力を奨励するために，

(a) 専門機関，国際連合児童基金および他の国際連合諸機関は，その権限の範囲内にある事項に関するこの条約の規定の実施についての検討に際し，代表を出す権利を有する。委員会は，専門機関，国際連合児童基金および他の資格のある団体に対し，その権限の範囲内にある領域におけるこの条約の実施について，適当と認める場合には，専門的助言を与えるよう要請することができる。委員会は，専門機関，国際連合児童基金および他の国際連合諸機関に対し，

その活動の範囲内にある領域におけるこの条約の実施について報告を提出するよう要請するとができる。

(b) 委員会は，適当と認める場合には，技術的助言もしくは援助を要請しているか，またはこれらの必要性を指摘している締約国からの報告を，もしあればこれらの要請または指摘についての委員会の所見および提案とともに，専門機関，国際連合児童基金および他の資格のある団体に送付する。

(c) 委員会は，国際連合事務総長が子どもの権利に関する特定の問題の研究を委員に代わって行うことを要請するよう，国際連合総会に勧告することができる。

(d) 委員会は，この条約の第44条および第45条に従って得た情報に基づいて，提案および一般的勧告を行うことができる。これらの提案および一般的勧告は，関係締約国に送付され，もしあれば締約国からのコメントとともに，国際連合総会に報告される。

●第3部●

第46条（署名）

この条約は，すべての国による署名のために開放しておく。

第47条（批准）

この条約は，批准されなければならない。批准書は，国際連合事務総長に寄託する。

第48条（加入）

この条約は，すべての国による加入のために開放しておく。加入書は，国際連合事務総長に寄託する。

第49条（効力発生）

1 この条約は，20番目の批准書または加入書が国際連合事務総長に寄託された日の後30日目の日に効力を生ずる。

2 この条約は，20番目の批准書または加入書が寄託された後に批准または加入する国については，その批准書または加入書が寄託された日の後30日目の日に効力を生ずる。

第50条（改正）

1 いずれの締約国も，改正を提案し，かつ改正案を国際連合事務総長に提出することができる。同事務総長は，直ちに締約国に改正案を送付するものとし，締約国による改正案の審議および投票のための締約国会議の開催についての賛否を同事務総長に通告するよう要請する。改正案の送付の日から4箇月以内に締約国の3分の1以上が会議の開催に賛成する場合には，同事務総長は，国際連合の主催の下に会議を招集する。会議において出席しかつ投票する締約国の過半数によって採択された改正案承認のため，国際連合総会に提出する。

2 この条の1に従って採択された改正案は，国際連合総会が承認し，かつ締約国の3分の2以上の多数が受諾した時に，効力を生ずる。

3 改正は，効力を生じた時には，改正を受諾した締約国を拘束するものとし，他の締約国は，改正前のこの条約の規定（受諾した従前の改正を含む）により引き続き拘束される。

第51条（留保）

1 国際連合事務総長は，批准または加入の際に行われた留保の書面を受領し，かつすべての国に送付する。

2 この条約の趣旨および目的と両立しない留保は認められない。

3 留保は，国際連合事務総長にあてた通告により，いつでも撤回できるものとし，同事務総長は，その撤回をすべての国に通報する。このようにして通報された通告は，受領された日に効力を生ずる。

第52条（廃棄）

締約国は，国際連合事務総長にあてた書面による通告により，この条約を廃棄することができる。廃棄は，同事務総長が通告を受領した日の後1年で効力を生ずる。

第53条（寄託）

国際連合事務総長は，この条約の寄託者として指定される。

第54条（正文）

この条文は，アラビア語，中国語，英語，フランス語，ロシア語およびスペイン語をひとしく正文とし，原本は，国際連合事務総長に寄託する。

以上の証拠として，下名の全権委員は，各自の政府から正当に委任を受けてこの条約に署名した。

引用・参考文献

第2章

総務省「国勢調査」

総務省「労働力調査」2016

厚生労働省「人口動態統計」2015

厚生労働省「全国母子世帯等調査結果報告」2011

厚生労働省「厚生労働白書」2015

厚生労働省「人口減少社会に関する意識調査」2015

厚生労働省「離婚に関する統計」

内閣府「子供・若者白書」2015

内閣府「子ども・子育て白書」2011

内閣府「少子化社会対策白書」2016

内閣府「結婚・家族形成に関する意識調査報告書」2014

内閣府「男女共同参画社会に関する世論調査」2009，2012

内閣府『男女共同参画白書』2015，2016

文部科学省「児童生徒の問題行動等生徒指導上の諸問題の現状に関する調査」2015，2016

文部科学省「児童生徒の問題行動等生徒指導上の諸問題に関する調査」2014

文部科学省「いじめ問題に関する取組事例集」2007

文部科学省「地域の教育力に関する実態調査」2006

文部科学省「学校保健統計調査」2010

警察庁「平成27年における出会い系サイト及びコミュニティサイトに起因する事犯の現状と対策について」2016

本川裕「社会実情データ図録」2008 （http://www2.ttcn.ne.jp/honkawa/index_list.html）

東京都福祉保健局「幼児期からの健康習慣調査報告書」2006

日本スポーツ振興センター「児童生徒の食生活等実態調査」2010

子どものからだと心・連絡会議編『子どものからだと心白書』2010

全日本民医連編『いつでも元気』2003.10　No.144

日本学校保健会「保健室利用状況に関する調査報告書」2011

第3章

石川稔・森田明編『児童の権利条約』一粒社　1995

田代不二男・神田修編『児童憲章－日本の子どもの権利宣言』北樹出版　1980

寺脇隆夫「子どもの権利保障」庄司洋子・松原康雄『児童家庭福祉』放送大学教育振興会　2003

永井憲一・寺脇隆夫編『解説・子どもの権利条約』日本評論社　1990

永井憲一・寺脇隆夫・喜多明人・荒巻重人編『新解説・子どもの権利条約』日本評論社　2000

中野光・小笠毅編『ハンドブック　子どもの権利条約』岩波書店　1996

エレン・ケイ　小野寺信・小野寺百合子訳『児童の世紀』冨山房　1979

第4章

池田敬正・土井洋一編『日本社会福祉総合年表』法律文化社　2000

一番ケ瀬康子『アメリカ社会福祉発達史』光生館　1963

太田素子編『近世日本マビキ慣行史料集成』刀水書房　1997

金子光一『社会福祉のあゆみ』有斐閣　2005

桜井庄太郎『日本児童生活史』新版　日光書院　1948（復刻版　1977　日本図書センター）
児童福祉法研究会編『児童福祉法成立資料集成』上・下巻　ドメス出版　1978, 1979
辻村泰男『改訂児童福祉学』光生館　1977
寺脇隆夫「児童福祉の歴史」庄司洋子・松原康雄『児童家庭福祉』放送大学教育振興会　2003
古川孝順『子どもの権利』有斐閣　1982
吉田久一『改訂日本社会事業の歴史』勁草書房　1966
子どもたちの昭和史編集委員会『［写真集］子どもたちの昭和史』大月書店　1984

第6章
厚生労働省「令和2年度社会福祉施設等調査」
寺脇隆夫「児童福祉の法制」庄司洋子・松原康雄『児童家庭福祉』放送大学教育振興会　2003

第7章
恩寵財団母子愛育会愛育研究所『日本子ども資料年鑑』TKC 中央出版 2016
厚生統計協会『国民の福祉の動向』2016
厚生労働省「社会福祉施設等報告」2016
内閣府「子ども・子育て新制度について」2016
内閣府・文部科学省・厚生労働省「『子ども・子育て支援新制度』ハンドブック」（2015年7月改訂版）2015

第8章
垣内国光・櫻谷真理子編著『子育て支援の現在－子育てコミュニティの形成をめざして』ミネルヴァ書房　2002
柏女霊峰「子ども虐待対応の到達点と相談援助の課題」柏女霊峰・才村純編『別冊発達26　子ども虐待へのとりくみ』
　　2001
才村純『子ども虐待ソーシャルワーク論』ミネルヴァ書房　2005
杉山登志郎「発達障害と児童虐待：第4の発達障害としての子ども虐待」『小児の精神と神経』46(1)　日本小児精神神
　　経学会　2006
橋本和明『虐待と非行臨床』創元社　2004
山縣文治・林浩康編『社会的養護の現状と近未来』明石書店　2007

第9章
犬塚峰子「第2章　児童相談所からみた児童虐待と非行」景山任佐編『非行―彷徨する若者，生の再構築に向けて』2007
押切久遠「非行予防のために－学校で出来るエクササイズ及び更正保護における地域での取り組み」『現代のエスプリシリー
　　ズ非行の現在　非行臨床の課題』至文堂　2006
後藤弘子編『子どもの権利双書⑤　少年非行と子どもたち』明石書店　1999
生島浩『非行臨床の焦点』金剛出版　2003
杉田峰康監修『ロールレタリング（役割往復書簡法）の理論と実際』チーム医療　1995
藤岡淳子『犯罪・非行の心理学』有斐閣　2007
松本伊智郎「子どもの貧困と社会的養護」『社会福祉研究第103号』鉄道弘済会　2008
村尾泰弘編著『Q&A 少年非行を知るための基礎知識』明石書店

第10章
厚生労働省「身体障害児・者実態調査」2006
厚生労働省「知的障害児（者）基礎調査」2005
厚生労働省「障害者自立支援法の概要」
厚生労働省「児童福祉法の一部改正の概要について」2012
内閣府『障害者白書』2015, 2016
内閣府「障害者に関する世論調査」2012

文部科学省「主な発達障害の定義について」
糸賀一雄著作集刊行会編『糸賀一雄著作集Ⅰ，Ⅱ，Ⅲ』日本放送出版協会　1982

第11章
自動車検査登録情報協会「自動車保有台数統計データ」2011
全国国公立幼稚園長会「みんなで語ろう幼児の生活　みんなで守ろう幼児の生活リズム」リーフレット　2007
全国学童保育連絡協議会「学童保育数調査」2007
日本自動車工業会「主要国自動車統計」2002
日本小児保健協会「幼児健康度調査報告書」2000
長野県幼児教育連絡協議会「幼児の生活に関する実態調査Ⅱ報告書」2002
ベネッセ教育研究開発センター「第3回幼児の生活アンケート」2006
NHK放送文化研究所「幼児生活時間調査」2003
あしたの日本を創る協会『子どもの「空間」づくり－子どもの居場所を求めて－』2001
今井博之「安全で豊かな遊び道を－国際会議『チャイルドストリート2005』からのレポート」『ちいさいなかま』
　　№486 ちいさいなかま社　2006
小栗幸夫『脱・スピード社会』清文社　2009
クルマ社会を問い直す会「アンケートにみるクルマ社会と子ども」2004
村山義雄編『写真が語る子どもの100年』平凡社　2002

第12章
厚生労働省「令和2年度社会福祉施設等調査」

第13章
ユニセフ『世界子ども白書』日本ユニセフ協会　2003
ユニセフ『世界子ども白書』日本ユニセフ協会　2008
ユニセフ『世界子ども白書』日本ユニセフ協会　2016
ユニセフホームページ（http://www.unicef.or.jp）
池間哲郎『アジアの子どもたちに学ぶ30のお話』リサージュ出版　2008
池田香代子再話　C.ダグラス・ラミス対訳「世界がもし100人の村だったら」マガジンハウス　2001
吉村峰子・吉村稔『チャレンジ地球村の英語　平和の願い』鈴木出版　2004
吉村峰子・吉村稔『チャレンジ地球村の英語　エイズの問題』鈴木出版　2004
Simelela Centre『Surviving Rape An Integrated Service for Rape in Khayelisha, South Africa』2006
東京都児童福祉施設権利擁護委員会発行『子どもの権利ノート』

さくいん

232

執　筆　者

松本　園子（まつもと・そのこ）

1947 年生
お茶の水女子大学大学院家政学研究科児童学専攻修了・家政学修士
白梅学園大学名誉教授
［著書等］
『昭和戦中期の保育問題研究会－保育者と研究者の共同の軌跡 1936 ～ 1943』
　　新読書社　2003
『証言・戦後改革期の保育運動－民主保育連盟の時代』新読書社　2013
『日本の保育の歴史－子ども観と保育の歴史 150 年』萌文書林　2017（共著）
『乳児の生活と保育』〈第 3 版〉ななみ書房　2019（編著）
『実践・子ども家庭支援論』ななみ書房　2019（共著）

堀口　美智子（ほりぐち・みちこ）

1958 年生
お茶の水女子大学大学院人間文化研究科人間発達科学専攻修了・学術博士
元宮城教育大学准教授
［著書等］
「妊娠期のペアレンティング教育：ジェンダーと発達の視点を組み込んだ米国の
　　プログラムの考察」2005『F-GENS ジャーナル No. 4』（お茶の水女子大学
　　21 世紀 COE プログラムジェンダー研究のフロンティア）
「乳幼児をもつ親の夫婦関係と養育態度」2006『家族社会学研究』17⑵
『子ども家庭支援の心理学』ななみ書房　2019（共著）

森　　和子（もり・かずこ）

1955 年生
名古屋大学大学院教育発達科学研究科心理発達科学専攻・心理学博士，
　　教育学修士，社会科学修士
文京学院大学教授
［著書等］
『里親入門－その理解と発展－』ミネルヴァ書房　2005（共著）
『臨床に必要な家庭福祉』弘文堂　2007（共著）
『実践から学ぶ－子どもと家庭の福祉』保育出版　2008（共著）
『血縁を超えて親子になる－養親と養子の心理的葛藤の変遷と変容による親子関
　　係の再構築』福村出版　2022

[表紙絵提供]　　あゆみ幼稚園

子どもと家庭の福祉を学ぶ

| 2013 年 3 月 20 日　第 1 版第 1 刷発行 |
| 2016 年 4 月 1 日　第 1 版第 4 刷発行 |
| 2017 年 1 月 15 日　改訂版第 1 刷発行 |
| 2018 年 2 月 1 日　改訂版第 2 刷発行 |
| 2023 年 3 月 1 日　第 3 版第 1 刷発行 |

●著　者	松本園子 / 堀口美智子 / 森　和子
●発行者	長渡　晃
●発行所	有限会社　ななみ書房
	〒 252-0317　神奈川県相模原市南区御園 1-18-57
	TEL　042-740-0773
	http://773books.jp
●絵・デザイン	磯部錦司・内海　亨
●印刷・製本	協友印刷株式会社

©2013　S.Matsumoto, M.Horiguchi, K.Mori

ISBN978-4-910973-21-0

Printed in Japan

定価は表紙に記載してあります／乱丁本・落丁本はお取替えいたします